Zum Wohle aller fühlenden Wesen

Über die Autorin

Barbara Jascht (1970) stammt aus Linz, Oberösterreich, und lebt mit ihrem Sohn in Lengenfeld bei Krems in Niederösterreich. Sie hat Psychologie an der Universität Wien studiert, ist diplomierte Wirtschaftstrainerin, Management Coach und Expertin für ethischen Erfolg. Außerdem steht sie seit ihrem 18. Lebensjahr mit unterschiedlichen Bands als Pianistin und Sängerin auf der Bühne, um ihre große Leidenschaft, die Swingmusik, ausleben zu können.

2010 entdeckte sie für sich die Prinzipien von Karma in Verbindung mit wirtschaftlichem Erfolg. Seither verfolgt sie mit aller Kraft ihr großes Ziel: Menschen zu zeigen, wie sie sich und andere auf ethische Weise erfolgreich machen können, um so dazu beizutragen, dass die Welt ein besserer Ort wird.

Barbara Jascht

Mehr Geschäft, mehr Leben

Wie Du zur top-bezahlten Expertin wirst

2., überarbeitete Auflage 2014

Text und Grafiken: Barbara Jascht

Gestaltung und Layout: Thomas Wollinger

www.barbarajascht.com

ÜBER DAS BUCH

Frauen und Geld – das ist ein nach wie vor brandaktuelles Thema. Man sollte meinen, dass in der heutigen Zeit Frauen das gleiche Einkommen wie Männer beanspruchen und zielgerichtet an ihrem unternehmerischen Erfolg arbeiten. – Das ist ein großer Irrtum! Viele Frauen verkaufen sich nach wie vor weit unter ihrem Wert und kommen mit ihrem Einkommen gerade mal so durch. „Frauen können deshalb nicht mit viel Geld umgehen, weil sie noch viel zu gut mit wenig Geld umgehen können“. Dieser Satz trifft die Situation der meisten selbstständigen Frauen.

Mit diesem Missstand befasst sich Barbara Jascht in ihrem Buch. Auf humorvolle, treffsichere Weise deckt sie ein Übel nach dem anderen auf. Sie bricht mit dem Tabu „Über Geld spricht man nicht“ und nimmt sich die beliebte Opferrolle der Frauen vor. Sie zeigt Schritt für Schritt, wie hinderliche Denk- und Verhaltensmuster aufgelöst werden können, um endlich das Geld zu verdienen, das angemessen ist.

Finanzieller Erfolg ist keine komplexe Wissenschaft wie zum Beispiel die Astronomie. Man braucht kein aufwändiges Studium, um zu erlernen, wie man als Selbstständige zu innerem Wohlergehen und äußerem Wohlstand kommt. Die in diesem Buch beschriebenen mentalen, finanziellen und spirituellen Business-Strategien sind zu 100% praxisorientiert und verbinden auf ungewöhnliche Weise Disziplinen, die sonst meist getrennt auftreten: Geld, Geist und Seele.

Wenn Du Dich wirtschaftlich, menschlich und spirituell weiterentwickeln willst, ist dieses Buch goldrichtig für Dich!

INHALT

EINLEITUNG

DAS WARUM

Dieses Buch habe ich für Frauen geschrieben. Genauer gesagt: für Business-Frauen, das heißt für all jene Frauen, die bereits selbstständig arbeiten oder daran denken, sich selbstständig zu machen. Ich möchte ihnen und allen anderen Frauen dabei helfen, den Weg zu finanziellem, persönlichem und spirituellem Erfolg zu finden!

Ich habe dieses Buch für Frauen geschrieben, die sich zwischen ihren unternehmerischen und hausfraulichen Pflichten aufreiben. Die tagtäglich den Spagat zwischen Erfolgreich-sein-Wollen, Eine-perfekte-Partnerin-sein-Wollen oder Eine-gute-Mutter-sein-Wollen machen und nicht selten daran zweifeln, ob sie auch wirklich gut genug sind und ob sich das alles letztendlich auszahlt. Ich möchte diesen Frauen zeigen, dass sie bereits gut genug sind und dass alles schon vorhanden ist, um sich ihre Träume zu erfüllen.

Ich habe dieses Buch für Frauen geschrieben, die wissen wollen, wie man es anstellen muss, um für seine Produkte und Dienstleistungen so bezahlt zu werden, wie man es sich wünscht und verdient. Und das, ohne dabei ein schlechtes Gewissen haben zu müssen, sondern mit dem selbstverständlichen Anspruch, in Wohlstand leben zu dürfen und zu können.

Ich habe dieses Buch für Frauen geschrieben, die die Nase voll haben von toughen Business-Ratgebern, wo sie sich mit ihrer Lebensrealität nicht wiederfinden, weil diese meistens von Männern für „Männererfolge" zurechtgebastelt wurden. Es ist mir wichtig klar zu stellen, dass es mir in diesem Buch nicht darum geht, Männer zu verteufeln oder schlechtzumachen. Ich zitiere einfach nur entsprechende Fakten, um zu verdeutlichen, wie es in unserer derzeitigen Welt um Frauen, Business und Geld bestellt ist. Außerdem – meine größten Förderer waren zum überwiegenden Teil Männer! Sie haben mir vieles beigebracht und neue Blickwinkel gezeigt. Wir können in der Tat einiges von den Männern lernen, vor allem in Geldangelegenheiten.

Andererseits können Männer auch einiges von uns Frauen lernen. Die Zeit ist reif für eine weibliche und ethisch orientierte Wirtschaft! Frauen machen Geschäfte auf andere Art und Weise und nehmen vor allem mehr Rücksicht auf andere. Und das ist gut so! Wir sehen ja, wohin uns die männlich dominierte Weltwirtschaft gebracht hat. Ich werde Dir zeigen, wie auch Du – Schritt für Schritt – Dich und andere mit mentalen, finanziellen und spirituellen Strategien erfolgreich machen kannst.

Bleibt die Frage: Warum sollte ausgerechnet ich so ein Buch schreiben? Sind nicht schon genug Bücher über Erfolgsstrategien auf dem Markt? Tatsächlich gibt es tonnenweise Bücher über Geld und Erfolg. Diese wurden meistens von Männern für Männer, die in einer Männerwelt leben, geschrieben. Oder von Frauen, die das Thema Geld nicht auf eine Weise anpacken, die für uns alle hilfreich sein könnte. Mir ist bis jetzt kein Buch untergekommen, das mentale, finanzielle und spirituelle Strategien vereint und gezielt auf die Anforderungen eines weiblichen Publikums eingeht. Das ist der

Grund, warum ich dieses Buch geschrieben habe und darin ausführliche – auf Frauen zugeschnittene – Informationen über Erfolg, Geld und spirituelle Entwicklung vermittle.

DAS WIE

Ich habe nicht vor, Dir vorzugaukeln, dass finanzieller Erfolg und persönliche Freiheit mir nichts, dir nichts in ein paar Wochen zu erreichen sind. Zumindest kenne ich niemanden, bei dem es so ratzfatz funktioniert hat. Das ist das Gleiche wie mit Diätratgebern: „Nehmen Sie 10 Kilo in zwei Wochen ab mit der XY-Diät!" Ganz easy – logo! Bloß haben, nach ersten Erfolgen, die meisten vier Wochen später mehr auf den Rippen, als zu Beginn des verheißungsvollen Experiments. Genauso kann es uns mit dem Geld gehen. Geld zu verdienen einerseits, und Geld zu behalten und zu vermehren andererseits, sind zwei Paar Schuhe. Ich werde Dir zeigen, wie Du nachhaltig, ethisch und mit Sicherheit zu finanziellem Wohlstand kommen und nebenbei auch anderen helfen kannst, dasselbe zu erreichen.

Warum sollen wir gerade jetzt in das große Geschäft einsteigen? – Weil es nie zuvor einen besseren Zeitpunkt für uns Frauen gegeben hat. Wir sind die wirtschaftlichen Trendsetter und die begehrteste Konsumzielgruppe des 21. Jahrhunderts! „Durch den Geburtenrückgang und die sich ändernden Gesellschaftsstrukturen kann die Wirtschaft nicht mehr auf das weibliche Potential verzichten", meint Matthias Horx, der bekannte Zukunftsforscher. Diejenigen unter uns, die das begreifen und die Gelegenheit beim Schopf packen, werden es nicht bereuen und reich belohnt werden.

Unsere Gesellschaft erlebt einen tiefgreifenden Wandel. Durch Internet, E-Mail, Fernsehen, Handy, SMS, Skype und soziale Medien beschleunigt sich unser Leben von Monat zu Monat. Wir arbeiten mehr, besitzen mehr, haben wechselnde Partnerschaften, unzählige Affären, schauen dank Schönheitschirurgie länger jung aus, unsere Kinder können schon mit drei Jahren auf Französisch bestellen, aber viele von uns sind trotzdem – oder vielleicht genau deshalb – ganz und gar nicht glücklich. Druck und Stress sind zu groß, und die Gesundheit bleibt oftmals auf der Strecke. Ich kenne das selbst aus persönlicher Erfahrung und habe nicht vor, in diesem Buch auf heile Welt zu machen. Denn das ist das Letzte, was Du brauchst – noch eine von diesen Schönschreiberinnen, die in ihren Power-Büchern zum Besten geben, wie einfach das doch alles zu erreichen sei: Erfolg, Geld, Familie, Glück, Schönheit, Gesundheit – juhu! In drei Monaten ein neuer Mensch! Also, bei mir funktioniert das nicht so reibungslos. Ich habe genauso meine Schwierigkeiten, Hindernisse und Blockaden, die mir das Leben schwer machen. Manchmal bin ich gar nicht gut drauf und frage mich, ob sich diese ganze Plackerei überhaupt auszahlt. Dann erinnere ich mich wieder an mein großes Ziel, raffe mich auf und mache weiter. Das ist der Unterschied: niemals aufgeben!

Ich werde ehrlich mit Dir sein, weil die Wahrheit zu sagen zum spirituellen Verhaltenscode gehört. Ich will und werde Dir alles vermitteln, was ich weiß, und Dich an meinen Erfahrungen, die manchmal nicht unbedingt berauschend waren und sind, teilhaben lassen. Gemeinsam werden wir die ganze Geld-Frauen-Sache analysieren und entmystifizieren. Ich kann Dir versprechen, dass Du hier Dinge lesen wirst, die Du noch nie zuvor gelesen hast und dass Du mit diesem neuen Wissen Dein Geschäft, Deine Projekte, Dein ganzes Leben auf eine vollkommen neue Stufe bringen kannst – vorausgesetzt Du hast genügend Mumm und Ausdauer!

WAS WÜNSCHEN WIR FRAUEN UNS EIGENTLICH?

Mehr Zeit, mehr Geld, mehr Freiheit und mehr Anerkennung (mehr Sex vielleicht auch, aber zur Not hilft ein neues Paar Schuhe)!

Das, was unser Leben generell so beschleunigt, birgt glücklicherweise auch die Möglichkeit, uns genau das, was wir uns wünschen, zu „erschaffen". – Aha, und wie?

Was musste man früher alles auf sich nehmen, um ein Geschäft gründen, sich selbstständig machen zu können! Der Amtsschimmel wieherte oft monatelang, bevor man den heiß ersehnten Gewerbeschein in Händen hielt und endlich etwas anbieten bzw. verkaufen durfte. Jetzt ist das vollkommen anders. Man kann sich innerhalb eines Tages selbstständig machen und es ist dafür nicht erforderlich, auch nur einen Fuß vor die Tür zu setzen. Alles, was nötig ist, kann man per Internet erledigen. Niemand braucht mehr ein Büro mit Angestellten, um erfolgreich zu sein.

Kreativität, Flexibilität und Ideenreichtum stehen hoch im Kurs. Seit einigen Jahren werden verstärkt Frauen in der Wirtschaft gesucht und das nicht nur bis „maximal mittleres Management“. Die Wohlstandsgesellschaft kann es sich schon längst nicht mehr leisten, auf die Arbeits- und Geisteskraft von Frauen zu verzichten. Es wird niemand mehr schief angesehen, wenn er alle zwei Jahre den Job wechselt oder ein Jahr auf Bildungskarenz geht. Langsam, aber unaufhörlich ändert sich das Schema „Frauen sind für die Kinder verantwortlich, Männer fürs Geld“, auch wenn es teilweise bei beiden Geschlechtern und in der Gesellschaft noch tief verankert zu sein scheint.

Viele Menschen haben die Nase voll vom ewigen Kampf ums Geld, von den Existenzängsten, von Konsumzwang, Fitness- und Schönheitswahn sowie den üblichen „Umweltschädigern“. Sie wünschen sich aus tiefster Seele ein anderes Modell, um sich Einkommen zu schaffen und innere Zufriedenheit zu erlangen. Ein Modell, das auf ethischem Verhalten, Leidenschaft, Freiheit, Freude, Kreativität, Spiritualität und höherem Sinn beruht.

Hier liegt die große Chance unserer heutigen Zeit. Viele Menschen sind immer weniger bereit, sich mit dem Treiben von rücksichtslosen Konzernen, Banken, Pharma- und Nahrungsmittelriesen und Politikern abzufinden und wollen einen Ausweg finden, um mit ethischem Verhalten zu innerem Wohlergehen und äußerem Wohlstand zu gelangen. Verzweifelt suchen sie Rat, Erfolgsstrategien und „Wie-geht-das"-Informationen, um das zu verwirklichen. Um die derzeitige wahnwitzige Weltwirtschaft zu verändern, muss jede Einzelne von uns neue Wege beschreiten, unabhängig davon, was die anderen sagen. Das eigene Verhalten und Denken gilt es zu verändern! Neue Produkte und Dienstleistungen müssen auf den Markt gebracht werden, als Gegengewicht zu den ausbeuterischen Praktiken der multinationalen Konzerne – um genau damit Freiheit und Unabhängigkeit zu erlangen. Ja, Du und ich, wir sind verantwortlich für das, was in unserer Zukunft passiert – nicht die anderen!

Das Leben wird in Zukunft nicht leicht sein für die Vertreter der alten Schule, die auf Ausbeutung basiert, denn immer mehr Menschen weigern sich, bei unethischen Praktiken mitzuspielen und zu ihrem eigenen Nachteil sowie auf Kosten der Umwelt ein unbefriedigendes Leben zu führen. Vielleicht hältst Du mich jetzt für abgehoben, aber ich bin wirklich felsenfest davon überzeugt, dass wir uns bereits in einem Riesen-Umbruch befinden, wo kein Stein auf dem anderen bleiben wird.

Mein Ziel ist es, Dir in diesem Buch Wege aufzuzeigen, wie Du Schritt für Schritt äußeren und inneren Wohlstand aufbauen kannst – und das basierend auf mentalen, finanziellen und spirituellen Prinzipien. Konkret, rational und durchführbar.

- Du kannst ein Geschäft daraus machen, mit diesem neuen Wissen andere Menschen zu inspirieren und zu instruieren und ihnen so den Weg zum Erfolg zu zeigen.

- Du kannst Produkte kreieren, die anderen helfen, und damit viel Geld verdienen.
- Du kannst ein Buch schreiben oder eine Internetkampagne starten und auf diese Weise Millionen Menschen erreichen.
- Du kannst Marmelade einkochen, Kunstgegenstände aus Altmetall anfertigen, Projektmanagement machen, Therapien anbieten, einen Hundesalon eröffnen …

Du kannst alles machen, was Du willst, und damit erfolgreich werden.

Egal an welchem Punkt Du Dich gerade befindest – jeder Mensch hat das Potential, sich ein Leben zu erschaffen, das ihn glücklich macht. Wenn Du dieses Buch aufmerksam liest, kann es tatsächlich Dein Leben verändern. Denn w werden uns auch die innere Voraussetzung für finanzielle Fülle ansehen.

**DAS INNERE BESTIMMT DAS ÄUSSERE.
ES IST NIEMALS UMGEKEHRT.**

Wenn Du dem Thema Geld innerlich nicht wohlgesonnen bist, kannst Du Dich auch nicht richtig an den Dingen erfreuen, die mit Geld für Dich und andere zu erwerben sind. Die meisten Menschen sehen Geld nicht als das, was es ist: ein Ausdruck von Energie, die man sich zunutze machen kann. Wenn Du mit der Energie „Geld“ richtig umgehen lernst, dann kannst Du das Beste für Dich und andere daraus machen. Es ist nur wichtig, dem Faktor Geld allein nicht die Macht über

Glück und Unglück zu geben. Denn Geld an und für sich garantiert noch kein Glück, sondern es ist entscheidend, was Du daraus machst. Wie kann es sonst sein, dass es Menschen gibt, die buchstäblich nichts haben, jedoch eine tiefe innere Zufriedenheit erlangt haben, und andere, die Millionen ihr Eigen nennen und schwer krank oder depressiv sind? Geld allein macht nicht glücklich. Armut und Mangel aber auch nicht. Und wenn, da wirst Du mir wahrscheinlich zustimmen, ist es besser, mit viel Geld unglücklich zu sein, als mit wenig.

Deshalb muss es wohl innere Faktoren geben, die dafür sorgen, dass wir finanziellen Wohlstand auch genießen können.

FRAGE

Wie würde es sich anfühlen, von Existenzangst und Selbstzweifeln, ob Du gut genug bist und genügend weißt, befreit zu sein, und in Zukunft nur mehr das zu tun, was Du und Dein Innerstes wirklich wollen?

Und jetzt stell Dir vor, Du verdienst genau mit dem, was Du am liebsten tust, so viel Geld, dass Du Dir das Haus Deiner Träume leisten kannst, dass Du über mehr Freizeit verfügst und auf Urlaub fahren kannst, so oft und wohin Du willst, ohne auf Billigangebote angewiesen zu sein.

Welches Gefühl hättest Du wohl, wenn es Dir möglich wäre, problemlos so viel Geld zu spenden, dass ein ganzes Dorf in Indien versorgt werden könnte?

Es ist keine Utopie, heute weniger denn je, sich sein Leben auf eine kreative Art und Weise zu verdienen. Durch Internet und Co. stehen uns jetzt Möglichkeiten zur Verfügung, die noch vor fünf Jahren undenkbar gewesen wären. Und es ist vollkommen egal, ob Du Dich mit diesen Dingen auskennst oder nicht. Man kann den entsprechenden Umgang mit diesen Medien in kurzer Zeit erlernen.

MONEY MAKES THE WORLD GO ROUND ... ABER NICHT FÜR FRAUEN

Die meisten Frauen haben ein großes Problem mit dem Thema Geld. Sie sind davon überzeugt, dass richtig viel Geld machen etwas Unethisches ist und dass man nur mit Ellbogentaktik und knallharter Manager-Manier mehr als der Durchschnitt verdient. Vor allem der Markt der persönlichen Weiterentwicklung, der Therapien für Körper und Seele, der spirituellen Hilfs- und Entwicklungsangebote, des Umweltschutzes und der Sozialarbeit lässt finanziell und in puncto Anerkennung einiges zu wünschen übrig. Am miesesten bezahlt sind Frauen im Pflegedienst und in der Kinderbetreuung. Wie kann das sein, wo doch gerade diese Menschen viel mehr Geld verdienen sollten? Wenn Männer diesen Job machen müssten, dann würden sie garantiert um einiges mehr verlangen und es auch bekommen. Das ist die Wahrheit – denn bei jedem Kollektivvertrag gibt es Ausnahmen.

Ich beziehe die meiste Kraft in meinem Leben aus meinem übergeordneten Ziel (die Welt zu einem besseren Ort zu machen), meiner Authentizität und meinem unbedingten Glauben an meine Träume sowie einer gehörigen Portion Humor. Ich versuche, jeden Tag ein Stück mehr das Leben zu leben, das ich schon immer wollte und bemühe mich, andere auf dem gleichen Weg zu unterstützen.

Die meisten Frauen haben immense Angst vor ihrem ureigensten Ich. Ein Tipp gleich zu Beginn: Sei immer Du selbst! Dafür hab ich auch eine Zeit lang gebraucht. Versuche nicht, etwas vorzugaukeln, was Du nicht bist, in der falschen Annahme, dass es dann besser für Dich läuft. Du brauchst dafür zu viel Lebenskraft und die Freude bleibt auf der Strecke. Wenn man einen Job hat, den man nicht mag, dann wird einem auch das beste Gehalt nicht zu einer inneren Balance verhelfen. Ich habe das selbst erlebt! Andererseits, wenn man zwar geschäftlich genau das macht, was einen begeistert, man jedoch jeden Tag ums Überleben kämpfen muss, ist es das gleiche Jammertal. Ich habe auch das ausprobiert. Bis ich endlich kapiert habe, wie der Hase läuft. Deshalb ist es so wichtig, die mentale, wirtschaftliche und spirituelle Fähigkeit zu erlangen, um seine Leidenschaft auch wirklich zu Geld machen zu können.

Geld hilft dabei, Zeit zu haben, die Seele weiterzuentwickeln, ein erfülltes, sinnvolles Dasein zu verwirklichen und anderen Menschen dabei zu helfen, das Gleiche zu tun. Wir im westlichen Teil der Welt sind äußerst privilegiert. Wir können uns mit solchen Dingen beschäftigen, weil wir nicht jeden Tag ums nackte Überleben kämpfen müssen. Viele Menschen auf dieser Welt können sich jedoch nicht spirituell weiterentwickeln, weil sie und ihre Familien immer kurz vor dem Verhungern sind. Ich versuche mir diese Tatsache so oft wie möglich ins Gedächtnis zu rufen, weil es mir hilft, den bereits vorhandenen Wohlstand zu schätzen und nicht zu jammern, wenn es mal nicht ganz so rund läuft.

Wenn Du so bist wie ich und die meisten anderen Menschen, wirst Du wissen wollen, wie das mit dem Geld und der Leidenschaft geht. „Wie soll ich mit meiner Begeisterung für die Beratung in Bezug auf ethische Geldanlagen, das Kochen umwerfender veganer Gerichte, das Kreieren neuer angesagter Möbel aus altem Trödelkram, das Design und die Umsetzung von Permakultur-Projekten, neuartige Leadership-Programme, Therapien für körperliche und seelische Schmerzen, das Anfertigen von Patchworkdecken etc. so viel Geld verdienen, dass ich nicht nur gut davon leben kann, sondern dass mein ganzes Leben und das anderer erfüllter und interessanter wird?“

MINDSET SYSTEM FOR SUCCESS

Genau an diesem Punkt beginnt die Reise mit dem Mindset System for Success. Ich habe durch die Techniken des Mindset Systems for Success (= Denkstrukturen, die zum Erfolg führen) innerhalb der letzten Jahre meinen Umsatz als Unternehmerin vervielfacht. Also genau mit dem, was ich am liebsten tue. Ich habe mich zu einer ethisch wie wirtschaftlich verantwortungsvollen Frau entwickelt, die weiß, dass jede ihrer Handlungen Einfluss auf das eigene Leben und das Leben anderer hat.

Im Großen und Ganzen bin ich heute von Existenzängsten und Selbstzweifeln, ob ich gut genug bin und genug weiß, befreit. Das gibt meinem Leben als selbstständige Unternehmerin eine Leichtigkeit, die früher undenkbar war. Meine Beziehungen im beruflichen wie privaten Bereich sind harmonisch und bereichernd. Wo früher Streit und Chaos waren, herrschen heute Gemeinschaftsgeist, Freude und Klarheit. Aus Mangeldenken heraus war ich früher knausrig und rechnete jeden Cent nach, heute kann ich großzügig geben und weiß, dass alles doppelt und dreifach zurückkommt.

Der Prozess von Mindset System for Success birgt enorme Möglichkeiten im mentalen, finanziellen und spirituellen Bereich. Es ist ein unbeschreibliches Gefühl von Freiheit, wenn man nicht mehr täglich Gedanken daran verschwenden muss, ob das Geld wohl reichen wird und was die anderen von einem halten; wenn man in sich eine gesunde Stabilität und Ausgeglichenheit gefunden hat; wenn die Meinung der Eltern zwar respektiert wird, man aber aus vollem Herzen seinen eigenen Weg geht; wenn es irgendwann komplett egal ist, ob man drei Kilo zu viel hat oder zu wenig Sport treibt. Es ist zudem zutiefst befriedigend, wenn man einen Beitrag dazu leisten kann, dass die Welt ein besserer Ort für alle wird. Bevor hier alles zu rosig klingt und Du glaubst, ich bin schon absolut perfekt und im Paradies gelandet: Sei beruhigt, auch bei mir gibt es nach wie vor Saure-Gurken-Tage! Aber sie werden immer weniger und kürzer durch das mentale, finanzielle und spirituelle Training, das ich mir mit dem Mindset Prozess verordnet habe.

MIT DEM INNEREN BEGINNT ES

Das Innen kommt immer vor dem Außen. Die Überzeugungen und Bilder, die wir im Inneren haben, werden uns durch das Außen gespiegelt. Es nützt nichts, wenn man Millionen besitzt, aber tief drinnen unglücklich und verzweifelt ist. Es gibt unglückliche reiche Menschen, die keinen Zugang zu Freude und Genuss haben, obwohl sie sich alles leisten können, was sie wollen. Es gibt aber auch arme Leute, die es verstehen, mit ganz wenig das Leben zu genießen und sich am Sein zu erfreuen. Das bedeutet nicht, dass es erstrebenswert ist, in finanziellem Mangel zu leben. Es bedeutet vielmehr, dass es mehr als Geld braucht, um glücklich zu sein. Den Spruch „Geld allein macht nicht glücklich“ solltest Du trotzdem nicht verwenden. Nur Menschen, die kein Geld haben, gebrauchen ihn. Ich habe ihn noch nie von einem Menschen gehört, der finanziell keine Probleme hat.

Geld gepaart mit einem tiefen Gefühl von Zufriedenheit und Freiheit, basierend auf ethischen Prinzipien und dem Wunsch, andere am Wohlstand teilhaben zu lassen, ist der Schlüssel zu einem erfüllten Leben, wenn man als Selbstständige arbeitet. Vieles, das in diesem Kapitel vorkommt, brauchst Du als Basis, als Fundament für Wohlstand. Auch wenn Du Dich bereits sehr wohl in Deiner Haut fühlst und Dein Leben genießen kannst (bis auf die Tatsache, dass Du vielleicht über mehr Geld verfügen willst), bitte ich Dich, diesen Teil des Buches nicht zu überspringen, sondern ebenfalls aufmerksam durchzulesen.

WIE IM AUSSEN SO IM INNEN?

Unsere westliche und zunehmend auch die östliche Gesellschaft funktioniert nach der Maxime „Das Außen bestimmt das Innen“. Der Wert einer Person wird nicht an freundlichem und herzlichem Verhalten, an Mitgefühl, Toleranz, Respekt, einem Beitrag zur Umwelt, Kinderliebe, Zufriedenheit, Erfüllung, Liebe etc. gemessen, sondern an äußerlichen Kriterien. An Einkommen, Bildungsniveau, dem Aussehen und dem des Partners, Behausung, Firmenposition, Urlaubsorten, Privatschulen der Kinder und dergleichen. Das heißt nicht, dass eine Frau oder ein Mann, die eine hohe Management-Position erreichen, in einem Vorzeigehaus wohnen und eine Vorzeigefamilie haben, keine inneren Werte besitzen. Es wird nur mit jeder dieser äußeren

Gegebenheiten schwieriger, die inneren Prinzipien aufrecht zu halten, wenn man sich vorher nicht bewusst mit seinen inneren Wertvorstellungen auseinandergesetzt hat.

Die meisten Menschen sind davon überzeugt, dass sich ihre Probleme automatisch lösen werden, wenn sich das Außen verändert. Sie machen ihr Wohlbefinden von anderen und dem Wörtchen „wenn" abhängig. „Wenn ich den richtigen Job, den richtigen Partner, ein neues Haus habe, mehr Geld verdiene, keine Schmerzen mehr habe ... dann wird alles anders!"

Wenn Du so wie ich ein normales Leben mit allen Aufs und Abs erfährst, dann hast Du gewiss schon einsehen müssen, dass diese Rechnung mittel- bis langfristig nicht aufgeht. Kurzfristige Erfolgserlebnisse sind durchaus drinnen, aber nachhaltige? Viele Frauen klagen, dass sie – sobald sie den Kopf aus einer Misere draußen haben – mit der Nase schon in der nächsten stecken. Meistens hat es mit Geldmangel oder Beziehungsproblemen zu tun.

Wie viele Menschen kennst Du, die über kontinuierliche Zufriedenheit und Ausgewogenheit verfügen, die sich durch nichts in ihrer Gelassenheit beeinflussen lassen? Damit meine ich nicht die abgestumpften Phlegmatiker, sondern jene Menschen, die aus dem Inneren heraus strahlen und in deren Gegenwart Du Dich sich wohlfühlst. Davon gibt es nicht viele. Sie ragen wie Leuchttürme aus der Masse der Unzufriedenen und Unglücklichen hervor. Die wenigsten von ihnen waren von Geburt an so. Sie mussten ebenfalls viele Änderungen vornehmen und zwar ausschließlich in ihrem Inneren. Sie haben mit Sicherheit hart dafür gearbeitet.

Wenn man sich verändert, bleibt das nicht ohne Folgen. Veränderungen sind nicht leicht. Umso schwieriger wird es, je länger eine bestimmte Gewohnheit in unserem Leben verankert ist. Mit 20 hatten wir noch komplett andere Vorstellungen, wie das Leben zu verlaufen hat. Wir kannten Zukunftsängste nur vom Hörensagen und lachten über 40-Jährige, die nach einer durchzechten Nacht eine halbe Woche lang über Nachwirkungen klagten (Ich weiß, wovon ich spreche!). Wir hatten noch ganz andere Ideale und vertraten sie mit Vehemenz. Mit 20 findet man die Dinge, die die Eltern sagen, einfach nur zum Abgewöhnen und schwört bei allem, was heilig ist, nie, aber auch nie so zu werden wie Mutter oder Vater. Ab Mitte 30 stellt man dann in manchen Situationen bestürzt fest, dass man genau das tut, was die Mutter getan hat. Kinder sind übrigens an dieser Entwicklung nicht unbeteiligt. Manch eine Mama wird insgeheim Abbitte leisten, weil sie erst jetzt versteht, wieso ihre eigene Mutter immer fuchsteufelswild geworden ist, wenn sie Erdbeeren mit Schlag auf der Couch gegessen hat. Ohne Schüssel selbstverständlich.

KRISEN SIND VORPROGRAMMIERT

Ob mit Kindern oder kinderlos, finden sich viele Frauen ab einem gewissen Alter an einem Punkt in ihrem Leben wieder, der nur wenig mit den Träumen und Idealen ihrer Jugend zu tun hat. Sie sind mit dem konfrontiert, was man die „harte Realität" nennt. Vielleicht hat sich die Entscheidung, das Studium mit den besseren Erfolgsaussichten zu wählen, statt der Leidenschaft zu folgen und Designerin zu werden, inzwischen gerächt. Der Verdienst ist zwar gut, aber man quält sich mehr schlecht als recht zur Arbeit. Vielleicht hat man aber auch jahrelang seine eigenen Ambitionen zugunsten der Familie zurückgestellt und befindet sich nun in einer unbefriedigenden Abhängigkeitssituation.

Aber wie soll man das ändern?

Über die Jahre sind die Verpflichtungen genauso wie der Lohn angestiegen. Kinder, Haus, Auto, Urlaub ..., da kann man den gut dotierten Job nicht einfach hinschmeißen, obwohl die Seele oder der Körper rebelliert. Psychische Krankheiten sind in Wohlstandsstaaten extrem auf dem Vormarsch, noch nie zuvor wurden so viele Psychopharmaka verschrieben wie im 21. Jahrhundert. Die Krankenstände aufgrund von Depressionen, Burn-out und Co. explodieren und bringen Unternehmen und Krankenkassen zum Schwitzen. Die meisten Menschen leiden unter ihrem Job und dem damit verbundenen gewaltigen Stress, vor allem Frauen aufgrund von Doppel- und Dreifachbelastungen.

Genauso ergeht es vielen mit der Idealvorstellung von einer Partnerbeziehung. Welche Verliebtheit war doch in der ersten Zeit da! Welch unglaubliche Kraft hatte man gemeinsam. Aber im Laufe der Jahre degenerierte die einstmals so große Liebe und übrig blieb eine reine Zweckgemeinschaft. Leider, wenn man nicht auf-

passt, killt der Alltag sehr oft die Beziehung. Aber es ist halt meistens praktisch oder notwendig, zusammenzubleiben. Da gibt es das gemeinsame Haus oder die gemeinsame Wohnung, den gemeinsamen Freundeskreis, das gemeinsame Unternehmen und bei vielen auch die gemeinsamen Kinder. Man kehrt es unter den Teppich bzw. steckt es irgendwie weg, dass anstatt der Gefühle von Liebe und Verbundenheit nur mehr Verdruss und Genervtheit da sind, dass man vielleicht sogar betrogen wird und dass es keine Wertschätzung keinen Respekt mehr für den andern gibt.

„WENN ICH DOCH NUR WÜSSTE, WAS ICH TUN SOLL!“

Allein der Gedanke an eine Trennung mit den einhergehenden Veränderungen verursacht den meisten Frauen so viel Angst, dass sie wie ein Vogel Strauß ihren Kopf in den Sand stecken und sagen „Eigentlich ist es ja gar nicht so schlimm. Ich kenne andere, deren Beziehung ist noch viel schlechter.“ Die größte Angst verursacht wahrscheinlich die finanzielle Situation. Kein Wunder. Wir Frauen sind aufgewachsen bei Müttern, die meist von ihrem Mann abhängig waren und bestenfalls einen schlecht bezahlten Teilzeitjob hatten. Letzteres entweder, weil es finanziell notwendig war, oder zur „Selbstverwirklichung“, oder weil ihnen zu Hause die Decke auf den Kopf fiel. Bei Frauen reichte es früher, eine nette Frauenausbildung zu absolvieren (am besten Hauswirtschaftsschule), das ansprechende Äußere bis zu dem Zeitpunkt, an dem man eine „gute Partie“ machte, aufrechtzuerhalten, um dann mit Kind und Haushalt den vorgezeichneten Weg der fürsorglichen Gattin zu gehen. Ab dann war es ihre Aufgabe, dem Mann den Rücken freizuhalten, damit er unbehelligt Tiere jagen gehen konnte, die er dann in die Höhle warf, damit die Frau den ganzen Rest für die Familie besorgte.

„Was marterst du dich nur so? Später heiratest du sowieso und dann war die ganze Arbeit umsonst“, sagte meine Großmutter zu mir, als ich zu studieren begann. Das war 1989. Ich verstand damals nicht, was meine Oma zu dieser Äußerung bewogen hatte. Erst später, als ich mit der Gesetzgebung aus ihrer Zeit vertraut war, kapierte ich ihre Bedenken.

Zu meiner Mutter Zeiten waren die Gesetze auch noch andere: Die Frau war dem Mann in den meisten

Bereichen nicht gleichgestellt und das Patriarchat hatte die westliche Hemisphäre noch vollkommen im Griff. Wusstest Du, dass es bis 1976 gesetzlich verankert war, dass der Mann zustimmen musste, wenn eine Frau arbeiten gehen wollte und jederzeit für sie kündigen konnte, ohne sie zu fragen? Das ist noch nicht so lange her. Heute haben Frauen zwar eine ungleich größere persönliche Freiheit, dafür haben sie sich jedoch ganz andere Ketten geschaffen – denn, will man zu den erfolgreichen Powerfrauen zählen, sollte man auch folgende Bedingungen erfüllen:

1. Gut aussehen bis ins hohe Alter (bedingt regelmäßigen Besuch beim kosmetischen Chirurgen!).
2. Einen straffen, schlanken Körper haben mit Körbchengröße 75–80 C/D (bedeutet: regelmäßige chirurgische Schönheitskorrekturen plus Fitnessstudio plus lebenslange Diät!).
3. Einen tollen Partner haben, der andere Frauen neidisch macht.
4. Obwohl oder trotz einer langjährigen Beziehung mindestens viermal Sex pro Woche haben.
5. Eine gute Ausbildung haben (mindestens Matura, akademischer Grad gewünscht).
6. Einen einträglichen Job haben (wenn möglich, Führungsposition oder ein eigenes Unternehmen).
7. Nebenbei perfektes Familien- und Haushaltsmanagement betreiben, mindestens ein Kind und einen großen Freundeskreis haben.
8. Dafür sorgen, dass die Kinder mit sechs Jahren schon drei Sprachen sprechen, zwei Instrumente spielen können und sich immer wohlerzogen benehmen.

Wie, bitte sehr, soll sich das alles ausgehen?

Wie soll man bei so einem Wahnsinn überhaupt körperlich, geistig und seelisch gesund bleiben? Wir ersticken an geschönten Bilderfluten und Werbeslogans, die uns suggerieren, dass das, was wir haben, immer noch zu wenig sei, dass noch viel mehr gekauft, getan, erlebt werden müsse! Wir schauen uns Hochglanzmagazine mit bis zur Unkenntlichkeit retuschierten Menschen an und sagen: „So müssen wir aussehen, damit unser Leben schön wird."

Wir haben Angst, dass irgendetwas Schlimmes passieren wird, wenn wir unser Leben so leben, wie es uns wirklich gefällt. Wir erlauben uns nicht einmal mehr, uns damit zu beschäftigen, wie wir es denn gerne haben würden. Lieber gehen wir zum Arzt und lassen uns ein paar nette Medikamente wegen der undefinierbaren Schmerzen verschreiben, kaufen uns ein paar neue Schuhe inklusive Handtasche und vertreiben die Geister aus unserem Inneren, indem wir mit Menschen, die wir eigentlich gar nicht um uns haben wollen, sinnlose Gespräche führen.

Das Interessante an der heutigen Zeit ist, dass mehr Frauen (und Männer) auf der Suche nach einer neuen Art zu leben sind, als jemals zuvor. An allen Ecken sprießen spirituelle Zentren und Yoga-Studios aus dem Boden, werben Anbieter von Selbsterfahrungsseminaren, werden Bücher, DVDs und Audioprogramme für unzählige alternative Therapiemethoden für Körper und Seele angeboten. Unmengen von Geld werden dafür ausgegeben, um Schäden, welche durch eine nicht menschen- oder besser gesagt seelengerechte Art zu leben verursacht wurden, wieder halbwegs zu reparieren. Das Rad des Konsums dreht sich dadurch noch schneller.

Viele von uns versprechen sich von dem neuen Buch, dem neuen Guru, der neuen Art von Superpower-Yoga, dem neuen Nahrungsergänzungsmittel, der neuen Diät etc. die so dringend erhoffte Änderung eines unerwünschten Zustands. Wir sind einerseits so frei wie nie zuvor, haben uns aber andererseits jede Menge anderen Ballast zum Mitschleppen geschaffen.

Wir leben in einer Zeit, wo alles möglich ist, aber die meisten Menschen können diese Chance nicht erkennen oder wissen nicht, wie sie es anstellen sollen, die gewünschte Richtung zu finden. Deshalb war auch der Konsum an Psychopharmaka in der gesamten Geschichte der Menschheit noch nie so hoch wie jetzt. Anhaltende Zufriedenheit und Glück scheinen seltene Gäste zu sein, weil man zu abhängig von dem ist, was im Außen passiert. Die Angst vor Jobverlust treibt seltsamste Blüten, alle sind gestresst und haben vor allem eines nicht: Zeit. Fast jeder, den ich kenne, hat Existenzängste, allen voran die Selbstständigen. Warum?

- Wir haben nie gelernt, in unserem Inneren zu Hause zu sein.
- Wir haben nie gelernt und erfahren, dass wir – genauso, wie wir sind – perfekt sind.
- Man hat uns beigebracht, dass wir immer etwas erfüllen und leisten müssen, damit wir gut genug sind.
- Wir haben gelernt, uns anzupassen, um nicht unangenehm aufzufallen. Spätestens ab 30 haben es die meisten begriffen.
- Wir haben wie Laborratten von unserem Umfeld gelernt, dass wir im Endeffekt nur reagieren können, aber nicht agieren. Wir glauben, dass wir dem Außen ausgeliefert sind.

- Wir leben in der Vergangenheit oder in der Zukunft, aber kaum jemals in der Gegenwart.
- Wir sind überzeugt, dass sich Zufriedenheit und Glück nur dann einstellen werden, wenn entsprechende Veränderungen im Außen passieren.

FAZIT

Wir brauchen einen neuen Ansatz, um ein erfülltes Leben im Innen wie im Außen zum eigenen Wohl und zum Wohle der anderen leben zu können. Einen neuen wirtschaftlichen Ansatz, der mit den herkömmlichen halsbrecherischen, skrupellosen Gewohnheiten der letzten Jahrzehnte nichts zu tun hat. Ich habe etwas mit allen anderen Menschen gemeinsam: Ich will glücklich sein und ich will nicht leiden! Ich will angenehme Erfahrungen machen und versuche, unangenehme zu vermeiden. Ich möchte genug Geld haben, sodass ich mir all das leisten kann, was ich mir wünsche.

Früher habe ich mir keine Gedanken darüber gemacht, dass alle anderen, genauso wie ich, glücklich sein wollen und ebenfalls nicht erpicht darauf sind, leiden zu müssen. Stattdessen kümmerte ich mich hauptsächlich um die Befriedigung meiner eigenen Bedürfnisse. Die Menschen um mich herum ließ ich dabei größtenteils links liegen. Wenn ich schon früher um die Macht der spirituellen Strategien gewusst hätte, wäre mein Leben mit Sicherheit anders verlaufen!

NEUE WISSENSCHAFTLICHE ERKENNTNISSE

Die Erkenntnisse der Hirnforschung innerhalb der letzten zehn Jahre haben so ziemlich jedes Dogma aus dem 20. Jahrhundert über den Haufen geworfen. Die Wissenschaft konnte Hinweise dafür finden, dass Gedanken Realität erschaffen, obwohl darüber hier nach wie vor die Kapazitäten hitzig diskutieren. Das bedeutet letztendlich, dass wir die Welt, so wie wir sie wahrnehmen, selbst erschaffen haben. – Wow! Logischerweise können wir uns dann auch die Zukunft so erschaffen, wie wir sie haben wollen!

Unzählige Bücher sind über dieses Thema geschrieben worden, von einer strikt wissenschaftlichen bis hin zu einer okkulten Sichtweise. Alle Religionen der Welt beschäftigen sich im Kern mit diesem Faktum. Der Buddhismus geht sogar noch weiter. Er sagt, alle Dinge seien „leer". Das bedeutet, dass nichts auf dieser Welt unabhängig von etwas anderem existieren kann. Alles entsteht aus einer unendlichen Kette von Ursache und Wirkung. Das Prinzip von Karma (frei übersetzt aus dem Tibetischen = Handlung) beruht auf Leerheit. Alles, was wir denken, sprechen oder tun, erschafft unsere Welt.

ERFOLG STELLT SICH EIN, WENN MAN ANDERE ERFOLGREICH MACHT

Später werde ich Dir noch mehr darüber erzählen. Was also ist der neue Ansatz, der uns aus dem unbefriedigenden Zustand der Ungewissheit des Lebens heraushelfen soll?

1. Wir müssen uns klar darüber werden, dass wir selbst die Welt erschaffen, so wie sie ist, und niemand sonst. Im Positiven wie im Negativen!
2. Wir müssen die Verantwortung dafür übernehmen und uns von dem Irrtum verabschieden, dass unser Leben vom Außen gestaltet wird. Damit ist auch jegliche Opferhaltung (schuld sind immer andere Menschen oder äußere Umstände!) hinfällig.
3. Wir müssen uns klar darüber werden, dass es so etwas wie Mangel nicht wirklich gibt. Es gibt keinen Mangel an Liebe, keinen Mangel an Geld, keinen Mangel an Gesundheit, keinen Mangel an Nahrung, keinen Mangel an Freude, keinen Mangel an was auch immer. Es gibt nur den Mangel, den wir uns selbst aufgrund unserer Ängste erschaffen haben.
4. Wir müssen den Mut haben, neue wirtschaftliche Wege zu beschreiten, die auf ethischem Verhalten beruhen.

Das klingt nach Arbeit – und ehrlich gesagt, so ist es auch. Für unsere starken, bequemen und jammerbereiten Egos bedeutet das mühevolle Änderungsprozesse. Das klingt aber auch nach absoluter Selbstverantwortung und Macht über das eigene Schicksal. Das ist es allemal wert, in die Hände zu spucken und alle Verhaltensmuster, die uns daran hindern, ein erfülltes Leben zu führen, in hohem Bogen rauszuwerfen.

Wenn Du glaubst, dass ich selbst von Geburt an ein zufriedener, ausgeglichener Mensch mit wunderbaren Beziehungen, einem gesunden Körper und ausreichend Geld war, dann irrst Du Dich gewaltig. Früher war ich die meiste Zeit krank, emotional ausgebrannt, ständig von Existenzangst getrieben und immer auf der Suche nach jenem Glück, das irgendwo anders sein musste, nur nicht da, wo ich gerade war. Ich war jähzornig und aufbrausend, dann wieder zutiefst verletzlich und bereit, mich ausnutzen zu lassen; und stets von Schuldgefühlen gesteuert. Ich sah gut aus, hatte eine gute Figur und verfügte über viele Fähigkeiten. Nur nahm ich mich selbst komplett anders wahr. Ich war ein richtiger Komplexhaufen mit einem Hang zum Divenhaften und Dramatischen. Damals war es für mich unvorstellbar, wie ich es je schaffen sollte, ein glückliches, erfülltes, angstfreies Leben zu führen. Ich kam nicht einmal auf die Idee, dass es so etwas geben könnte. Und das, obwohl ich mir schon mit Anfang zwanzig jede Menge an spiritueller Literatur einverleibt hatte!

Bis das Leben selbst mir die Gelegenheit gab, mich von Grund auf zu ändern.

MEINE EIGENE GESCHICHTE

Ich war von klein auf immer irgendwie krank. Mal schwerer, mal leichter. Meinem Bruder erging es ähnlich. Ich lernte es nicht, auf meinen Körper achtzugeben, weil meine Eltern sich auch nicht besonders um ihre Körper kümmerten. Kinder lernen ausschließlich durch Vorbildwirkung. Mein Vorbild war eine Mutter, die in jeder Hinsicht alles tat, damit es den Kindern gut ging, aber nicht auf sich selbst achten konnte und sich wenig Gutes gönnte, da sie mit uns Kindern rund um die Uhr im Einsatz war. Ich bewundere meine Mutter dafür, wie sie es trotz der vielen Belastungen und Überforderungen geschafft hat, uns Kindern immer Geborgenheit und Zuneigung zu geben.

Mein Vater war, wie so viele andere Väter dieser Zeit, viel beruflich unterwegs und kümmerte sich darum, seine Familie gut zu versorgen. In der wenigen Zeit, die er da war, war er uns jedoch ein liebevoller Vater. Meine Eltern gaben (und geben) immer ihr Bestes, wie alle Eltern. Ich liebe sie und habe riesigen Respekt vor ihrer Leistung, vor allem seit ich selbst Mutter bin. Meine Eltern haben mir wirklich viel vermittelt und ermöglicht und damit den Grundstein für mein heutiges Ich gelegt.

Ich sammelte über die Jahre verschiedenste Beschwerden, angefangen von chronischer Bronchitis über ständige Verdauungsbeschwerden, Gehirnhautentzündung, Lungenentzündungen und chronische Schlaflosigkeit bis hin zu Depressionen und noch einigem mehr. In der Pubertät verschlimmerte sich mein labiler Gesundheitszustand sogar noch, denn ich hatte ein großes Pensum zu bewältigen – Gymnasium, welches für mich ein Horror war, und Klavierstudium nebenbei. Ich war ständig unterwegs, immer auf der Suche. In dieser Zeit habe ich es meinen Eltern wahrlich nicht leicht gemacht. Ich bewundere sie dafür, wie sie meine Eskapaden und nächtlichen Streifzüge ertragen haben!

Wenn mir jemand anbieten würde, nochmals sechzehn zu sein, würde ich es dankend ablehnen. Irgendwie schaffte ich die Schule, allerdings schwer traumatisiert aufgrund all der system- und personenbedingten Widrigkeiten. Danach ging ich nach Wien, um zu studieren. Die tiefen unbewussten Prägungen, dass das Leben Stress bedeutet, dass Krankheit und Drama als normal anzusehen sind, dass man nie genug arbeiten kann, und dass man perfekt sein muss, nahm ich natürlich mit mir.

Meine große Leidenschaft ist nach wie vor die Musik aus den 30er- und 40er-Jahren des 20. Jahrhunderts. Das war auch einer der Gründe, warum ich mein klassisches Klavierstudium nicht beendet habe. Swing, Jive, Rhythm and Blues! Ich wollte unbedingt in einer Band spielen, das war mein Traum. Und um diesen Traum zu verwirklichen, setzte ich mich über alle Schranken hinweg und arbeitete wie besessen. Ich spielte mit zwanzig Jahren in meiner ersten Band, nahm Boogie-Unterricht und werde nie vergessen, wie mir mein damaliger Lehrer Folgendes sagte: „Du wirst nie richtig Boogie spielen können, denn du bist eine Frau und Frauen haben zu wenig drauf, um es jemals zu können." Bumm!

Meine Leidenschaft war jedoch so stark, dass ich viele Kränkungen und Rückschläge auf mich nahm, um weiterzukommen, getreu dem Motto „Jetzt erst recht!". Ich übte und probte und verlor mein Ziel nie aus den Augen. Als mich der Bandleader der Swingband rausschmiss, gründete ich meine eigene Band: fünf Männer und ich. Durch jahrelange harte Arbeit wurde diese Band in ganz Europa bekannt. Am Ende hatten wir sogar mit einem Song eine Platzierung in den amerikanischen R&B Charts. Wir sollten in New York spielen. Damals war der Höhepunkt des Neo-Swing-Revivals und man könnte meinen, ich wäre am Ziel meiner Träume gewesen. Ich hatte, allen Widerständen zum Trotz, mit 27 Jahren ein abgeschlossenes Universitätsstudium und war Bandleaderin einer weithin bekannten Swingband, die mir damals alles bedeutete. Dass sie mich leider auch meine Nerven und meine Gesundheit kostete, verdrängte ich einfach.

Wie hatte ich denn mein Leben bis dahin verbracht? Da gab es Stress, Drama, Highlights, Einschränkungen, Existenzangst, Erfolg, Wut, Wahnsinnspartys, Verzweiflung, kurze Glücksperioden und was weiß ich noch alles. Ich suchte mir immer die „falschen" Männer aus, kassierte eine Enttäuschung nach der anderen, nahm null Rücksicht auf meine Ressourcen, beendete Freundschaften ebenso wie Beziehungen radikal und unlogisch, war aufbrausend und im wahrsten Sinne des Wortes von meinem Ego getrieben. Ständig war ich unzufrieden, weil ich an den guten Möglichkeiten, die es natürlich immer wieder gab, einfach vorbeiging. Ständig war ich von gesundheitlichen Beschwerden geplagt. Ständig war ich auf der Suche nach Glück, das mir jedoch beharrlich aus dem Weg stiefelte. Sicher gab es genügend Gelegenheiten, andere Wege einzuschlagen, aber aufgrund meiner unbewussten Prägungen und der daraus resultierenden beschränkten Sichtweise, konnte ich all diese guten Dinge gar nicht wahrnehmen.

Dann wurde ich krank, richtig krank. Vier lange Jahre dauerte das Martyrium. Unzählige Ärzte und schulmedizinische Behandlungen, Schamanen, Lasertechnologie, Akupunktur, Traditionelle Chinesische Medizin, Osteopathie und, und, und ... Glaube mir, ich habe nichts ausgelassen! Und niemand konnte mir wirklich nachhaltig helfen. Nach vier Jahren ununterbrochener Schmerzen und vielen Operationen war ich am Ende und saß in absoluter Hoffnungslosigkeit und Depression fest. Ich weiß noch, wie ich eines Tages nach dreieinhalb Jahren Leidensweg aufwachte und etwas in mir zu zerbrechen schien. Von diesem Zeitpunkt an glaubte ich nicht mehr an Heilung und gab mich dem Elend komplett hin. Natürlich kam ich nie auf die Idee, dass ich selbst die Verursacherin für diese Schmerzen sein könnte. Wie auch! Bis ich eines Tages das Buch „Gesundheit für Körper und Seele“ von Louise Hay in die Hände bekam. Die Kernbotschaft des Buches ist, dass Gedanken die Realität erschaffen. Und dass wir demgemäß die absolute Eigenverantwortung für alles haben, was in unserem Leben geschieht.

Ich war wie paralysiert. Wenn das stimmte, was in diesem Buch stand, konnte ich mich selbst heilen. Und zwar allein dadurch, dass ich die Art und Weise meines Denkens veränderte! Das bedeutete aber gleichzeitig auch, dass ich nicht mehr länger Opfer war und deshalb auch nicht meinem Schicksal hilflos ausgeliefert. Ich konnte somit mein Leben selbst in die Hand nehmen und alles erreichen, was ich wollte. Zu diesem Zeitpunkt schienen mir Schmerzfreiheit und ein gesunder Körper etwas vollkommen Utopisches zu sein. Dennoch sagte mir etwas tief in meinem Inneren, dass das tatsächlich der Weg war, um aus meinem Jammertal herauszukommen.

Ich fing an, das, was in dem Buch stand, auf meinen Körper anzuwenden. Kontinuierlich, Schritt für Schritt. Ich begann, mich von Dingen und Menschen zu lösen, die mir nicht gut taten. Ich trennte mich auch von meiner Band, die mir bis dahin alles bedeutet hatte und deren Fortbestand ich bislang alles andere untergeordnet hatte. Denn ich hatte begriffen, dass sie mich über die Jahre zu viel an Energie und Nerven gekostet hatte. Sukzessive löste ich mich von all den negativen Gedankenmustern, die mir einen kranken Körper beschert hatten und ersetzte sie – einer speziellen Struktur folgend – durch neue, positive. Außerdem stellte ich meine Ernährung um und achtete auf regelmäßige warme Mahlzeiten. Ich tat wirklich alles, um gesund zu werden. Früher war mir mein Körper keinen Pfifferling wert gewesen. „Er muss funktionieren", war das Credo. Genau – und wer kennt schließlich nicht den unsinnigen, gefährlichen Spruch „Was mich nicht umbringt, macht mich nur noch härter"?

Die Heilungsperiode dauerte an die zwei Jahre und ich „leistete" mir leider auch immer wieder mal den einen oder anderen Rückfall. Aber 2004 war es endlich so weit: Das erste Mal in meinem Leben hatte ich das Gefühl, in einem gesunden Körper zu stecken und jegliche Schmerzen hinter mir gelassen zu haben. Ich hatte es geschafft. Was für ein unglaubliches Erfolgserlebnis! Zumindest auf der physischen Ebene. Denn etwas quälte mich nach wie vor: meine Existenz- und Versagensängste. Wie die meisten Menschen hatte ich permanent Angst, meine finanzielle Lebensgrundlage zu verlieren, mal mehr und mal weniger. Seit jeher war ich beruflich selbstständig gewesen und hatte ab meinem 18. Lebensjahr neben meinem Studium immer dazuverdient. Ich wusste zwar, dass ich zur Not meine Eltern hatte und in ihrem Haus eine Bleibe finden würde, aber das befreite mich kein bisschen von meinen Ängsten. Denn ich wollte unter keinen Umständen von irgendjemand abhängig sein.

Ich hatte die letzten Jahre gut als Trainerin und Beraterin verdient. Was aber würde passieren, wenn ich keine Aufträge mehr bekommen sollte? Schreckensszenario: Ich könnte die Raten für meine Eigentumswohnung und meine Privatärzte nicht mehr bezahlen, hätte nichts mehr zu essen und würde auf der Straße landen und es würde wer weiß was sonst noch alles passieren ... Ich befand mich genauso wie die anderen im kollektiven Existenzangstwahn. Im August 2004 war es so schlimm, dass ich schon ins tiefste Weinviertel ziehen wollte, auf einen alten Gutshof. Weil ich da nur 250 Euro pro Monat Miete hätte zahlen müssen. Der Grund waren ausbleibende Aufträge, vollkommen normal im Leben von Selbstständigen. Aber ich war drauf und dran, vorsorglich – bevor überhaupt irgendetwas passiert war – und in vollkommener Ignoranz meiner eigentlichen Vermögenswerte quasi unter der Brücke zu schlafen!

Ende 2004 sollte jedoch etwas passieren, das mich auf ewig von meinen Ängsten kurieren würde. Ich flog mit meiner besten Freundin im Dezember 2004 nach Thailand. Wir hatten uns schon sehr darauf gefreut, denn endlich konnten wir zwei Monate Auszeit nehmen und hatten vor, als Rucksacktouristen neben Thailand auch Laos zu erkunden. Wir waren schon öfter in der

Gegend gewesen und kannten uns ganz gut aus. Unsere erste Station war Ko Lanta, eine Insel im Süden von Thailand. Wir landeten nach einigen Stopps in Krabi und fuhren mit der Fähre weiter. Vor Ort trafen wir einige Leute wieder, die wir schon aus dem Vorjahr kannten. Wir feierten meinen Geburtstag mit Torte und Champagner (Übrigens: Eine Schokotorte auf Ko Lanta zu bekommen, grenzt an Zauberei!).

Das Weihnachtsfest war wunderbar. Es fernab von Kälte und alljährlichem Weihnachtstrubel unter Palmen zu verbringen, das hatte schon was! Ich kann mich noch genau erinnern, wie ich am 25.12.2004 mit einer Schwedin am Abend am Strand saß. Wir schauten in den atemberaubenden Sternenhimmel, hörten die Wellen und im Hintergrund leise Musik aus der notdürftig zusammengezimmerten Strandbar. Wir unterhielten uns über den Wahnsinn, dem wir zu Hause ausgeliefert waren, über all den Stress, den Ärger, die Ängste, die frustrierenden Beziehungen. Ich fühlte mich in dem Moment einfach nur wohl und war zufrieden. Für damals ein echt seltener Zustand! Wir beschlossen spontan, dass nach der Rückkehr in unsere Heimat alles anders werden sollte. Erfüllt von diesen angenehmen Gedanken gingen wir schließlich schlafen. Aber am nächsten Tag kam alles anders.

Der 26. Dezember 2004 begann wie jeder Tag in den Tropen: wolkenloser Himmel, sehr warm und alles sehr träge. Unsere einfachen Hütten lagen 30 Meter vom Meer entfernt. Wir saßen gerade beim Frühstück unter Palmen, als wir bemerkten, dass sich das Meer plötzlich zurückzog. Viel zu weit und zu schnell für die gerade herrschende Ebbe! Fasziniert gingen wir an den Strand, um uns das genauer anzusehen. In weiter Ferne, über den ganzen Horizont verteilt, kam ein weißer Strich auf uns zu. Es war eine niedrige Welle. Gemeinsam mit den

Einheimischen starrten wir auf das seltsame Schauspiel. Die Welle schwappte lautlos bis an das Ende des Strandes und zog sich ebenso ruhig zurück. Erstaunlich war der enorme Sog, den diese niedrige Welle hatte. Sie zog alles mit aufs Meer hinaus und die Thais, die ins Meer rannten, um ihre Boote zu retten, entkamen nur mit größter Anstrengung dieser Saugkraft. Wir hatten nicht bemerkt, dass kein Vogel mehr sang. Kein Geräusch war mehr zu hören. Wir hatten zu diesem Zeitpunkt circa 10.30 Uhr Ortszeit. Dann kam die zweite Welle. Schon von weitem konnten wir sehen, dass sie um einiges höher war als die erste.

„Lauf!“, war das Einzige, was ich meiner Freundin Gaby zuschrie und wir rannten vom Strand weg. Ich hörte, wie sich die Welle hinter mir ihren Weg durch Palmen, Hütten und Sträucher brach, ohrenbetäubender Lärm und Schreie begleiteten sie. Ich schaute nur nach vorne und lief so schnell ich konnte. Außer Atem hielt ich an der einzigen Straße der Insel an. Meine Freundin stand neben mir und nahm meine Hand. Die Welle hatte uns nicht erwischt! Seltsamerweise verspürte ich keine Angst oder Panik. „Wenn mir das Reisebüro das vorher gesagt hätte, wäre ich nicht hierher gefahren“, war das Einzige, was ich von mir geben konnte.

Wir wussten zu diesem Zeitpunkt noch nicht, welch dramatische und folgenschwere Naturkatastrophe wir gerade erlebt hatten. Langsam zog sich das Wasser zurück und hinterließ ein riesiges Chaos. Unsere Hütten standen auf Pfählen und waren deshalb unversehrt geblieben. Andere, nicht so stabil gebaute Hütten, waren weggespült worden oder hingen windschief über dem Boden. Es war in unserer Nähe niemand verletzt und bis auf den Sachschaden schien alles halbwegs glimpflich überstanden zu sein. Am wichtigsten war jetzt, nicht nur unser Geld, sondern vor allem unsere Pässe, ohne die wir in Asien aufgeschmissen gewesen wären, in Sicherheit zu bringen. Wir wateten durch das braune Wasser zu unserer Hütte und kaum hatten wir die Dokumente und das Geld in Händen, als wir jemand auf Englisch schreien hörten: „Noch eine Welle kommt!" Wir stürzten die Holztreppe hinunter, hinein in die Brühe und rannten, ohne uns auch nur einmal umzudrehen, landeinwärts. Das Gehirn und der Körper schalten in solchen Situationen auf Notbetrieb. Ich bemerkte rundherum nichts, der einzige Gedanke war: „Rette, sich wer kann." Adrenalingesteuert stürmte ich vorwärts. Die dritte und größte Welle brach über uns herein und riss alles mit sich, was bei der zweiten noch stehengeblieben war.

Als die Gefahr vorüber war und wir uns umdrehten, bot sich uns ein Bild der Verwüstung. Menschen liefen und schwammen schreiend durcheinander, Bäume waren umgerissen, Hütten weggespült worden, Tiere kämpften in den Fluten um ihr Leben oder trieben bereits tot auf dem Wasser. Touristen und Einheimische umklammerten einander weinend. Ich wusste instinktiv, dass irgendetwas Grauenhaftes von großer Dimension passiert war. Die Lebensgrundlage der ansässigen Menschen war innerhalb von Sekunden einfach weggerissen worden. Sie standen vor dem Nichts.

Als ich mitten im Chaos stand und mich umblickte, wurde mir ein großes Geschenk zuteil. Ich verspürte plötzlich eine große innere Ruhe. Mit einem Schlag

WUSSTE ich, dass ich nie mehr in meinem Leben Angst haben musste. Solange ich am Leben und gesund war, gehörte ich zu den gesegneten Menschen. Mehr brauchte es nicht. Ich hatte den Tsunami überlebt und es wäre ein Frevel gewesen, das geschenkte Leben weiterhin mit Sorgen und Ängsten zu verbringen. Das war die klare Botschaft, spürbar bis in die letzte Zelle meines Körpers.

Wir erfuhren erst in den folgenden Tagen und Wochen durch die Medien, wie viele Menschen umgekommen waren und welch sagenhaftes Glück wir gehabt hatten. Im Süden von Ko Lanta, 20 Kilometer von uns entfernt, starben 56 Menschen, auf Ko Phi Phi, 24 Kilometer vor der Insel, ertranken unzählige Touristen, die Leichen trieben tagelang auf dem offenen Meer; insgesamt mussten an die 300 000 Menschen beim Tsunami vom 26.12.2004 ihr Leben lassen.

Ich hatte diese Katastrophe ohne eine einzige Schramme überlebt – und daher war es mir ein Bedürfnis, mich dieses Geschenkes würdig zu erweisen. Das ist einer der Gründe, warum ich dieses Buch schreibe und warum ich mich verpflichtet fühle, Menschen eine Lebensweise näherzubringen, die auf Wohlergehen, Wohlstand, Freude und Gegenwärtigkeit beruht – damit ein Leben ohne Angst und Selbstzweifel möglich wird. Erfüllt von diesem neuen Bewusstsein, kam ich nach Wien zurück. Ich war berührt, wie viele Menschen sich nach mir erkundigt, beim Außenministerium angerufen, Briefe geschrieben und meinen Account mit E-Mails gefüllt hatten. Auch Menschen, mit denen ich schon jahrelang nicht mehr in Kontakt gewesen war.

Und ich kam noch mit etwas anderem zurück: mit einem Kind im Bauch. Kurz bevor ich nach Thailand geflogen war, war „es" mit meinem damaligen Partner passiert. Ich hatte schon eine gewisse Vorahnung gehabt und mir, als ich in den Fluten stand, geschworen: Sollte ich schwanger sein und einen Buben bekommen, würde er Felix heißen, der Glückliche, weil er es überlebt hatte. Die Bestätigung der Schwangerschaft war, gelinde gesagt, der nächste Tsunami für mich, da ich zu diesem Zeitpunkt schon wusste, dass ich mit meinem Partner nicht mehr zusammenbleiben wollte.

Meine Auftragslage für das Jahr 2005 war nicht rosig und die Aussicht, mich als Alleinerzieherin durchs Leben schlagen zu müssen, war alles andere als berauschend. Kurz und gut – im Prinzip wäre das genau der richtige Anlass für eine exzessive Existenzangst-Attacke gewesen. Nun konnte ich beweisen, dass ich mich wirklich von all diesen unnötigen Ängsten befreit hatte. Ich trennte mich ein paar Wochen nach meiner Rückkehr von meinem Partner. Gleichzeitig leistete ich in Gedanken Abbitte bei all den Frauen, die ich vor meiner ungewollten Schwangerschaft verurteilt hatte mit Argumenten wie „Wie kann man nur nicht aufpassen?" oder „Wenn ich ein Kind bekomme, suche ich mir den Partner genau aus!" und „Mir passiert das nie!". Nun war ich diejenige mit dem Volltreffer!

Damit ließ ich sämtliche von mir konstruierten Klischees hinter mir und beschloss schlicht und einfach, trotzdem glücklich zu sein. Nur – ich hatte kaum finanzielle Ressourcen und von Kindern, geschweige denn von Babys, absolut keine Ahnung! Zum Glück wusste ich damals nicht, was alles auf mich zukommen würde, denn sonst hätte ich die Schwangerschaft nicht so voll guten Mutes und mit so viel Spaß hinter mich gebracht. Als mein Sohn am Ende des Sommers 2005 zur Welt kam, hatte ich bereits mehr Umsatz gemacht als in den Jahren zuvor. Ich konnte mir die besten Ärzte leisten, eine tolle Klinik, alles, was ich wollte. Und was das

Schönste war: Ich hatte keinen Augenblick gezweifelt, dass es so sein würde!

Trotzdem waren die ersten Jahre als Alleinerziehende verdammt hart. Bis zur Geburt meines Sohnes war ich es gewohnt gewesen, alles tun zu können, was ich wollte. Damit war nun Schluss. Ich stand damals noch viel mit meiner Band „Swinging Ladies DeLuxe!" auf der Bühne, hatte außerdem viele Trainingsjobs und keine Großeltern vor Ort. Es war der schiere Wahnsinn, das alles unter einen Hut zu bringen. Ich hatte mehrere Babysitter und permanent ein schlechtes Gewissen, weil ich mein Kind so oft alleinlassen musste. Nach drei Jahren als Mutter hatte ich es dann endlich kapiert, dass mein Leben auf unwiderrufliche Weise verändert war.

Im Beruflichen begegneten mir nur Manager, die sich in klassischen Rollenbeziehungen befanden und den Stress der Kindererziehung und Organisation nur vom Hörensagen kannten. Ich bewundere Frauen zutiefst, die mehrere Kinder haben und berufstätig sind. Das sind die wahren Heldinnen des Universums. Leider gibt es noch immer viel zu wenige Männer, die sich zu gleichen Teilen in die Kindererziehung einbringen (können), obwohl die Tendenz langsam steigend ist. Alleinerzieherinnen stehen an vorderster Front, sie leisten Unvorstellbares. An dieser Stelle also meine Hochachtung!

Durch meinen Sohn komme ich übrigens zu einer sehr günstigen, jederzeit verfügbaren und äußerst effektiven Persönlichkeitsentwicklung. Ich stelle ihn mir oft als Lama (tibetisch: Lehrer) in einer orangefarbenen Kutte vor, der da ist, um meine Geduld zu prüfen. Das hilft mir tatsächlich, so manchen „Geduldsfadenriss" hinauszuzögern. Instant-Spiritualität, wenn man so will.

Der Dalai Lama wurde bei einem seiner Vorträge von einem Vater gefragt, wie man seine Kinder zu ethischen Menschen erziehen könne. „Indem du selbst ein ethi-

sches Leben führst. Kinder lernen ausschließlich durch Vorbildwirkung.“ Mein Kind und alle Menschen, mit denen ich zu tun habe, sind die Antriebskräfte, mein Leben zu einem Meisterwerk zu machen. Denn das ist der sicherste Weg dazu beizutragen, dass mein Sohn und alle anderen Menschen meines Umfelds eines Tages selbst über all die Fähigkeiten und Fertigkeiten verfügen, um ein erfolgreiches Leben mit ethischen Prinzipien führen zu können. Jetzt, nachdem Du ein Stück meiner Geschichte kennst und die Beweggründe, warum mir dieses Buch so ein Anliegen ist, kommen wir zum ersten großen Kapitel.

MENTALE BUSINESS-STRATEGIEN

DAS GESETZ DER RESONANZ

Manche Dinge müssen einen treffen wie ein Hammerschlag, damit man sie kapiert. So ging es mir bei der Lektüre eines Buches, das mir eine liebe Freundin vor einigen Jahren in die Hand drückte. Es war sehr ansprechend und leicht verständlich geschrieben. Viele Experten kamen darin zu Wort. Es ging um das Gesetz der Anziehung bzw. das Gesetz der Resonanz. Obwohl ich seit Jahren bezüglich meiner Gesundheit erfolgreich mit dem Gesetz der Anziehung gearbeitet hatte, wusste ich nicht, dass es das war! Louise Hays Bücher basieren auf dem gleichen Prinzip, sie nennt es nur anders.

Im Kern geht es darum, dass wir uns unsere Welt durch unsere Gedanken „erschaffen". Alles, was wir denken, sprechen oder tun, führt zu einem Ergebnis im Außen. Unsere Gedanken haben eine bestimmte Frequenz und alles, was dazu passt, wird angezogen. Das gilt für jeden Lebensbereich, auch für den finanziellen Teil.

Ich stelle mir das gerne wie ein Radioprogramm vor. Wenn ich klassische Musik liebe, werde ich mir höchstwahrscheinlich genau so eine Musik anhören wollen. Falls in meinem Radio jedoch ein Sender einprogrammiert ist, der eine andere Art von Musik bringt, kann ich zunächst nur diese Musik hören. Sollte ich nicht wissen, welche Frequenz das Programm mit der klassischen Musik hat und wie ich diesen Sender hereinbekomme, kann ich mich auf den Kopf stellen und werde trotzdem weiterhin nur Musik empfangen können, die ich eigentlich nicht hören will. Aber wie kann ich nun genau die Musik hören, die ich haben will?

Die gute Nachricht ist, dass es wie für jedes technische Gerät auch für das Gesetz der Resonanz eine Gebrauchsanleitung gibt. Und im Gegensatz zu der meines Autoradios leistet sie tatsächlich gute Dienste. Die schlechte Nachricht ist, dass es Arbeit bedeutet. Eine Arbeit, die einem niemand abnehmen kann und wo man auch niemanden beschuldigen kann, wenn etwas nicht funktioniert; eine Arbeit, die nicht gleich Früchte trägt und die einem große Konsequenz abverlangt.

Was ich am meisten in den vielen Büchern zum Thema „Gesetz der Resonanz“ vermisse, ist der Hinweis auf das notwendige konsequente Arbeiten an sich selbst und seinen Fähigkeiten. Ebenso wenig wird kaum je darauf hingewiesen, dass es einen Zusammenhang gibt zwischen eigenen Erfolgs- und Glückserlebnissen und unserem Verhalten anderen Menschen gegenüber. Der in vielen Büchern beschriebene Prozess „Bitten, glauben, empfangen“ reicht nicht aus. Vereinzelt kann das funktionieren, ist jedoch nicht die Regel und das hat verschiedene Gründe, wie wir noch sehen werden. Wir leben in einem Universum, welches auf Gesetzen beruht, von denen wir nur wenige verstehen. Unsere Welt funktioniert auf jeder Ebene und in jedem Detail mit absoluter Präzision. Es gibt keine Zufälle, Erscheinungen und unbeabsichtigten Zusammenhänge – alles läuft wie ein Schweizer Markenuhrwerk. Es gibt keine Trennung zwischen der Welt des Innen und der Welt des Außen. Die gleiche Kraft, die für die Bewegung subatomarer Partikel und des solaren Systems verantwortlich ist, steuert auch unsere Gedanken und Gefühle, unsere Familien und Karrieren.

Vor circa dreitausend Jahren soll die „Tabula Smaragdina“, die smaragdene Tafel von Hermes Trismegistos, erschaffen worden sein. Diese Tabula ist einer der berühmtesten Texte der alchemistischen und hermetischen Literatur. Es geht um den Zusammenhang zwischen Mikrokosmos und Makrokosmos: „Quod est inferius, est sicut quod est superius, et quod est superius, est sicut quod est inferius, ad perpetranda miracula rei unius.“

Das, was unten ist, ist gleich wie das, was oben ist, und das was oben ist, ist gleich wie das, was unten ist, ein ewig dauerndes Wunder des Einen. (Liber Secretorum, Nürnberg 1541)

Wir kennen diesen Satz als „Wie im Innen, so im Außen“ oder „Wie oben, so unten“ oder wie meine Großmutter immer gesagt hat: „Wie man in den Wald hineinruft, so kommt es heraus.“ Ich habe noch nie irgendwo gehört oder gelesen „Wie im Außen, so im Innen“ oder „Wie es aus dem Wald herauskommt, so ruft man hinein.“. Je länger ich auf diesem Planeten weile, desto klarer und beeindruckender wird für mich der Zusammenhang zwischen Innen und Außen. Diese fundamentale Wahrheit vergessen wir nur allzu leicht im Alltag. Uns kommt es nämlich genau umgekehrt vor. Wir sind überzeugt, dass uns das Außen steuert. Wir glauben, dass wir permanent auf etwas reagieren müssen, das außerhalb unseres Einflussbereichs liegt.

„Es liegt nicht an mir, die anderen sind schuld“, war einer meiner Lieblingssätze. Heute sage ich stattdessen: „Alles kommt von mir.“ Wenn mir das nicht gefällt, was in meinem Leben passiert, muss ich heute jene Gedanken denken und jene Aktionen setzen, die mir das gewünschte Ergebnis von morgen liefern sollen. Ich vergesse oft die Tatsache, dass ich nicht in getrennten Welten lebe, sondern mit allem und jedem auf dieser Welt verbunden bin und dass alles, was ich denke, spreche und tue, einen Einfluss auf dieses komplexe System hat. Ich lebe in einer sichtbaren und einer unsichtbaren Welt. Die eine Welt kann ich sehen, riechen, fühlen, angreifen, schmecken, die andere liegt verborgen hinter dem Vorhang meiner Sinne und ich kann die Sprache und die Erscheinungen dieser verborgenen Welt mit meinem Verstand nicht identifizieren. Wenn ich mich nicht konzentriere und in die Mitte bringe (und das jeden Tag!), dann falle ich in mein altes Denkmuster zurück und glaube, dass die Dinge, die in meinem Leben passieren, ihren Ursprung in der sichtbaren Welt haben. Aber – und das ist der Schlüssel – sie entstehen ganz wo anders.

Nicht nur Einstein bewies, dass alles aus Energie besteht. Zellen, Moleküle, Atome, Protonen, Neutronen, Quarks und so weiter. Alles ist Energie. Die sichtbaren und greifbaren Dinge, wir Menschen inklusive, sind laut Wissenschaft verlangsamte Energie. Je weiter wir in den Mikrokosmos vordringen, umso stärker werden die Energie und das daraus resultierende Potential. Wir brauchen nur an die Atombombe zu denken. Der Spaltungsprozess von Atomen setzt ungleich mehr Energie frei, als Tonnen von Dynamit je produzieren könnten.

Alles in der physischen Welt setzt sich aus Atomen zusammen. Atome sind eine Form von Energie. Energie kommt aus dem Bewusstsein.

In der Bibel gibt es den Satz „Am Anfang war das Wort." Ich habe das für mich geändert.

AM ANFANG ~~WAR~~ IST DER GEDANKE.

Auf einem Seminar in Hamburg machte ich eine erstaunliche Erfahrung. Dort wurde ein USB-Stick in Form eines Schlüssels angeboten, auf dem alle Lehren des tibetischen Buddhismus und unzählige Audio- und Videomitschnitte gespeichert waren. Ich wog ihn in meiner Hand und stellte mir gleichzeitig die Anzahl der Schriftrollen vor, auf denen all dieses Wissen niedergeschrieben worden war. Sie würden ein ganzes Kloster füllen. Wie verrückt ist das denn? Vor allem: In welch einer tollen Zeit lebe ich, wo so etwas möglich ist? – Ich war beeindruckt. Natürlich wollte ich diesen Schlüssel haben. Für knapp 100 Euro kaufte ich mir 2 500 Jahre Wissen. Für mich ist dieser USB-Stick ein Sinnbild des unbeschränkten Potentials des menschlichen Geistes. Wie kam es überhaupt dazu, dass dieser spezielle USB-Stick in meinen Händen landen konnte? Irgendjemand hatte wohl an einem Küchentisch die Idee dazu gehabt. Alle großen Erfindungen beginnen am Küchentisch mit einem Gedanken. Dieser Gedanke hatte eine spezifische Schwingung, er besaß „Anziehungskraft" und das Ergebnis hielt ich federleicht in meiner Hand.

Als wir in der Schule Isaac Newtons Gravitationsgesetz durchnahmen, musste ich permanent mit dem Einschlafen kämpfen. Hätte mein Lehrer mir damals vermitteln können, dass der gute Mann das Gesetz von Ursache und Wirkung beschrieben hat und es für mich in Zukunft von erheblicher Wichtigkeit sein würde, es zu verstehen und anzuwenden, hätte ich bestimmt nicht dauernd schlechte Noten in Physik gehabt.

Isaac Newton (1642–1727) gilt als einer der bedeutendsten Wissenschaftler aller Zeiten. Zu seiner Zeit wurde er als Naturphilosoph angesehen, obwohl seine wichtigsten Werke der Mathematik zuzuordnen sind. Er beschäftigte sich intensiv mit Alchemie, somit auch mit den hermetischen Gesetzen. Das beeinflusste sein gan-

zes Schaffen und brachte ihn manchmal als tiefreligiösen Menschen in Schwierigkeiten mit den Lehren der katholischen Kirche. Seine Lehre von der Mechanik postuliert, dass jede Aktion eine gleich starke entgegengesetzte Reaktion hat. Was Newton noch nicht beweisen konnte, war die Tatsache, dass Materie, Energie und Bewusstsein ein und dasselbe sind, nur mit unterschiedlichen Frequenzen. Das Prinzip von Ursache und Wirkung ist nicht nur im Bereich der Materie gültig, sondern umfasst alles, einschließlich unserer Gedanken.

Demzufolge sind wir selbst die Gestalter und Gestalterinnen unseres Lebens. Wenn es wahr ist, dass unsere Gedanken die Ursache für das sind, was uns in unserem Leben widerfährt, bedeutet das den Abschied von der Opferrolle. Die Opferrolle ist aber gerade bei uns Frauen sehr beliebt und wir mögen es überhaupt nicht, wenn man sie uns wegnehmen will. Statt durch Erfolg und Selbstständigkeit definieren wir uns gerne über Misserfolg und Leid. Mir ging es nicht anders, mit Händen und

Füßen habe ich mich gewehrt. Ich wollte den Status des armen, vom Schicksal gebeutelten Wesens weiterhin behalten und das Drama meines Lebens fortführen. Es war so leicht, allen anderen die Schuld an der Misere zu geben. Hin und wieder wünsche ich mir heute noch die Fähigkeit, meine Selbstverantwortung abgeben und über die Ungerechtigkeiten jammern zu können, die mir genauso wie jedem anderen Menschen widerfahren. Aber zum Glück kriege ich dann schnell wieder die Kurve. Der Schritt zurück würde bedeuten, dass ich mein unbegrenztes Potential und meine Kreativität einbüßen und meine Zukunft wieder von meinem unberechenbaren Unbewussten gestaltet werden würde.

Wenn wir nicht wahrhaben wollen, dass das Gesetz der Resonanz unser Leben gestaltet, dann ist es leicht, uns nur als „Reaktion“ auf die Ereignisse im Außen zu sehen. Viele von uns sind der Überzeugung, dass nicht wir die Welt gestalten, sondern sie uns und dass uns Dinge einfach nur so passieren. Wenn es tolle Dinge sind, hat niemand etwas einzuwenden, aber sobald es negative sind, dann wird unsere Opfermentalität auf den Plan gerufen.Wünschen wir uns ein erfülltes Leben, dann ist kein Platz für eine Opferhaltung. Das eine schließt das andere aus. Wenn wir ein erfolgreiches Leben mit genügend finanziellen Mitteln haben wollen, die nicht auf dem Zufallsprinzip basieren, müssen wir die wichtigste Fähigkeit, die es dafür braucht, intus haben: Wir müssen geübt sein im Erschaffen von Gedanken oder „Samen“, die unserem Ziel dienen und wirklich gewillt sein, uns zu verändern.

WARUM WOLLEN SICH MENSCHEN ÄNDERN?

Zuerst einmal wollen sie das gar nicht. Die meisten Menschen ändern sich erst dann, wenn irgendetwas in ihrem Leben so arg geworden ist, dass sie es nicht mehr ertragen. Die menschliche Natur ist leider so ausgerichtet. Wir sind bequem, wir geben den anderen die Schuld, wir sind neidisch, wir sind unzufrieden mit dem, was wir haben und vor allem: Wir leben in der Vergangenheit und in der Zukunft, aber nicht in der Gegenwart. Und doch ist die Gegenwart der einzige Moment, wo wir etwas verändern können. Ich weiß, ich blase ins selbe Horn wie all die großen Philosophien und Religionen. Aber nicht deshalb, weil ich diese Lehren alle so toll finde, sondern weil ich aus eigener praktischer Erfahrung weiß, dass sie recht haben. Die vollkommene Akzeptanz des Hier und Jetzt ist gleichbedeutend mit Fast-Erleuchtung, sprich absolutem Glück. Ehrlich gesagt, mir gelingt es selten, ganz eins zu sein mit dem, was ist. Immer nur für ganz kurze Momente, die sind dann aber wunderbar.

Mein Antrieb, es jeden Tag aufs Neue zu versuchen, immer noch ein Stückchen weiter zu gehen auf dem Pfad des persönlichen Reichtums – und mich nicht aufhalten zu lassen von meinen eigenen Prägungen – resultiert aus all dem Positiven, das ich in den letzten Jahren erreichen konnte. Mein Leben wird immer besser. Es gibt Zeiten, wo sich die Fortschritte sehr stark bemerkbar machen. Dann habe ich wieder das Gefühl, dass der Prozess stagniert, es ist ein Auf und Ab. Aber das ist das Leben! Und wenn man weiß, wie das Leben abläuft, dann gibt es mit Sicherheit eine stetige Entwicklung hin zu mehr von dem, was funktioniert. Ich habe keine Zweifel mehr, dass mein Weg der richtige ist, tief in mir habe ich den unerschütterlichen Glauben an das wichtigste Gesetz des Universums:

Man bekommt das zurück, was man gegeben hat. Positiv zu positiv, negativ zu negativ. Das ist das ganze Geheimnis.

Und was jetzt?

Ich kann Dir die Arbeit leider nicht abnehmen, die auf Dich zukommt, wenn Du Dich ändern und das Beste aus Dir machen willst. Ich empfehle Dir, Dich ändern zu „wollen", nicht ändern zu „müssen". Du bekommst ungleich mehr Kraft, wenn Du etwas „willst" und nicht „musst". Ich weiß, dass viele Menschen genauso wie ich unzählige Anläufe brauchen, um ihr Leben dauerhaft in die Hand zu nehmen und ihr Recht auf Wohlbefinden und Wohlstand einzufordern.

Tu es einfach! Warum warten? Warum nicht alles beanspruchen? Wer sagt, dass das nicht geht?

Ab jetzt möchte ich Dir zeigen, wie Du mit ethischen Business-Strategien zur top-bezahlten Geschäftsfrau werden kannst. Es ist egal, von welchem Punkt aus Du startest. Ob Dein Ziel 30 000 Euro im Jahr sind, 70 000, 150 000, 500 000, 1 000 000 oder mehr, es ist der gleiche Prozess. Dazu muss sich nichts in Deinem Außen ändern, sondern nur in Deinem Inneren. Die innere Wandlung bedingt die äußere. Da es unmöglich ist, einen anderen Menschen zu ändern, kann man nur sich selbst ändern. Ich finde das sehr gut organisiert vom Universum, ich möchte nämlich ungern von der Änderungsbereitschaft anderer Menschen abhängig sein!

Vielleicht ist einiges von dem, das Du jetzt lesen wirst, für Dich nicht neu. Ich habe es nur auf eine gewisse Weise strukturiert und formuliert, damit es perfekt für meine Zielgruppe passt: für selbstständige

Frauen. Vieles aber wird brandneu und topaktuell für Dich sein. Genau das wird Dich nach vorne katapultieren.

SIEBEN SCHRITTE ZUM ERFOLG

Du hast Dir dieses Buch wahrscheinlich gekauft, weil Du als Geschäftsfrau gerne mehr verdienen würdest, oder weil Du Dich für ethische Business-Strategien interessierst, oder weil Du daran denkst, Dich selbstständig zu machen. Deshalb werden wir viel über Geld reden, ob es uns angenehm ist oder nicht. Du willst hoffentlich von mir lernen, wie man welches verdient! Dazu müssen wir uns zunächst einmal die Überzeugungen ansehen, die über Geld herrschen. Vor allem in den Köpfen von uns Frauen.

Anfang 2010 war ich eingeladen worden, einen Vortrag über Frauen und Erfolg zu halten. Ich durfte ein bisschen provozieren und gab meinem Kurzvortrag den Titel „Verkaufen sich Frauen unter ihrem Wert? Nein. Sie bekommen nur den Wert, den sie von sich selbst haben.“ Mein Vortrag schlug ein wie eine Bombe. Die Teilnehmerinnen saßen vollkommen gebannt auf ihren Sesseln und hörten mir mit großen Augen zu. Während ich redete, wurde ich immer unsicherer, weil mich alle so anglotzten. Jene Dame, die mich fotografieren hätte sollen, vergaß vollkommen darauf und starrte mich stattdessen ebenfalls mit offenem Mund an. Ich dachte mir: „Verdammt, habe ich gerade Themenverfehlung oder was ist da los?“ Mitnichten. Ich hatte den Nagel derart auf den Kopf getroffen, dass das Publikum wie hypnotisiert war.

Nach der Veranstaltung wurde ich von Frauen, die ein Coaching, ein Seminar, ein Buch oder etwas anderes von mir haben wollten, regelrecht belagert. Ich kam mir vor wie in einer Parallelwelt. Erst auf dem Nachhauseweg realisierte ich, was passiert war: Ich hatte eine Marktlücke getroffen! Frauen und Geld. Mir war bis dahin nicht klar gewesen, wie präsent das Thema nach wie vor ist. Ich selbst war ja immer selbstständig gewesen, hatte seit dem 18. Lebensjahr Geld verdient, drei Bands aufgebaut, mein Seminar- und Coaching-Business hochgezogen und immer über eigenes Geld verfügt. Ich hatte mich konsequent hochgerackert und musste nie jemanden um Geld bitten, weil ich es selbst verdiente. Ich steckte nie in einer Beziehung oder einem Geschäft fest, wo ich finanziell von einem Partner abhängig gewesen wäre. Auf diesem Vortrag traf ich viele gut ausgebildete Frauen, die über Top-Qualitäten und ein starkes Auftreten verfügten, aber trotzdem ein „Sub-Leben" führten am Rande des Existenzminimums. Am schlimmsten war die Lage bei geschiedenen oder getrennten Frauen mit Kindern oder geschiedenen Frauen ab 50, die ihr Leben dem Geschäft ihres Mannes gewidmet hatten und nie auf ein eigenes Einkommen und eine entsprechende Absicherung geachtet hatten.

Ein Satz meiner Vorrednerin, einer Finanzspezialistin, bezüglich Frauen und Geld hat sich bei mir eingebrannt:

„Frauen können deshalb nicht mit viel Geld umgehen, weil sie noch viel zu gut mit wenig Geld umgehen können."

Diese Erkenntnis hat den endgültigen Ausschlag gegeben, mich auf Frauen, Erfolg und Geld zu spezialisieren. Das Statement betraf mich genauso. Ich dachte nach und musste zugeben, dass ich mich wie die meisten Frauen in einer finanziellen Sicherheitszone bewegte. Das heißt, dass ich sehr wohl dafür sorgte, über genügend Einkommen zu verfügen, mir jedoch nicht erlaubte, über richtig viel Geld auf meinem Konto nachzudenken. Als verblüffend empfand ich allerdings, dass mich viele Frauen als finanziell sehr erfolgreich betrachteten und meine Tages- und Stundensätze als „unanständig" hoch empfanden.

Ich hatte mich zwar schon seit geraumer Zeit mit dem Thema Geld beschäftigt, mir ein längerfristiges Coaching-Programm in den Vereinigten Staaten geleistet und mein Geschäft neu strukturiert, aber den mentalen Durchbruch hatte ich noch nicht wirklich geschafft. Unsere verhängnisvolle Einstellung zu Geld ist ja eine reine „Kopfsache" – eine unglaublich hartnäckige! Insgesamt hat es zwei Jahre intensiven Trainings sowie unzählige Bücher, DVDs, Audioprogramme und unermüdliche Arbeit gebraucht, damit ich wenigstens einen Tau vom Big Business bekam.

Nirgends herrschen so felsenfeste Überzeugungen vor wie beim schnöden Mammon. In meinen Seminaren und Vorträgen könnte ich ohne Weiteres über abenteuerliche Sexualpraktiken reden, ohne dass mein Publi-

kum mit der Wimper zucken würde. Wenn ich jedoch verkünde, dass es jeder von uns zusteht, reich zu werden, in uneingeschränktem Wohlstand zu leben und sich die schönsten Dinge leisten zu können, werden die meisten irgendwie rabiat oder muffig.

Es hilft auch nichts, dass ich immer dazusage: „Zum eigenen Wohl und zum Wohle anderer." Ich höre dann Sätze wie „Das ist unmoralisch, wenn in Afrika die Kinder verhungern!", „Geld allein macht nicht glücklich!" und „Genug Geld, um bequem leben zu können, ist ausreichend. Mehr ist nicht notwendig.". Warum sitzen genau diese Frauen dann in Vorträgen über Geld und Erfolg?

Wir haben komische Bilder über Reichtum und Fülle abgespeichert. Irgendetwas scheint daran unmoralisch, verwerflich und nicht erstrebenswert zu sein. Seltsam, dass diese Haltung ausschließlich bei Leuten zu finden ist, die kein oder wenig Geld haben. Jemand, der sagt, Geld mache nicht glücklich, hat meistens keines. „Geld wird überbewertet", „Geld ist nicht wichtig", das sagen Menschen, die keine Ahnung von Geld haben und auch keines besitzen. Diese Tatsache ist an sich weder gut noch schlecht. In dem Augenblick aber, wo diese Menschen unter finanziellem Mangel leiden und gerne mehr Geld verdienen würden, wird es mit so einer Haltung schwierig für sie. Ehrlich gesagt, es wird ihnen nicht gelingen. Ich habe vorhin etwas über das Gesetz der Resonanz geschrieben. Es ist wie mit einem Radiosender. Wenn ich den Sender „Geld und Fülle" empfangen möchte, muss ich die richtige Frequenz einstellen.

Die meisten Frauen, die ich kenne, haben ihren Sender in Bezug auf Geld folgendermaßen eingestellt:

- Es steht mir nicht zu.
- Ich verdiene es nicht, wohlhabend zu sein.
- Es gibt nicht genug davon.
- Ich nehme es anderen weg, die es nötiger haben.
- Es ist nicht ethisch, nur schlechte Menschen haben viel Geld.
- Ich kann nicht mit Geld umgehen.

Wie, bitte sehr, soll uns hier finanzielle Fülle ins Haus kommen? Mit dieser Einstellung ist es vollkommen egal, was wir tun. Wir werden immer im Mangel bleiben. Wir werden uns immer abstrampeln und uns sorgen, ob wir genug Aufträge und Kunden kriegen, um unser Leben abzusichern. Wenn wir mal eine kleine Summe gespart haben, wird irgendetwas passieren, damit sich das Geld wieder auflöst.

Es ist sehr interessant, Leuten zuzuhören, die erfolgreich sind und über viel Geld verfügen. Sagen wir von einer Million aufwärts. Ich spreche von Menschen, die von unten angefangen, sich trotz mehrerer Rückschläge und Konkurse nach oben gearbeitet haben sowie ein oder mehrere florierende Unternehmen ihr Eigen nennen. Alle hatten am Anfang die gleichen hinderlichen Gedankenmuster bezüglich Geld und Erfolg. Jetzt sind sie jedoch ausnahmslos davon überzeugt, dass finanzieller Erfolg – bevor er sich im Außen manifestiert – im Innen erreicht werden muss. Wir müssen zuerst die Gedankenmuster überwinden, die uns einflüstern, dass wir das nicht können oder nicht verdienen bzw. dass Geld überhaupt etwas Schlechtes sei.

Wenn Du wirklich die finanzielle Energie des Universums anzapfen und Dir wie anderen damit ein schönes Leben ermöglichen willst, dann fang heute damit an! Die mentalen Business-Strategien sind auf das Innen ausgerichtet, auf die in Deinem Unbewussten abgespeicherten Überzeugungen. Um mental top ausgerüstet zu sein, musst Du sieben unterschiedliche Stufen durchlaufen. Manchmal wird Dir das zu Recht vorkommen wie ein Hindernisparcours. Der erste Schritt ist wahrscheinlich der wichtigste von allen.

SCHRITT EINS – DAS BEKENNTNIS

Damit der Prozess für Dich wirksam werden kann, braucht es zu Beginn ein starkes Bekenntnis von Deiner Seite. Du wirst genau in dem Maße erfolgreich werden, in dem Du bereit bist zu investieren. Du wirst kaum Geld investieren müssen, aber eine Menge an persönlicher Weiterentwicklung. Du brauchst einen glasklaren Fokus auf Dein Ziel, einen starken Willen und viel Disziplin. Das Know-how für den Erfolgs-Prozess kriegst Du von mir. Das andere kannst nur Du zur Verfügung stellen. Ich kann nichts für Dich tun, wenn Du die erforderliche Motivation und Entschlossenheit nicht mitbringst. Ich kenne niemanden, der mit Leichtigkeit und wenig Zeit nachhaltig und auf ethische Art und Weise erfolgreich geworden ist. Vergiss solche Geschichten. Sie sind nicht wahr. Ich schlage Dir vor, dass Du mindestens ein Jahr an Zeit investierst, um massive Veränderungen bewirken zu können. Arbeiten musst Du sowieso. Arbeite ein Jahr unter Anwendung der Prinzipien von Mindset System for Success und ich garantiere Dir, Du wirst Dein Leben im positiven Sinne nicht mehr wiedererkennen.

Bekenntnis

Ich, ______________________________,
verspreche mir selbst mit meiner Unterschrift,
dass ich vom __________ (heutiges Datum)
bis ___________ (Datum in einem Jahr)
alles tun werde, um mein berufliches wie finanzielles Ziel zu erreichen. Ich werde Abstand nehmen von

- *Jammern & Meckern*
- *Schuldzuweisungen & Opferrolle*
- *Untätigkeit & Lernunwilligkeit*

Ich verdiene es, im Wohlstand zu leben und mir alles leisten zu können, was mein Herz begehrt. Dafür bin ich bereit, Folgendes zu tun:

- *Meine Überzeugungen über Geld so zu ändern, dass sie mir und anderen dienlich sind.*
- *Meine Verhaltensweisen in Bezug auf Geld so zu ändern, dass sie mir und anderen dienlich sind.*
- *Alles freudig zu lernen, was es braucht, um mich und andere erfolgreich zu machen.*
- *Jeden Tag daran zu arbeiten, um meinem Ziel näherzukommen, auch als Vorbild für andere, die noch nicht so weit sind.*
- *Geld ist das, was ich glaube, dass es ist und was ich daraus mache.*
- *Ich bin jetzt willens, mich zu ändern und das Beste aus mir und meinem Leben zu machen.*

Zu meinem Wohle und dem Wohle aller fühlenden Wesen!

______________________ *(Unterschrift & Datum)*

Überlege gut, was Du hier unterschreibst. Nimm Dir Zeit und lies die Sätze laut. Wenn es für Dich passt, dann unterfertige den Vertrag mit Dir selbst. Wenn Du dieses Bekenntnis verinnerlichst, stellst Du Deinen Sender auf glasklaren Erfolg zu Deinem eigenen Wohle und zum Wohle anderer ein. Mach Dir jetzt noch keine Gedanken, wie das mit „den anderen“ funktioniert. Es ist leichter, als Du ahnst und bringt mehr, als Du jemals zu hoffen wagtest.

SCHRITT ZWEI – DIE FÜNF „WIE“

Wie in jedem normalen Geschäft haben wir den Vertrag geregelt und können uns nun an die Arbeit machen. Ich beginne immer mit einer Status-Analyse. Ich will wissen, wo genau ich stehe. Als nächstes definiere ich mein Ziel. Dann kann ich am besten die Schritte herausarbeiten, die es braucht, um mein Ziel zu erreichen. Die fünf „WIE“ sind in allen Lebensbereichen hilfreich. Du kannst diese Fragen umformulieren und auch auf Gesundheit, Beziehung oder Familie anwenden. Wir verwenden sie jetzt für den finanziellen Bereich.

Lass Dir Zeit und beantworte die folgenden Fragen möglichst gewissenhaft. (Wenn Du so bist wie ich, wirst Du wahrscheinlich erst das ganze Buch vom Anfang bis zum Ende durchlesen und Dich danach in einer ruhigen Minute den Einzelheiten widmen. Das ist absolut ok.)

1. Wie läuft Dein berufliches Leben ab und wie geht es Dir damit im Moment?
2. Wie viel Leidenschaft steckt in Deiner Arbeit?
3. Wie steht es um Deine Finanzen?
4. Wie sehen Deine familiären und freundschaftlichen Beziehungen aus?
5. Wie ist der Zustand Deines Körpers?

Schau genau hin, sei ehrlich. Das soll keine Prüfung sein, bei der man Noten bekommt. Es ist einfach Deine persönliche IST-Analyse.

Überlege nun, was Du in Deinem Leben geändert haben möchtest und wie Du das erreichen könntest.

Die Liste mit all dem, was zu tun ist, ist normalerweise sehr lang. Eines aber dürfte jeder Posten gemeinsam haben: Es ist wahrscheinlich ein „Ich sollte"-Satz. Die meisten Menschen werden von den Dingen gesteuert, die sie tun sollen, und nicht von jenen, die sie tun wollen. Manche von den „Soll-Dingen" sind sehr gut und wir brauchen sie. Viele jedoch passen überhaupt nicht zu uns und vergällen uns unbemerkt unser Leben. Überlege, bei wie vielen Dingen Du sagst: „Ich sollte ...".

Die Antworten darauf könnten folgendermaßen aussehen:

- Ich sollte das tun, was mir Freude macht.
- Ich sollte weniger Geld ausgeben.
- Ich sollte mehr Geld verlangen.
- Ich sollte mehr arbeiten.
- Ich sollte weniger arbeiten.
- Ich sollte mir mehr Zeit für mich nehmen.
- Ich sollte mehr Zeit mit meinen Kindern verbringen.

Schreibe Dir jetzt 3 bis 4 Sätze auf, die in Deinem Leben relevant sind und mit „Ich sollte" starten. Fühlt sich das Ergebnis gut an? Nein? Das hat seinen Grund und es ist vollkommen richtig, dass Dich ein ungutes Gefühl beschleicht. „Sollte" ist ein sehr hinderliches Wort. Jedes Mal, wenn wir es benutzen, fühlen wir innen drin, dass uns dabei irgendwie nicht wohl ist. Sobald wir einen Gedanken oder Satz mit „Ich sollte" beginnen, drücken wir nämlich unbewusst auf einen Knopf namens „schlechtes Gewissen". Und je öfter auf diesen Knopf gedrückt wird, desto stärker wird der Druck und desto weniger können wir das „sollte" erfüllen.

Machen wir doch ein Experiment: Wenn wir das Wort „sollte" durch das Wort „könnte" ersetzen, eröffnen sich uns ganz andere Möglichkeiten.Lies Dir die Liste nochmals durch und beginne alle Sätze mit „Wenn ich wirklich wollte, könnte ich ...". Nachdem Du die Sätze umformuliert hast, stelle Dir bei jedem der Sätze die Frage: „Und warum tue ich es dann nicht?" Da kommen plötzlich ganz andere Antworten zutage:

- Ich möchte nicht.
- Ich habe Angst.
- Ich weiß nicht, wie ...
- Ich habe keine Lust.
- Ich habe keine Zeit.

Dadurch findest Du heraus, ob wirklich Du etwas tun möchtest. Oder ob es die Eltern wollen, die Nachbarn, die Hochglanzzeitschriften, die Gesellschaft, der Partner oder die Partnerin. Höre tief in Dich hinein: Was tut sich da tatsächlich?

Streiche alles, was Du nicht tun willst. Ausnahmslos. Bei vielem von dem, was Du glaubst, tun zu müssen, handelt es sich um Dinge, die Du niemals tun willst. Du versuchst damit nur, anderen zu gefallen. Das ist anstrengend und nicht authentisch. Du liest dieses Buch, um inneres Wohlergehen und äußeren Wohlstand zu erlangen. Ich möchte jetzt von Dir, dass Du vorerst diese „Sollen"-Dinge einfach über Bord wirfst. Wenn etwas Wichtiges dabei sein sollte, kümmern wir uns später darum. Also, los geht's. Es sieht niemand zu. Es ist Dein Recht, nicht das bedrückende Gefühl des „Sollens", sondern stattdessen das wunderbare Bewusstsein des „Wollens" zu haben.

SCHRITT DREI – NEGATIVE BOTSCHAFTEN IDENTIFIZIEREN

Ich werde Dich jetzt tief in den Morast jener negativen Überzeugungen, Botschaften und Muster aus der Vergangenheit führen, die Dir allesamt das Leben schwer machen. Wir tauchen ab in das Gedankenlager unseres Mindsets. Alles, was wir je gedacht, gehört, gesehen, gespürt, erlebt, gesagt und getan haben, ist dort sicher verwahrt. Keine Sekunde unseres Daseins geht je verloren, wir haben alles als Geistesprägungen abgelegt. Diese sind äußerst aktiv und steuern auf unbewussten Ebenen das Schiff unseres Lebens.

Die stärksten und nachhaltigsten Prägungen haben wir logischerweise von unseren Eltern empfangen. Sie sind die wichtigsten Beeinflusser unseres Lebens. Aber auch Großeltern und Urgroßeltern etc. spielen eine große Rolle, weil ja deren Gedankengut immer in den nächsten Generationen weiterlebt. Oft leben wir Muster, die hundert Jahre und älter sind! Es zahlt sich aus, das Zeug aus dem Dunkel der Vergangenheit zu holen, um zu erfahren, welche Gedankenleichen im Keller uns wirklich schaden.

Wie wurde mit dem Thema Geld und Erfolg in Deiner Familie umgegangen?

- War Geld in Deiner Familie immer wieder ein Streitpunkt?
- Wurde gern darüber gesprochen? Oder wurde gar nicht darüber gesprochen?
- Hattest Du das Gefühl, dass genug da war oder dass ständig zu wenig da war?
- Musste Deine Mutter ihren Partner um Geld fragen oder hatte sie ihr eigenes Einkommen?
- Wurde Dir beigebracht, wie man sich selbstständig macht und ein florierendes Geschäft aufbaut oder hat man Dir nahegelegt, Dir einen sicheren Job mit einem stabilen Einkommen zu suchen?
- Wurdest Du dazu erzogen, eine „gute Partie“ zu machen und zu gefallen oder Dein Leben unabhängig zu meistern?

Ich bin überzeugt, dass unsere Eltern zu jedem Zeitpunkt in ihrem Leben nur das Beste für uns wollten, egal, wie schlimm die Auswirkungen für uns im Endeffekt auch gewesen sein mögen. Sie haben das in ihren Augen Bestmögliche in der jeweiligen Situation getan. Sie wussten nicht, dass es andere Handlungsweisen gibt, die für ihr Kind vielleicht förderlicher gewesen wäre. Ich bin felsenfest davon überzeugt, dass es keinen Zufall gibt und dass wir uns genau die Eltern oder Bezugspersonen ausgesucht haben, die für unsere Entwicklung am hilfreichsten waren bzw. sind. Die ersten 18 Jahre in ihrem Einflussbereich haben in unserer Seele starke Spuren hinterlassen, mit Sicherheit viele gute, aber leider auch einige hinderliche. Um diese Spuren geht es.

Ich möchte Dir zeigen, wie Du diese ausfindig machen und auflösen kannst.

Mach eine Liste von allen Dingen, die Deine Eltern an Dir falsch fanden. Welches waren die negativen Botschaften, die Du gehört hast? Welches waren die negativen Botschaften, die vielleicht nicht ausgesprochen, aber gelebt wurden?

Was sagten sie über …

Geld und Beruf?

____

____

Geld und Beziehungen?

____

____

Geld und Körper/Gesundheit?

____

____

Geld und Bildung/Kreativität?

____

____

Geld und Frauen?

____

____

Wenn Du diese erste Liste mit den Botschaften Deiner Eltern oder Bezugspersonen erstellt hast, überlege Dir, welche negativen Überzeugungen Du möglicherweise von Kirche oder Religion übernommen hast. Oder von der Schule, den Verwandten, der Gesellschaft!

Schau Dir die Liste an und spüre in Dich hinein, wie Du Dich dabei fühlst. 96–98 % unserer Wahrnehmungen und unseres Verhaltens werden vom unbewussten Teil unseres Systems gesteuert, nur 2–4 % vom bewussten Teil, den wir „Verstand“ nennen. Das ist der Grund, warum diese Arbeit so wichtig ist. Du kannst Dir die negativen Überzeugungen, die seit langer Zeit in Deinem Gehirnspeicher eingepflanzt sind, als persönliche Tretminen vorstellen. Das eigene Bombenlager in den Untiefen Deines Bewusstseins.

Jedes Mal, wenn Du unbewusst auf die Minen trittst oder jemand anderer sie auslöst, gehen sie hoch. Du hast keine Ahnung, was genau zum Beispiel an den Themen „Beziehungen“ oder „Geld“ für Dich so schlimm ist, Du reagierst, ohne nachzudenken, auf eine spezielle Art und Weise, die für Dich und andere Menschen oft nicht nachvollziehbar ist.

Im Folgenden gehen wir noch tiefer ins Detail. Ich habe einige Glaubenssätze über Geld und Erfolg zusammengestellt. Viele davon treffen speziell auf uns Frauen zu und sind weit verbreitet. Sei ehrlich bei den Bewertungen, nur so kann Dir das Ergebnis zeigen, wo Deine schädlichsten Überzeugungen und damit Deine stärksten Hürden liegen.

Deine persönliche Geld/Erfolgs-Skala:

Bitte schätze die folgenden Sätze auf einer Skala von 1–10 ein (1 = stimmt gar nicht, 10 = stimmt voll und ganz).

__ Geld wächst nicht auf Bäumen.

__ Geld verdirbt den Charakter.

__ Geld allein macht nicht glücklich.

__ Für Geld muss man hart arbeiten.

__ Reiche Menschen sind schlecht und rücksichtslos.

__ Geld ist die Wurzel allen Übels.

__ Frauen können mit Geld nicht umgehen.

__ Wenn man wirklich reich werden will, dann hat man für nichts anderes mehr Zeit.

__ Ich glaube, dass ich es nicht verdiene, wohlhabend zu sein.

__ Ich weiß zu wenig, um viel Geld zu verdienen.

___ Ich habe Angst, dass ich als erfolgreiche Frau nicht mehr für Männer attraktiv bin.

___ Mein Partner hat ein Problem damit, dass ich mehr Geld verdiene als er.

___ Ich habe ein Problem damit, dass ich mehr als mein Partner verdiene.

___ Ich fühle mich schlecht, wenn ich über Geld nachdenke.

___ Ich habe – wenn es um Erfolg und Geld geht - keine weiblichen Vorbilder in meiner Umgebung.

___ Nur durch Sparsamkeit kommt man zu etwas.

___ Geld ist nicht wichtig.

___ Männer können mit Geld besser umgehen.

___ Sobald Geld im Spiel ist, gibt es keine Freunde mehr.

___ Wenn ich zu viel verdiene, nehme ich den Armen das Geld weg.

___ Ich kann nicht so viel für meine Produkte/Dienstleistungen verlangen, weil sie sich dann viele Menschen nicht mehr leisten können.

___ Ich bin zu dumm fürs Geschäftemachen.

___ Man braucht viel Geld, um ein Geschäft starten zu können.

___ Frauen haben es einfach schwerer.

___ Ich mag mich nicht mit Geld beschäftigen.

___ Ich bin überzeugt, dass man nicht gleichzeitig viel Geld machen und sich spirituell weiterentwickeln kann.

___ Ich weiß nicht, wie ich mehr Geld als bisher verdienen kann.

___ Ich traue mich nicht, mehr zu verlangen, aus Angst, Kunden und Aufträge zu verlieren.

___ Ich habe lieber weniger Stress und weniger Geld, als viel Geld und viel Stress.

___ Geld ist unethisch und für das ganze Unheil der Welt verantwortlich.

___ Die inneren Werte sind viel wichtiger.

___ Ich habe zu wenig Macht und Einfluss, um ein erfolgreiches Geschäft hochzuziehen.

___ Ich kann nichts besonders gut.

___ Meine Eltern wollen einen sicheren Job für mich.

___ Ich habe Angst vor finanziellen Entscheidungen.

___ Wenn ich mich voll auf meinen Erfolg konzentriere, habe ich keine Zeit für Familie und Kinder.

___ Ich traue mich nicht, erfolgreicher zu sein als meine Eltern.

___ Frauen sind für die harte Geschäftswelt nicht gemacht.

__ Um erfolgreich zu sein, muss man besser und härter als die Männer sein.

__ Ich darf nicht egoistisch sein und will es auch nicht, aus Angst, nicht mehr geliebt zu werden.

__ Das, was ich tue, ist nichts Besonderes. Es ist selbstverständlich und braucht nicht honoriert zu werden.

__ Ich muss für die anderen da sein und alles selbst machen.

__ Ohne Partner bin ich nichts wert.

__ Ich lebe lieber im Schatten eines (erfolgreichen) Mannes und widme seinem Erfolg die ganze Kraft, als alleine zu sein und die Kraft für meinen Erfolg zu verwenden.

Dort, wo Du 7–10 hingeschrieben hast, liegen Deine stärksten hinderlichen Glaubenssätze bezüglich Fraussein, Geld und Erfolg. Hier musst Du ansetzen und die Gedankenmuster ändern, sonst wirst Du für immer in Deinem jetzigen Zustand bleiben.

Ich kann viele dieser Überzeugungen sehr gut verstehen. Ich war genauso. Ich fand den Gedanken, wohlhabend zu sein, so abstrus, dass ich nicht auf die Idee kam, meine Überzeugungen über Geld zu hinterfragen.

Ich hatte meine Prägungen bezüglich Geld von meinen Eltern erhalten, so wie diese von ihren und so weiter. Mein Vater stammt aus dem oberen Mühlviertel, einer wunderbaren Gegend im äußersten Nordwesten Österreichs. Sanfte Hügel mit viel Wald und Wiesen. Da liegt fast so lange Schnee wie im Waldviertel. Der Böhmerwald ist zugleich die Grenze zur Tschechei. Meine Großmutter väterlicherseits kam von jenseits der

Grenze, einem Ort, den die Tschechen, wie die meisten anderen im Sudetenland, nach dem zweiten Weltkrieg ausradiert haben.

Einst besaß der Urgroßvater einen schönen Bauernhof und die einzige Gastwirtschaft im Ort. Er war, wie meine Großmutter, als „Boan-Richter" (Bein-Richter) in der ganzen Gegend, ja sogar bis nach Wien, bekannt. Aufgrund der Benesch-Dekrete wurden 1946 dort alle deutschen Bewohner enteignet und mit nur 30 kg im Gepäck über Nacht nach Deutschland zwangsausgesiedelt. Meine Großmutter hatte das Glück, 15 Jahre vorher nach Aigen im Mühlkreis geheiratet zu haben. Dadurch blieb ihr wenigstens dieses Trauma erspart. Mühsam brachte sie – wie so viele Frauen ihrer Zeit – vier Söhne mit wenig Unterstützung ihres Mannes durch.

Es gibt eine Redensart über die Fruchtbarkeit des Bodens im Mühlviertel: „Man baut auf Granit." So lernte auch mein Vater, dass das Leben in erster Linie harte Arbeit bedeutete und dass es schon etwas Besonderes war, wenn man mal ein paar Schillinge in der Hand hatte. Ich habe meinen Vater bis heute nie ruhend erlebt, ständig ist er irgendwie am Arbeiten. Ich habe das Gefühl, dass er damit zufrieden ist und es für ihn gut passt. Mein Vater hat einen unglaublichen Sprung in seinem Leben gemacht. Aus einfachen Verhältnissen stammend, hat er es zum angesehenen Diplomingenieur mit wunderschönem Haus in bester Lage gebracht. Meinem Bruder und mir konnte er ein Studium finanzieren. Er hat sich das alles gemeinsam mit meiner Mutter und beinharter Disziplin geschaffen. So ist auch sein Glaubenssatz, was Geld betrifft: „Man muss hart arbeiten und äußerst diszipliniert sein, dann kann man sich etwas Wohlstand schaffen."

Natürlich hätte er es kaum so weit bringen können ohne meine Mutter. Bei ihr war die Herkunft ähnlich.

Meine Großmutter mütterlicherseits war das erste Kind von insgesamt zehn einer Hofkirchner Kleinhäuslerfamilie im oberen Mühlviertel. Sie wurde mit 14 Jahren auf einen anderen Hof geschickt, um als Magd zu dienen. Eine normale Karriere in dieser Zeit. Meine Großmutter war eine starke Frau, die sich nicht von Widrigkeiten des Lebens aufhalten ließ. Sie kam nach Wien als „Herrschaftsköchin", wo sie wunderbare Mehlspeisen zauberte. Daher rührt wahrscheinlich meine Liebe zum Apfelstrudel. Sie lernte meinen Großvater kennen, heiratete ihn und gründete mit ihm einen bescheidenen Hausstand in Linz. Dann kamen die Kriegsjahre. Durch den Kauf eines kleinen Hauses hatte meine Oma glücklicherweise einen Garten, wo sie Obst und Gemüse anbaute, das sie dann nach dem Krieg auf dem Markt verkaufen konnte. Sie verdiente sich dadurch etwas eigenes Geld.

Meine Mutter musste ebenso wie mein Vater von klein auf mithelfen und auch sie bekam die Härten des Krieges und die Not der Nachkriegsjahre hautnah mit. Als sie alt genug war, setzte sie durch, dass sie die weithin bekannte Salzburger Hotelfachschule in Bad Hofgastein besuchen durfte. Im Prinzip hatten ihre Eltern aber kein Verständnis dafür. In ihren Augen hätte sie sich mit ihrem kleinen Job beim Ministerium zufriedengeben und abwarten sollen, bis sie geheiratet worden wäre. Sie lernte jedoch drei Sprachen und ging nach ihrer Ausbildung nach Frankreich und Deutschland, um dort zu arbeiten. Ende der Sechzigerjahre heiratete sie meinen Vater.

Als mein Bruder und ich auf die Welt kamen, hieß das: Ab in den Haushalt! Von ganztägiger Kinderbetreuung keine Spur. Die sozialen Verhältnisse waren damals komplett anders als jetzt. Folglich mussten auch sehr gut ausgebildete Frauen wie meine Mutter zu Hause bei den Kindern bleiben. Ich kann mir gut vorstellen, dass das für sie nicht einfach war. Fortan hielt sie das Geld, das mein Vater nach Hause brachte, mit Sparsamkeit zusammen. Sie schafften es sogar, ein Wochenendhaus im Mühlviertel zu bauen, wo mein Bruder und ich immer wunderbare Ferien verleben konnten. Aber es war alles wirklich viel Arbeit und sie mussten immer genau kalkulieren.

Wie wir schon wissen, werden wir am stärksten von den Glaubenssätzen unserer Eltern geprägt. Also hatte ich die gleichen Überzeugungen. Ich sah in allem einen Kampf, ließ nie locker, biss die Zähne zusammen, gönnte meinem Körper keine Pause und kam nie auf die Idee, dass ich – so wie ein jeder von uns – das Recht auf uneingeschränkten inneren wie äußeren Wohlstand hatte.

Wenn man so ein Muster hat, kommt man ihm am besten durch die Hilfe anderer auf die Spur. Selbst ist man ja die eigenen Muster schon so gewohnt, dass man meistens blind dafür ist. Außenstehende tun sich da um einiges leichter, gewisse Anzeichen zu erkennen und die richtigen Knöpfe zu drücken. Schau Dir die Botschaften der Verwandten, der Lehrer und Lehrerinnen, der Kirche, Deiner Vorbilder etc. an. Da wirst Du wahrscheinlich selbst auch „fündig" werden! Was mich angeht, so arbeite ich schon seit Jahren an meinen eigenen tief verborgenen Prägungen und werde es wohl bis an mein Lebensende tun. Es ist erstaunlich, wie beratungs- und lösungsresistent diese Dinger sind und wo sie überall herkommen.

SCHRITT VIER – DIE WAHRE URSACHE

Wenn Du die oben angeführten Übungen gemacht hast oder wenn Du während des Lesens der einzelnen Aussagen ein bisschen tiefer in Dich selbst eingetaucht bist, ist es möglich, dass Du – wenn Du nun an all das denkst, was Du bezüglich „Gelddinge" in Deinem Leben ändern willst – ein ziemlich mulmiges Gefühl hast. Du wirst dieses Gefühl wahrscheinlich nicht genau benennen können. Das ist kein Wunder, denn es kommt aus den Tiefen Deines Unbewussten. Du bist ab jetzt quasi als Höhlenforscherin in den Abgründen Deines Selbst tätig.

Du begibst Dich auf unbekanntes Terrain, hast dazu nichts als eine Taschenlampe, die Dir mühselig den Weg erhellt und einen Plan, von dem Du nicht weißt, ob er Dich zum Ziel bringt. Über „den Plan" liest Du in diesem Buch und in unzähligen anderen, je nachdem, welche Sprache und Vorgehensweise Du bevorzugst. Die Taschenlampe steht für Deine Gefühle. Je besser Du über Deine eigenen Emotionen Bescheid weißt, umso heller und intensiver leuchtet die Lampe und das Vorankommen wird immer leichter.

Vergiss an dieser Stelle alles intellektuelle Wissen, das bringt Dich hier nicht weiter. Es gibt den berühmten Satz, den ich oft zu hören bekomme, wenn es um hinderliche Glaubensmuster geht: „Das weiß ich eh." Das ist eine der gefährlichsten Überzeugungen, die es überhaupt gibt. Wieso ändert sich dann an dem Zustand nichts, wenn man´s „eh weiß"? Die gnadenlose Kontrolle, ob ich etwas tatsächlich emotional und intellektuell kapiert habe – gibt der nachfolgende Satz wieder:

WISSEN UND NICHT DANACH HANDELN, HEISST NICHT WISSEN.

Ich kann nicht behaupten, etwas zu wissen, wenn ich nichts tue, um den unbefriedigenden Zustand zu ändern!

- Ich weiß, dass ich mich zu billig verkaufe.
- Ich weiß, dass ich mehr auf meinen Erfolg schauen sollte.
- Ich weiß, dass ich mehr Geld verlangen sollte.
- Ich weiß, dass mein Partner mich und meine Leistungen als selbstverständlich ansieht.
- Ich weiß, dass ich mir das nicht gefallen lassen sollte.
- Ich weiß, dass ich mein Licht unter den Scheffel stelle.

Nein. Wir wissen es nicht. Sonst hätten wir schon das Richtige getan, um unsere Situation zu ändern. Eines der größten Hindernisse auf dem Weg zum Erfolg ist die Überzeugung, schon genug zu wissen. Wenn ich nicht handle, dann habe ich es nicht verstanden. Punkt. Das bedeutet für mich, dass ich noch nicht alles habe, um aktiv zu werden. Es fehlt mir noch an Wissen und Fertigkeiten, damit ich mein Ziel erreichen kann.

- Heute sag' ich es meinem Chef, dass er mich nicht mehr so behandeln darf!
- Ich verlange nächsten Montag mehr Geld.
- Mein Partner wird meine Arbeit ab jetzt schätzen, sonst mach' ich nicht mehr mit.
- Ich lasse mir das nicht mehr länger gefallen.

Kommt Dir das bekannt vor? Wie oft treffen wir Entscheidungen, von denen wir ganz sicher sind, dass wir sie diesmal durchziehen werden, um dann im besten Fall nach zwei Wochen wieder beim unbefriedigenden Status Quo zu landen. Die gute Nachricht: Du kannst nicht nichts dafür, dass das so ist.

Was aber ist die wahre Ursache, dass wir im Hamsterrad hängenbleiben? – Wir alle haben einen grundlegenden Mangel in uns. Wir haben ihn von unseren Eltern geerbt, von den Großeltern, von Urgroßeltern und Ururgroßeltern ...

WIR GLAUBEN, DASS WIR ____ NICHT VERDIENEN,
WEIL WIR NICHT GUT GENUG SIND.

Du kannst jedes beliebige Wort einsetzen. Dieses Buch beschäftigt sich mit dem Thema Geld und Erfolg. Du kannst das Prinzip der wahren Ursache aber auch auf jeden anderen Bereich Deines Lebens anwenden. Vor allem wir Frauen haben diese Überzeugung, „dass wir es nicht verdienen, weil wir nicht gut genug sind“, schon seit Generationen verinnerlicht, weil wir sie von zu Hause, von der katholischen Kirche etc. und aufgrund der Vorherrschaft des männlichen Prinzips immer wieder eingeimpft bekommen haben.

Daraus haben sich extrem starke Muster entwickelt, die uns im Gegensatz zu den Männern, die diese Muster in gleicher Ausprägung meist nicht haben, am Vorwärtskommen hindern. Wir sind Perfektionistinnen. Wir haben hohe Ansprüche an uns als multiple Persönlichkeiten. Wir sind:

- Geschäftsfrau
- Mutter und Erzieherin (wenn man Kinder hat)

- Haushaltsmanagerin
- Lebensgefährtin/Ehefrau
- Singlefrau freiwillig (angenehm) oder unfreiwillig (unangenehm)
- Psycho- und/oder Sexualtherapeutin
- Konfliktmanagerin
- Putzfrau und Köchin
- Fitnessexpertin
- Elternbetreuerin
- Chauffeuse ...

Wir wollen überall perfekt sein, damit wir im Lebenszeugnis lauter Einser kriegen. Wir wollen allen genügen und es allen recht machen. Wir tun enorm viel und sehen das meistens als selbstverständlich an. Wir fordern kein Lob ein, sondern arbeiten einfach unermüdlich vor uns hin.

- Wir sind Expertinnen darin, uns permanent zu rechtfertigen und ein schlechtes Gewissen zu haben.
- Wir rechtfertigen uns vor den Eltern, dem Partner, den Kindern, den Arbeitgebern, den Kolleginnen, den Freundinnen, der Friseurin, der Lehrerin, der Schule, dem Sportclub, dem Glaubensbekenntnis, irgendwelchen höheren Mächten ...
- Wir rechtfertigen uns in Bezug auf unser Äußeres, unsere Bildung, unsere Persönlichkeit, den Zustand unserer Wohnung (Putzfrau ja oder nein), unsere Kleidung, die nicht so gut gebügelten Hemden, die Kleidung unserer Kinder ...
- Wir haben ein schlechtes Gewissen, weil wir zu wenig Zeit mit den Kindern, mit dem Partner,

mit den Eltern/Schwiegereltern, Freunden verbringen.
- Wir haben ein schlechtes Gewissen, weil wir zu wenig arbeiten, zu viel essen, zu wenig kochen, zu wenig Sport treiben, uns ehrenamtlich kaum engagieren ...

Warum ist das so? – Weil wir überzeugt sind, nicht gut genug zu sein. Das ist alles!

Mein Ziel ist es, Dir zu zeigen, wie Du mehr Geschäft und mehr Leben haben kannst. Ich werde Dir zeigen, wie Du in Deinem Geschäft lauter „hochdotierte" Einser kriegen kannst – und zwar ganz ohne Rechtfertigungen, Prüfungsangst und schlechtes Gewissen.

Das bedeutet, dass Du Dir überlegen musst, welche Deiner bisherigen „Rollen" unbedingt notwendig sind und welche Du beibehalten willst, damit Dein Leben funktioniert. Alle gehen sich nicht aus. Überlege, was Du an andere delegieren kannst. An Deinen Partner, an Deine Kinder (sofern Du welche hast), an bezahltes Personal oder Freunde. Du bist gut genug, auch wenn die Wohnung nicht jeden Tag aufgeräumt ist, die Kinder nicht zu drei verschiedenen Kursen gebracht werden, die Wäsche ungebügelt ist (wer braucht gebügelte Jeans?), die Mutter eine Woche lang nicht besucht wird, die Freundinnen sich bei ihren Jammertiraden kürzer fassen müssen, der Staub mit Dir zu sprechen beginnt! Dein Vorhaben, finanziell erfolgreich zu werden, wird sonst nicht funktionieren. Das ist eine rein logische Feststellung.

Damit hätten wir die eine Seite des „Ich bin nicht gut genug" abgehandelt. Doch die andere Seite hindert uns ebenso, zu voller Blüte zu gelangen und angemessen bezahlt zu werden. Wir glauben nämlich, unsere Produkte oder Dienstleistungen sind nicht gut genug, weil wir nicht gut genug sind. Deshalb verdienen wir es auch nicht, gut dafür bezahlt zu werden. Das ist der Grund, warum wir bei 25 bis maximal 60 Euro pro Stunde herumkrebsen. Wir sind felsenfest davon überzeugt, dass andere eine bessere Leistung erbringen und viel mehr wissen als wir.

Hier können wir uns die Herren der Schöpfung als Vorbild nehmen. Mit einer unglaublichen Selbstverständlichkeit preisen diese ihre Leistungen an und geben zu verstehen, dass sie die Meister der Materie sind. So eine Einstellung wurde schon von Kindheit an bei ihnen gefördert. Burschen verweisen meist lautstark auf ihre Leistungen und wollen dafür gelobt werden. Wehe, man tut es nicht. Dann kann man sich etwas anhören. Sie brauchen ungeheuer viel Bestätigung, damit ihr fragiles Selbstbewusstsein nicht leidet. Mädchen hingegen sind eher zurückhaltend, genügen sich meist selbst und bestehen nicht auf überschwänglichem Lob und Aufmerksamkeit. Ich schreibe hier bewusst „bestehen nicht“. Das heißt nicht, dass sie es nicht brauchen! Sie haben nur nicht gelernt, es einzufordern. Das ist wissenschaftlich bewiesen, kein Scherz.

Wer ist ihr Vorbild? Was lernen sie von den Eltern, aus Märchenbüchern und den Medien? Dass Mädchen brav und freundlich sind und Jungs mutig und fordernd. Wenn Du glaubst, dass das überholte, nicht mehr aktuelle Rollenbilder sind, dann muss ich Dich leider enttäuschen. Bei Mädchen kommt ab der Pubertät noch der Hungerwahn dazu und bei Burschen der Muskelwahn. Ich möchte Dir mit diesen Beispielen verdeutlichen, dass es sich bei vielen Dingen um erlernte Muster handelt, nicht um genetisch vorbestimmte Persönlichkeitsmerkmale.

Wir Frauen glauben, dass wir finanzielle Fülle nicht verdienen, weil wir und das, was wir anbieten, nicht gut genug sind. Woher kommen nun diese Überzeugungen, die freiwillig keine Frau behalten würde?

Die Schneewittchen GmbH

Welche Märchen hast Du in Deiner Kindheit gelesen? Ich habe Grimms Märchen geliebt. Aschenputtel, Dornröschen, Schneewittchen, Frau Holle, Sterntaler usw. Während meines Psychologie-Studiums fand ich es ziemlich übertrieben, was Expertinnen über die Wirkung dieser Märchen zu sagen wussten. „Ach Quatsch, was die da sagen“, meinte ich damals und wischte die Analysen vom Tisch.

Ich liebe alte Zeichentrickfilme und konnte es kaum erwarten, mit meinem Sohn Walt Disney´s Schneewittchen, einen meiner früheren Lieblingsfilme, anzusehen. Aber hallo – als es endlich so weit war, glaubte ich, in einem anderen Film gelandet zu sein! Meine ursprüngliche Sympathie für das Stück konnte ich bis zu dem Zeitpunkt aufrechterhalten, wo Schneewittchen bei den sieben Zwergen landete. Ab da schlug dann meine Begeisterung in Entsetzen um: Wie konnte man nur so dämlich sein, sieben Zwergen widerspruchslos das Haus zu putzen, zu kochen, sich den Grant und die Unordnung gefallen und uns auch noch weismachen zu lassen, dass das der Himmel auf Erden sei?

Dann aß sie dummerweise einen Apfel von einer fremden Frau, fiel ins Koma und wurde in einen Glassarg gelegt. Denn Schönheit ging über alles. Das einzige Gut, nebst Aufopferung und Kritiklosigkeit, das dieses Mädchen offensichtlich besaß. Als dann der fesche Prinz kam und den Sarg mit sich nehmen wollte, stolperte ein Zwerg und schwuppdiwupp: Das vergiftetet Apfelstück war wieder draußen! Kaum diesem Todesmysterium entronnen, saß die Gute schon auf des Prinzen Schimmel und galoppierte mit ihm zum Schloss. Welch ein Aufstieg! Die einzige Frau in dem Film, die wirklich Mumm hatte (die böse Königin), musste ins Gras beißen. Aber sie war auch selber schuld: Schließlich wurde sie ein Opfer der Überbewertung von Äußerlichkeiten, also eines Problems, das viele Frauen haben!

Nach dem „Genuss" etlicher anderer Märchenfilme war ein dicker roter Faden erkennbar:

- Gute Mädchen sind brav und angepasst.
- Gute Mädchen dürfen nicht aufbegehren.
- Gute Mädchen werden von bösen Frauen oder bösen Männern gequält und ertragen alles mit sanftem Gleichmut.
- Gute Mädchen haben kein Geld.
- Gute Mädchen werden zur Belohnung von einem Prinzen befreit, dürfen dann in seinem Schloss wohnen und für ihn arbeiten.
- Böse reiche Mädchen (faule Schwestern, neidische Königinnen, sadistische Schwiegermütter) werden am Ende für ihr Verhalten bestraft. Meist von einem Prinzen oder von einem Drachen, der sie frisst.

Mir wurde regelrecht schlecht bei Schneewittchen und den sieben Zwergen. War das die schöne Prinzessin, die ich so oft gezeichnet und verehrt hatte? Warum konnte ich das unschuldige, hilflose und dienstbare Geschöpf, das ein Sinnbild für so viele von uns ist, nicht mehr ertragen? Wieso fand ich auf einmal die böse Königin viel interessanter? Bist Du auch ein „braves Mädchen"? Immer lächelnd, immer rücksichtsvoll, um bloß nicht unangenehm aufzufallen? Die meisten Frauen wollen lieber brave Mädchen sein als lebenslustige und erfolgreiche. Wieso dieser Verzicht auf Macht und Einfluss? Warum fällt es Frauen so schwer, etwas vermeintlich nicht Nettes zu tun? Woran liegt es, dass viele Frauen Dinge als unrecht oder gar böse empfinden, die für viele Männer (und ein paar Frauen) ganz normal sind?

Die Angst sitzt uns im Nacken: Wir könnten ja für unseren Übermut oder etwaige kleine Regelverletzungen bestraft werden! Kein Wunder, wir haben von klein auf nichts anderes gelernt. Was werden die anderen von uns denken? Wie werden sie sich verhalten? Werden sie ein schlimmes Mädchen noch gernhaben? Wie schaut es wohl mit einem Wunschprinzen aus, wenn man nicht spurt? Oder kriegt man dann nur den Schweineknecht, wenn überhaupt?

Denkst Du auch, dass Dich keiner mehr mag, wenn Du mal „Nein“ sagst und so richtig auf den Putz haust oder in der Nase bohrst? Glaub mir, Du wirst in Deinem Leben nicht weiterkommen, wenn Du nicht lernst, die alten, anerzogenen Rollenmuster abzulegen.

Hier und jetzt sage ich Dir Folgendes:

Du brauchst weder bei Zwergen putzen zu gehen, einen vergifteten Apfel zu schlucken, Dich in einen Glassarg einschließen zu lassen, in einem Schloss hundert Jahre zu schlafen, Dich im Wald bei harmlosen Hexen zu verstecken, weil irgendeine erfolgreiche Hexe Dich in den Finger stechen will, in einen Brunnen zu fallen, um bei einer alten Frau Äpfel zu pflücken und die Betten aufzuschütteln ... noch andere Frauen und Männer zu quälen, den Zickenkrieg auszurufen, Prinzen nachzulaufen, anderen vergiftetes Obst anzudrehen, jeden Tag einen Spiegel zu fragen, ob Du noch die Schönste im Land bist (wer tut denn so was?) oder generell gemein zu sein, um erfolgreich zu werden.

Um erfolgreich zu werden, braucht es das entsprechende Mindset, also die richtige Einstellung und die daraus resultierenden Handlungen! Vergiss die Märchen. Es ist egal, ob Du eine Frau oder ein Mann bist. Es braucht mentale, spirituelle und finanzielle Strategien. Es braucht einen glasklaren Plan, Disziplin und Durchhaltevermögen. Es braucht Experten, die uns den Weg zeigen können. Die meisten Frauen, die ich kenne, sind überqualifiziert für das, was sie tun. Sie sind bereits zu gut für ihren Job. Sie haben unzählige Ausbildungen und sind ständig auf der Suche nach der nächsten Weiterbildung oder dem nächsten Selbstfindungsseminar. Sie machen das, weil sie hoffen, dann endlich gut genug zu sein. Wenn Du dieses Buch liest, gehörst Du zu den Frauen, die bereits alles in sich haben, was sie zum Erfolgreichsein benötigen.

Du verdienst es, erfolgreich und wohlhabend zu sein, genau mit dem, was Du bist und was Du am leidenschaftlichsten tust!

Reiche sind bös, Arme sind lieb

Film und Fernsehen prägen uns mehr, als wir ahnen. In den meisten Ländern der Welt hat das Fernsehen die Volksbildung übernommen. Es ist leicht, die Menschen mit diesem Medium gezielt zu steuern. Die Generation 30+ hat auch schon einiges an Fernsehkonsum mitgemacht. Gerald Hüther, einer der renommiertesten Neuro- und Lernwissenschaftler, hat viele Bücher über den negativen Einfluss des Fernsehens geschrieben.

Als ich ein Kind war, gab es samstagnachmittags im Fernsehen eine Serie namens Klamottenkiste. Da wurden Kurzfilme aus den 20er- und 30er-Jahren des 20. Jahrhunderts gezeigt. Ich liebte diese Serie und konnte nicht genug kriegen von Stan Laurel und Oliver Hardy, Charlie Chaplin, Buster Keaton, Harold Lloyd und vielen anderen Komik-Stars dieser Zeit. Das Strickmuster der

Filme ist immer gleich: Nette, tollpatschige Burschen ohne einen Cent in der Tasche kommen in komische Situationen. Mal müssen sie etwas reparieren, mal etwas liefern, mal ein armes Mädchen aus den Händen eines Bösewichts retten oder sich etwas einfallen lassen, um Essbares zu ergattern. Weitere Kernrollen sind: das arme, hübsche, hilflose Mädchen, der Bösewicht, der es nur auf das Geld oder das Mädchen abgesehen hat und der reiche, cholerische oder gediegene Geschäftsmann mit Frau. – Was hat das jetzt mit der Einstellung zu Geld zu tun? – Einiges, wie wir gleich sehen werden.

Einmal pro Woche gibt es einen Abendfilm bei uns zu Hause. Felix liebt Stan-und-Ollie-Filme. Wir sitzen also wieder einmal auf der Couch und schauen uns einen solchen Film an. Stan und Ollie wurden gerade von einem reichen Mann mies behandelt, als Felix laut ausrief: „Warum müssen reiche Männer immer so böse sein?“ In diesem Augenblick fiel es mir wie Schuppen von den Augen. Ich kapierte, warum mein Kind die Überzeugung hat, dass reiche Menschen böse seien, obwohl wir in unserem Haushalt einen sehr positiven Umgang mit Geld pflegen.

Wir sind eine Generation, die vom Fernsehen geprägt ist. Viele Inhalte wandern ungefiltert ins Unbewusste und setzen sich dort als Überzeugungen fest. Es gibt bezüglich Reichtum zwei große Gruppen von Spielfilmen, die starke Spuren hinterlassen:

1. Arme, starke Burschen, die gegen böse, geldgierige Männer kämpfen und am Ende das arme, hübsche Mädchen kriegen.
2. Arme, hübsche Mädchen, die von heldenhaften, reichen Männern gerettet werden.

In beiden Fällen sind die Sympathieträger arm! Im zweiten Fall schlägt die Schneewittchen GmbH wieder zu. Kennst Du den Film „Pretty Woman"? Grundsätzlich ein erbärmliches Drehbuch. Aber Millionen Frauen haben diesen Film gesehen und wollten von Richard Gere gerettet werden. Ich übrigens auch. Möchte ich noch immer. Erst durch den reichen, geduldigen Mann wurde die süße Julia Roberts zu einer ehrbaren Frau, die fortan nicht mehr als Prostituierte ihr Geld verdienen musste, sondern zu studieren begann und sich anständig kleidete. Immerhin wurde sie nicht vergiftet.

Mädels – aufwachen! Das sind die Dinge, die uns unbewusst prägen und am Weiterkommen hindern! Du könntest jetzt einwenden, dass das übertrieben sei. Ich würde es mir wünschen. Aber bitte glaube mir, ich übertreibe nicht!

Wenn Du dieses Buch liest, hast Du wahrscheinlich Probleme mit dem lieben Geld. Du hast zu wenig davon und willst mehr. Du weißt nicht, wie Du das auf eine feine Art erreichen kannst und suchst ratlos nach einer entsprechenden Lösung. Die „finanziellen Strategien" sind das beste Business-Handwerkszeug, das ich für Selbstständige bisher kennengelernt habe. Bevor wir sie aber anwenden können, müssen wir unser inneres System darauf vorbereiten. Mit Schneewittchen, Dornröschen und den Zwergen im Schlepptau werden wir Schiffbruch erleiden. Wir müssen das Denksystem auf Erfolg einstellen, sonst bringen uns die besten Strategien nichts, weil wir uns nicht zutrauen, sie erfolgreich anwenden zu können. Wir brauchen also unbedingt ein erfolgsorientiertes Mindset.

SCHRITT FÜNF – WIE UNSER MINDSET SYSTEM FUNKTIONIERT UND DU ES FÜR DICH NUTZEN KANNST

Als ich vor vielen Jahren begonnen habe, meine Gedanken zu ändern, hatte ich noch keine Ahnung vom Wunderwerk des Mindset Systems. Mindset heißt übersetzt Denkweise, Geisteshaltung oder Einstellung. Mindset System bedeutet nichts anderes als „Denksystem". Es befasst sich mit folgenden vier Bereichen:

- dem Gehirn und sämtlichen neurologischen Abläufen im Nervensystem
- dem Unbewussten
- dem Bewusstsein – also unserem Geist bzw. Verstand
- der Speicherung sämtlicher Lebenserfahrungen

Ich las eine Unmenge an Büchern über die Kraft der Gedanken. Ich fand jedoch kein einziges, wo beschrieben wird, was sich auf neurologischer Ebene abspielt und was bei bestimmten Gedankengängen und Verhaltensweisen im Gehirn und Körper passiert. Warum zum Beispiel ist ein Gedanke oder Satz, frei von Negationen und in der Gegenwart formuliert, so wirksam? Was genau passiert da im Gehirn? Kann ich schnellere Ergebnisse erzielen, wenn ich die Funktionsweise meines Gehirns besser verstehe oder ist das egal?

Es ist nicht egal. Im Gegenteil. Nur, wenn wir wissen, was sich im Gehirn abspielt, wenn wir einen Gedanken denken, können wir ihn auch gezielt steuern. Welche Gedanken machen erfolgreich, welche sind hinderlich? Welche Gedanken gehen vor allem uns Frauen beim

Thema Geld durch den Kopf und wie sieht das bei den Männern aus?

Kann man das Gehirn nachweislich auf Erfolg trainieren? Die Antwort ist JA. Erfolg ist ein duplizierbarer Prozess und beginnt mit dem Denkprozess. Es kann sich nichts manifestieren, wenn wir es nicht denken und damit eine Aktion starten. Die Entdeckungen der Hirnforschung seit der Jahrtausendwende haben uns die Beweise geliefert, dass tatsächlich am Anfang von allem, was geschieht, immer ein Gedanke steht.

John Assaraf und Murray Smith haben sich in ihrem hervorragenden Buch „The Answer“ (Atria Paperback, 2009) intensiv mit dieser Thematik auseinandergesetzt. Vieles von dem, was Du hier liest, habe ich in diesem Buch gefunden. Ein weiteres höchst interessantes Buch wurde von Sharon Begley verfasst und trägt den Titel „Neue Gedanken, neues Gehirn“ (Goldmann/Arkana, 2007). Sie hat viele Treffen des Dalai Lama mit führenden Neurowissenschaftlern aufgezeichnet und die Essenz daraus in dieses Buch gepackt. Beeindruckende Erkenntnisse!

Wie entwickelt sich unser Gehirn?

Der berühmte Lernforscher Manfred Spitzer sagte einmal, dass das Gehirn mit Abstand unser spannendstes Organ und auch unser kompliziertestes sei. Er meint, dass das Gehirn das komplizierteste Stück Materie ist, das es im Universum überhaupt gibt. Also lohnt es sich, ein paar Daten und Fakten vor allem in neurologischer Hinsicht anzuschauen, um diese weiche Masse besser verstehen und nutzen zu lernen. Das ist auf dem Weg zum Erfolg von unschätzbarem Wert. Der Neurophysiologe Wolf Singer beschreibt das Gehirn in einem typisch wissenschaftlichen Satz: „Das Gehirn ist ein komplexes selbstorganisierendes System mit nicht-linearer Dynamik und hoher Dimensionalität." (Mind and Matter Symposium, Wien 2012).

Klingt, als ob sich das Gehirn in alle Richtungen mit allen nur möglichen Verbindungen ausdehnen kann und auch ohne unser Zutun arbeitet. Und so ähnlich ist das auch.

Unser Gehirn verarbeitet hochdifferenzierte Sinneseindrücke und koordiniert komplexe Verhaltensweisen. Es ist die Schaltstelle im Menschen, wo alle komplexen Informationen verarbeitet und integriert werden. Pro Sekunde prasselt eine unvorstellbar große Datenmenge auf uns ein. Würde unser Gehirn uns jeden Eindruck bewusst machen wollen, wären wir vollkommen handlungsunfähig, da wir nicht mehr zwischen wichtigen und unwichtigen Dingen unterscheiden könnten. Ähnlich wie ein Computer, der aufgrund zu großer Datenmengen einen Systemabsturz produziert.

Nur ein Bruchteil der Informationen gelangt bis zur Hirnrinde und führt zu bewusstem Wahrnehmen. Peripher liegende Nervengeflechte und vor allem Zentren im Hirnstamm verarbeiten die meisten der von den Nervenzellen kommenden Erregungen unbewusst. So genannte Reflexbögen übernehmen Aufgaben, die mit höchster Geschwindigkeit und ohne bewusste Verarbeitung und verzögernde Einflussnahme erledigt werden. Diese Vorgänge steuert das autonome Nervensystem. Es koordiniert vegetative Funktionen wie Atmung, Herz- und Blutkreislauf, Magen- und Darmtätigkeit, vereinfacht gesagt: sämtliches Organgeschehen.

Das Gehirn ist ein sehr aktives Organ mit einem besonders hohen Sauerstoff- und Energiebedarf. Es macht durchschnittlich nur etwa 2 % der Körpermasse aus, verbraucht aber etwa 20 % des Sauerstoffs und mehr als 25 % der Glukose. Das ist der Grund, warum wir bei geistiger Arbeit oft so große Lust auf Süßes haben und eine Tafel Schokolade im Handumdrehen verputzt ist. Wir Frauen sind da besonders betroffen und – kein Scherz – das hat neurophysiologische Gründe. Haha! In Zukunft braucht keine von uns mehr ein schlechtes Gewissen wegen zu viel Schokolade zu haben.

Unsere Ernährungsgewohnheiten und die Lebensmittel, die wir zu uns nehmen, haben einen massiven und nachhaltigen Einfluss auf unsere Hirnleistung und die Steuerung von Körperfunktionen. Hier kann ich Dir das ausgezeichnete Buch von Hans Heinrich Grimm „Die Ernährungslüge" empfehlen. Es hat mir die Augen geöffnet und ich habe seither viel an meinen Essgewohnheiten geändert.

Unser Gehirn ist ein hochempfindliches Organ. Es reagiert äußerst sensibel auf eine Unterbrechung der Energiezufuhr. Es hat kaum Speichermöglichkeiten für Energie. Ein kurzzeitiger Ausfall der Energieversorgung (ca. 10 Sekunden) führt bereits zu irreversiblen Hirnschäden.

Schätzungen zufolge kann das menschliche Gehirn etwa 2 Petabyte (das sind 2 000 000 000 000 000 Byte!) an Daten in chemischer Form in den Synapsen halten. Es gibt keinen Computer, der über eine derartige Speicherkapazität verfügt. Früher hat man zu Vergleichen immer Anleihen aus der Computerwelt genommen, inzwischen hat sich das Ganze umgedreht. Wissenschaftler aus dem Bereich der bionischen Neuroinformatik nehmen die Abläufe des menschlichen Gehirns als Vorbild, um immer schnellere, leistungsstärkere Computer zu bauen, die zu einer intelligenten Datenverarbeitung fähig sind.

Das menschliche Gehirn besitzt Schätzungen zufolge unglaubliche 100 Milliarden Nervenzellen oder Neuronen, die durch etwa 100 Billionen Synapsen eng miteinander verbunden sind.

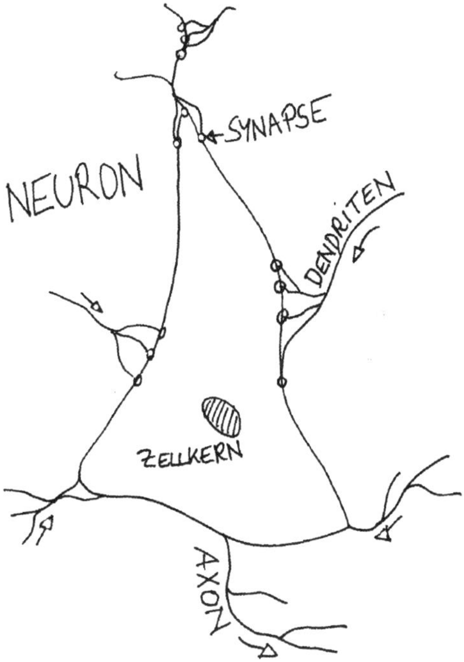

Durchschnittlich ist ein Neuron mit 1 000 anderen Neuronen verbunden und könnte von jedem beliebigen anderen Neuron aus in höchstens vier Schritten erreicht werden. Im Vergleich dazu hat die Großhirnrinde einer Maus etwa 8 Millionen Neuronen mit jeweils 8 000 Synapsen. Ein Grundprinzip der Organisation des Gehirns ist die „topologische Abbildung“, das heißt: Was nebeneinander auf dem Körper liegt, wird im Gehirn in den zuständigen Arealen auch nebeneinander verarbeitet.

Obwohl die Erregungen ausschließlich durch die Neuronen geleitet werden, sind 90 % der Zellen des Gehirns Gliazellen. Die sind leichter und einfacher gebaut als Neuronen. Die Masse des Gehirns besteht jeweils zur Hälfte aus Glia- und Nervenzellen. Der Begriff „Gliazelle“ leitet sich vom griechischen Wort für Leim ab, da man ursprünglich annahm, dass die Gliazellen die Nervenzellen lediglich verkleben und damit die Stabilität des Nervengewebes garantieren. Mittlerweile haben die Wissenschaftler herausgefunden, dass ihre Funktion weit darüber hinausgeht: Sie ermöglichen Nervenzellen eine rasche Signalweiterleitung, versorgen sie mit Nährstoffen, nehmen ausgeschüttete Botenstoffe auf und führen sie wiederaufbereitet zurück.

Von Bedeutung für uns sind die Funktionsweise der Nervenzellen und die Entwicklung neuer Strukturen im Gehirn.

Die Entwicklung unserer Nervenzellen-Struktur

Ich bin noch in dem Glauben aufgewachsen, dass wir nur eine bestimmte Anzahl an Nervenzellen zur Verfügung haben. Sind diese weg, dann bedeutet das „Aus die Maus“. Heerscharen besorgter Eltern verbringen nach wie vor schlaflose Nächte, weil der pubertierende Nachwuchs Unmengen an Alkohol zu sich nimmt (Was natürlich nicht der Gesundheit förderlich ist und ich in keiner

Weise unterstütze!) und sie Angst haben, dass ihre Kinder sich das Gehirn für immer ruinieren. Sie brauchen sich keine Sorgen zu machen. Es kommt nicht so sehr auf die Menge der Nervenzellen an, sondern auf ihre Verbindungen untereinander. Werfen wir einen Blick auf die neuronale Entwicklung des Gehirns.

Bei der Geburt sind viel mehr Nervenzellen vorhanden, als wir brauchen, um sehen, riechen, schmecken, empfinden und denken zu können. Sie sind jedoch noch sehr unvollständig miteinander verbunden. Stell Dir vor, die Länge aller Nervenbahnen des Gehirns eines erwachsenen Menschen beträgt etwa 5,8 Millionen Kilometer, das entspricht dem 145-fachen Erdumfang! Bis dorthin sind aber viele Entwicklungsschritte zu durchlaufen.

Zu Beginn des Lebens werden alle wichtigen Schaltungen im Gehirn eingerichtet, etwa jene zwischen der Nase und dem Riechzentrum. Wenn es hier in der frühen Kindheit zu einer Störung kommt, ist das meist irreversibel. Für die Ausbildung vieler Fertigkeiten und Fähigkeiten gibt es Zeitfenster. Man kann sich das wie eine Tür im Gehirn vorstellen, die nur eine gewisse Zeit offen ist. Danach wird sie unwiderruflich zugeschlagen. Das wachsende Gehirn ist pausenlos damit beschäftigt, neue Verbindungen herzustellen. Schon im Mutterleib bilden sich permanent Verbindungen und Nervenzellen.

Nach der Geburt geht es dann so richtig los. Auf das Kleinkindhirn prasseln jede Menge Sinneseindrücke herein und es versucht, möglichst schnell viele verschiedene Hirnzellen miteinander in Kontakt zu bringen. Wie ein Vertreter begeben sich diese von Nervenzelle zu Nervenzelle, klopfen an und hoffen, dass ihnen jemand aufmacht. Wenn eine Zelle aufmacht, und das oft genug, wird die Tür entfernt und eine dauerhafte Verbindung eingerichtet. Donald Olding Hebb war einer der Pioniere auf diesem Gebiet und formulierte 1949 die „Hebb´sche Lernregel“. Er beschreibt damit das Zustandekommen von Lernvorgängen in neuronalen Netzwerken beziehungsweise Neuronen, die gemeinsame Synapsen haben.

„Wenn ein Axon der Zelle A [...] Zelle B erregt und wiederholt und dauerhaft zur Erzeugung von Aktionspotentialen in Zelle B beiträgt, so resultiert dies in Wachstumsprozessen oder metabolischen Veränderungen in einer oder in beiden Zellen, die bewirken, dass die Effizienz von Zelle A in Bezug auf die Erzeugung eines Aktionspotentials in B größer wird.“ (The Organization of Behaviour, 1949)

Je häufiger ein Neuron A gleichzeitig mit einem Neuron B aktiv ist, umso intensiver und auf eine bevorzugende Weise werden die beiden Neuronen aufeinander reagieren. In Kurzform: „What fires together, wires together“. Holprig übersetzt bedeutet das: „Was zusammen feuert, verdrahtet sich“. Als ich das zum ersten Mal hörte, konnte ich mir nichts darunter vorstellen. Wissenschaftler haben meist die Angewohnheit, für uns Normalsterbliche unverständlich zu klingen. Der praktische Nutzen der Hebb´schen Lernregel ist aber unglaublich. Vereinfacht gesagt basiert jedes nachhaltige Lernen auf diesem Prinzip.

Als ich Autofahren lernte, war es am Anfang ein reinster Höllentrip. Ich konnte mir nicht vorstellen, wie man all die Dinge gleichzeitig bewerkstelligen sollte, vom Rückwärts-Einparken in einem Schwung gar nicht zu reden! In meinem Gehirn starteten eine Million „Kupplungsvertreter“, welche in Kontakt mit den „Handvertretern“, die den Ganghebel bedienten, kommen wollten. Dazu auch noch „Augen- und Ohrenvertreter“! Die „Gaspedalvertreter“ waren anfangs noch zögerlich, bildeten aber dann mit den „Kupplungsvertretern" eine ganz starke Lobby. Hier wurden auf Teufel komm raus neue Verbindungen geschaffen. Je öfter ich Auto fuhr, desto stärker wurden diese Nervenverbindungen, die ich zum Prozess „Autofahren" brauchte, bis sie irgendwann als Gewohnheit implementiert waren. Autofahren war dann kein Stress mehr, sondern alles lief mehr oder weniger automatisch ab. Vorher unabhängig voneinander existierende Nervenzellen hatten sich durch gemeinsame Aktivität verbunden.

Wenn wir eine neue Sprache oder Sportart lernen wollen, passiert genau das Gleiche. Hier wird von der Langzeitplastizität gesprochen, wo der Effekt viele Minuten, mehrere Stunden oder ein Leben lang dauern kann. Wenn wir eine neue Art des Geschäftemachens lernen, braucht es auch seine Zeit, damit neue Nervenverbindungen gebildet werden können. Wir werden uns hier mit der Langzeitplastizität beschäftigen und wie wir sie aktiv beeinflussen können. Damit eine Langzeitplastizität überhaupt entstehen kann, braucht sie ein gut funktionierendes Netzwerk an Nervenzellen und synaptischen Verbindungen.

Das ist gar nicht so einfach und bedeutet zuallererst viel Arbeit für die Nervenzellen. Die müssen die nötigen Einrichtungen installieren. Sie müssen gewissermaßen die Fühler ausstrecken, Fortsätze bilden (die sogenannten Axone), von denen aus die Botschaften übertragen werden können. Die anderen Zellen müssen Aufnahmestellen schaffen (die sogenannten Dendriten), um Informationen empfangen zu können. Das Ziel besteht darin, beide zusammenzubringen. Die eine Zelle ist der Vertreter, die andere muss die Tür aufmachen und das annehmen, was der Vertreter zu bieten hat. Diese Verbindungstür nennt man Synapse. Wenn das gelungen ist, kann die Botschaft als elektrischer Impuls überspringen oder in Gestalt chemischer Botenstoffe, den sogenannten Neurotransmittern. Diese werden in den Nervenzellen gebildet und lagern in kleinen Bläschen, den Vesikeln, am Synapsenendköpfchen der Zelle. Die Neurotransmitter-Substanzen werden stark von der Ernährung beeinflusst. Es zahlt sich aus, sich damit zu beschäftigen! Hier kann ich Hans Werner Grimms „Die Ernährungslüge – Wie uns die Lebensmittelindustrie um den Verstand bringt“ (Knaur Verlag, 2010) wärmstens empfehlen.

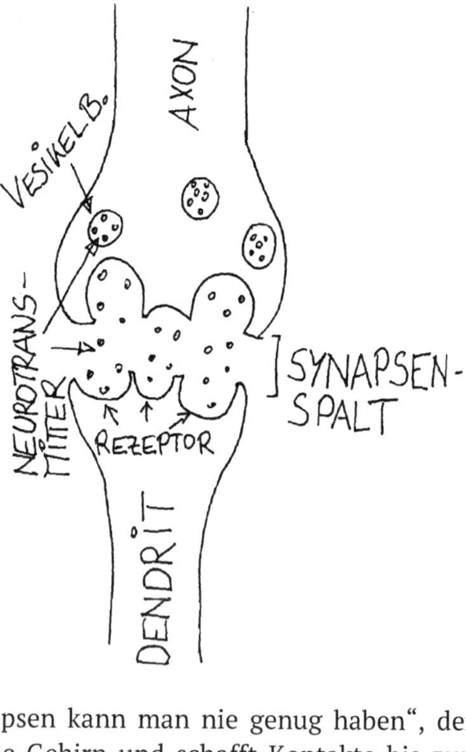

„Synapsen kann man nie genug haben“, denkt sich das kleine Gehirn und schafft Kontakte bis zum Gehtnichtmehr, vor allem in der Großhirnrinde. Bei der Geburt verfügt jede Nervenzelle über etwa 2 500 Synapsen. Dann legen die Nervenzellen mit ihrer Vertriebsaktivität erst richtig los. In den ersten drei Lebensjahren geht es im Gehirn zu wie auf der Frankfurter Buchmesse am stärksten Tag. Schon nach zwei bis drei Jahren hat das Gehirn die Höchstzahl der Synapsen erreicht: 15 000 pro Neuron (!).

Allein vom neurowissenschaftlichen Standpunkt aus wird klar, warum die ersten Lebensjahre so entscheidend für die Entwicklung des Gehirns sind. Im Alter von zwei Jahren verbraucht das Gehirn genauso viel Energie wie das eines Erwachsenen, bis zum Alter von zehn Jahren sogar doppelt so viel. Kinder haben Gehirne, die aktiver und flexibler sind als die der Erwachsenen. Für die Installation der Verbindungen, die ständigen Bewegungen, das stete Feuern der Neuronen und die Entsendung der Botenstoffe braucht das Gehirn Energie; es braucht viel Material für die Leitungen und die Stoffe, mit denen die Informationen weitertransportiert werden. All dieses Material kann nur auf eine einzige Weise herangeschafft werden: durch Nahrungsaufnahme, also durch Essen und Trinken. Natürlich funktioniert das bei Erwachsenen auf die gleiche Art und Weise. Die Wissenschaft hat übrigens in den letzten Jahren hinlänglich bewiesen, dass das Gehirn nicht ab einem gewissen Zeitpunkt aufhört zu wachsen und wir nicht mehr lernen können, sondern sich in jedem Lebensalter weiterentwickeln und spezialisieren kann.

Interessanterweise sind viel mehr Nervenzellen und Synapsen vorhanden, als je benützt werden. Im Gehirn steht also ein Überschuss an Vernetzungspotential zur Verfügung. Das ist wie eine Baustelle ohne Baumeister. Es gibt niemanden, der sagt, wie sich etwas zu verbinden oder zu entwickeln hat. Die genetischen Programme versorgen das Gehirn lediglich mit Material in Form von Nervenzellen und Zubehör. Ein Drittel der Nervenzellen, die Du im Gehirn hattest, als Du ein Kind warst, sind zu dem Zeitpunkt, wo Du diese Zeilen liest, schon wieder abgestorben. Wir können jedoch mit gezielten Verhaltensweisen aktiv Einfluss auf die Gestaltung des neuronalen Baumaterials nehmen. Wir können Baumeister unseres kognitiven Gehirns werden. Denn wenn wir nicht lernen, diesen Überschuss für uns zu nutzen, wird er unweigerlich im Müll landen.

Wir haben immer das Bild, dass wir in der Schule oder auf der Universität viel lernen und erst dadurch zu intellektuellen Hochleistungen kommen. Gerald Hüther befasst sich mit dem Einfluss früher Erfahrungen auf die Hirnentwicklung und gilt als ein Spezialist auf dem Gebiet der Neurowissenschaften und der Hirnforschung. Er sagte einmal, dass „Lehrer ihren Schülern kein Wissen einzubläuen bräuchten, sondern bestenfalls versuchen müssten, dafür zu sorgen, dass möglichst wenig von den Nervenzellen wegschrumpeln würden." (Gerald Hüther, Gunther Schmidt, Wolf Büntig, Gehirn und Körper – ein interdisziplinärer Diskurs, 2009). Die jahrzehntelange Meinung, dass Hirnzellen mit zunehmendem Alter degenerieren, ist längst nicht mehr haltbar. „Das ist eine Mär", meint Hüther in oben genanntem Vortrag.

Bis weit in die Achtzigerjahre des vorigen Jahrhunderts ging man noch vom mechanistischen Bild des Gehirns aus. Du erinnerst Dich an Newton und das mechanistische Weltbild. Man stellte sich das Gehirn wie ein Auto vor, das nach einem gewissen Bauplan konstruiert ist. Mit dem „Hirnauto" fährt man dann herum und je älter das Auto wird, desto schadensanfälliger und teurer wird es in der Erhaltung: sprich schleichender Verlust der Gedächtnisleistung und degenerative Erkrankungen des Gehirns, die intensive Pflege erfordern. Irgendwann landet es auf dem Schrottplatz genauer gesagt auf dem Friedhof. Im letzten Jahrzehnt wurde klar bewiesen, dass zwar die Nervenzellenmenge nicht erhöht wird, dass jedoch bis ins hohe Alter jedes „Umbaupotential“ vorhanden ist, das man sich nur vorstellen kann. Man könnte problemlos ein Musikinstrument spielen lernen oder sich eine neue Sprache, das Jonglieren, neue Bewegungsabläufe etc. aneignen, aber: Es ist verdammt anstrengend. Woran mag das liegen? Das Gehirn hat ja schließlich das Potential dazu!

Vielleicht verdeutlicht folgendes Beispiel die Ursache (Gerald Hüther, Gunther Schmidt, Wolf Büntig, Gehirn und Körper – ein interdisziplinärer Diskurs, 2009): Stell Dir vor, ein 75-jähriger Mann verliebt sich in eine attraktive Chinesin im besten Alter, die nebst Chinesisch auch ein wenig Deutsch spricht. Wenn er einen Kurs in Chinesisch dreimal pro Woche auf der Volkshochschule belegt, ist die Chance sehr gering, dass er diese komplexe Sprache noch lernen wird. Wenn jedoch seine Angebetete darauf besteht, dass er mit ihr in ihr Heimatdorf Fu Shing mitten in der Pampa der Mongolei mitkommt, wo niemand ein Wort Deutsch versteht und er das auch tut, wird der gute Mann innerhalb von einem halben Jahr so gut Chinesisch sprechen können, dass er sich ein Wiener Schnitzel bestellen kann. Erklärung: Das Hirn hat in China das gleiche Potential wie in Österreich oder der Schweiz, aber die Notwendigkeit und die Motivation zur Veränderung sind in China um ein Vielfaches höher als im Heimatland. Warum wir uns mit Änderungen so schwer tun, hat mit unseren angestammten Lebensumständen und den Mustern zu tun, die wir uns im Laufe der Zeit angewöhnt haben.

Das Potential zur Veränderung kann man im weiteren Sinne unter dem Begriff Neuroplastizität einordnen. Wissenschaftlich hört sich das dann so an:

„Unter neuronaler Plastizität versteht man die Eigenschaft von Synapsen, Nervenzellen und auch ganzer Hirnareale, sich in Abhängigkeit von der Verwendung in ihren Eigenschaften zu verändern." (Wikipedia, Neuronale Plastizität, 2012).

Hier stoßen wir wieder auf Donald Olding Hebb, der als Entdecker der Neuroplastizität gilt. Gibt es auf der einen Seite Vertreter und Kunden, kann man sich die Neuroplastizität als riesige Organisation bestehend aus Nervenverbindungen vorstellen. Je mehr Verbindungen, umso aktiver ist diese Organisation und umso schlagkräftiger und effektiver. Wie eine Sportart kann man auch die Weiterentwicklung und Spezialisierung des Gehirns trainieren.

Es gibt zwei Gründe, warum im Alter oder auch schon früher viele Menschen an Gedächtnisschwäche leiden oder nur einen Bruchteil des Potentials ausschöpfen. Der erste ist mangelnde Benutzung und kein Training, der zweite ist schlechte Ernährung. Kurz: Die meisten Menschen haben keine Ahnung, wie sie mit dem Hochleistungscomputer Gehirn umgehen sollen und wie sie ihn warten müssen. Wenn sie wüssten, was er bei richtiger Benutzung draufhat und was sie mit ihm erreichen könnten, würden sie alles liegen und stehen lassen und ihre Verhaltensweisen durch gezieltes Training verändern.

Wie funktioniert das Gehirn?

Durch die Entdeckungen der letzten zehn Jahre haben sich über 80 % von dem, was wir als Gewissheit bezüglich Gehirn annahmen, als falsch herausgestellt. Noch immer kämpfen Neurowissenschaftler, Philosophen und Meditationsmeister um den Beweis, dass der Geist das Gehirn beeinflusst. Es ist bewiesen, dass geistige Prozesse ausschließlich durch neuronale Vorgänge zustande kommen und nicht umgekehrt. Geistige Aktivität kommt durch die Aktivität des Gehirns zustande. Interessant für uns ist jedoch, wie wir mit unserem Geist das Gehirn beeinflussen können, um gewünschte Resultate zu erzielen. Francisco Varela, ein hochgeschätzter Neurowissenschaftler, meint dazu Folgendes:

„Der geistige Zustand muss ebenfalls in der Lage sein, den physischen Zustand des Gehirns zu verändern. Es kann gar nicht anders sein! Aber er ist auf logische Weise in dem inbegriffen, was die Wissenschaft heute sagt." (Daniel Goleman: Dialog mit dem Dalai Lama. Wie wir destruktive Emotionen überwinden können, dtv, München 2005)

Dieser Ansatz läuft der westlichen Sichtweise zuwider. „Auf logische Weise inbegriffen" ist etwas anderes, als ausdrücklich und umfassend bewiesen. Wir lassen uns aber davon nicht aufhalten und greifen den noch zu beweisenden Ereignissen voraus.

Was mich besonders beeindruckt, ist die Tatsache, dass der bewusste Anteil des Gehirns nur 2–4 % unserer Wahrnehmungen und unseres Verhaltens steuert. 17 % der Gehirnmasse steuern einen minimalen Anteil unseres Lebens! Das Fatale ist, dass wir überzeugt sind, unser Geist und Intellekt würde die Oberhoheit besitzen. Weit gefehlt. 83 % des Gehirns werden den unbewussten Anteilen zugeschrieben, ganze 96–98 % unserer Wahrnehmungen und unseres Verhaltens werden von diesen Arealen gesteuert und kontrolliert. Das macht ein richtig gutes Gefühl, oder? Es geht aber noch weiter.

Bewusste Impulse haben eine Geschwindigkeit von ungefähr 150 km/h. Unbewusste sausen 800-mal schneller durch das Universum unseres Körpers. Das ist so schnell, dass wir es an der Oberfläche gar nicht mitbekommen, wenn sich unser Unbewusstes aufgrund von alten Prägungen wieder einmal gegen unsere Ziele entschieden hat. Wir haben keine Chance, darauf zu reagieren. Die Verarbeitungskapazität beträgt beim bewussten Anteil 2 000 Bits pro Sekunde, beim unbewussten schätzt man bis zu 4 Milliarden Bits pro Sekunde.

Unser bewusster Hirnbereich ist steuerbar. Wir kontrollieren ihn durch unseren Willen, wir setzen damit die Ziele und bewerten die Ergebnisse. Der unbewusste Teil ist ein unterwürfiger, neutraler Diener. Dieser Teil setzt keine eigenen Ziele, er führt die Befehle, die er aufgrund aller Prägungen und Speicherungen bekommen hat, aus und bewertet die Ergebnisse und den Gewinn nicht. Es ist ihm auch vollkommen egal, ob Gewinn oder Ertrag stimmen und ob das vom bewussten Anteil gesetzte Ziel zum Ergebnis passt.

Die Zeitschiene des bewussten Teils ist die Vergangenheit oder die Zukunft. Das ist auch der Grund, warum es uns so schwerfällt, in der Gegenwart zu sein und mit der Kraft des Augenblicks zu arbeiten. Weil das in den Bereich des Unbewussten fällt. Für das Unbewusste passiert alles jetzt, es weiß nicht, was Vergangenheit und Zukunft sind. Im Unbewussten ist der Sitz des Langzeitgedächtnisses. Es speichert alles Erlebte für immer. Das Kurzzeitgedächtnis hat eine Spanne von bis zu 20 Sekunden und befindet sich im bewussten Sektor des Gehirns.

Schaut also nicht gut aus für das Tagesbewusstsein, dem wir die Verantwortung für unser Wohl und Wehe voller Vertrauen in die Hände legen. Das Meiste, was in unserem Leben passiert, passiert ohne unser Wissen. Es gibt eine Intelligenz in unserem Körper, die sämtliche komplexen neurochemischen Abläufe und Körperfunktionen steuert, ohne uns damit zu behelligen. Wenn wir uns jedes Mal um das Einatmen und Ausatmen kümmern müssten, gäbe es keine Menschen auf der Welt. Alle wären aufgrund von Überforderung erstickt.

Das Unbewusste ist auch der Aufbewahrungsort all unserer Gewohnheiten, physisch wie psychisch. Man kann es als programmierbare Software sehen. Unsere Gewohnheiten nehmen mehr Raum als die grundlegenden, physiologischen Prozesse ein. Weißt Du, wie es ist, wenn Du irgendwo ins Auto einsteigst und das Nächste, was Du wahrnimmst, ist das Einfahrtstor Deiner Garage? Du warst komplett in Gedanken versunken oder von einem Handytelefonat okkupiert, sodass Du Dich an nichts erinnern kannst. Meinem Gedächtnis hilft die Polizei oft auf die Sprünge, denn ich bezahle regelmäßig Radarstrafen für zu schnelles Fahren, an das ich mich nicht erinnern kann. Warum aber hast Du keinen Unfall gebaut und punktgenau zu Deinem Haus gefunden, wenn Du Deiner Fahrtätigkeit keinerlei Aufmerksamkeit schenktest? Die Macht der Gewohnheit hat Dich sicher nach Hause gebracht. Diese Art von Gewohnheit ist zwar etwas komplexer als die Gewohnheit, wie Du Dir die Schuhe zubindest. Aber nichtsdestotrotz: es ist eine Gewohnheit, ein Verhaltensmuster.

Was genau ist eine Gewohnheit? Eine Gewohnheit bildet sich, wenn wir immer und immer wieder das Gleiche tun. Bis zu dem Punkt, an dem wir nicht mehr länger darüber nachdenken müssen, sondern es einfach automatisch tun. Erinnern wir uns, wie wir das erste Mal Auto gefahren sind. Was wir alles beachten mussten! Kupplung treten, schalten, Gas geben, blinken, in den Rückspiegel schauen, Kupplung treten, bremsen, Kupplung treten. Das war wirklich schwierig. Dann geschah ein Wunder: Nach einiger Zeit machten wir das alles automatisch und es kostete uns keinerlei Konzentration mehr. Das bezieht sich nicht nur auf physische Abläufe, sondern vor allem auf gedankliche Prozesse. Da wird es für uns interessant. Da unsere gesamten gedanklichen

Abläufe um ein Vielfaches komplexer sind, als uns bewusst ist, stolpern wir auch ständig über sie.

Vor wenigen Jahren noch haben Neurobiologen geglaubt, genetische Programme würden im Gehirn alles automatisch zusammenstöpseln. Die komplexen neuronalen Netzwerke, die unser Denken, Fühlen und Handeln steuern, hielt man für genetisch vorprogrammiert. Das hat sich jedoch als falsch herausgestellt.

Begeisterung und Leidenschaft!

Das Gehirn wird allein durch Benutzung strukturiert: Es erhält seine Form durch die Art, wie wir es benutzen. Das, was ungenutzt bleibt, schrumpft wieder weg. Wenn wir Bereiche unseres Gehirns oder Fähigkeiten nicht nutzen, dann gehen sie verloren. Besonders stark prägt sich ein, was man mit Begeisterung tut. Dann werden nämlich im Gehirn die sogenannten neuroplastischen Botenstoffe ausgeschüttet. Und diese veranlassen, dass all jene Nervenzellschaltungen, welche man in diesem Gemütszustand benutzt, besonders gefestigt und verstärkt werden. Je begeisterter man also eine Fernsehsendung verfolgt, desto stärker passen sich die Nervenzellschaltungen im Gehirn an das an, was man dabei erlebt, denkt oder fühlt.

Du weißt sicher, wie Du Dich fühlst, wenn Du etwas mit großer Begeisterung tust. Die Zeit verfliegt im Nu, Du scheinst über unbegrenzte Energie zu verfügen und schaffst sehr viel mehr als in einem „leidenschaftslosen" Zustand.

Das große Problem ist, dass die wenigsten Menschen der eigenen Weiterbildung und der beruflichen Tätigkeit mit Begeisterung nachgehen. Das ist kein Wunder, denn als Kinder sind die meisten von uns von einem Schulsystem gedrillt worden, das nur in Ansätzen versucht, die Kinder mittels Begeisterung und Liebe durch den Schulalltag zu führen. Es ist dringend notwendig, das Wissen der Hirnforschung als Faktum anzuerkennen und dementsprechend die Ausbildung der Lehrerinnen und Lehrer anders zu gestalten und auch den Lehrplan komplett umzukrempeln. „Nicht für die Schule, sondern fürs Leben lernen wir.“ Dieser Spruch ist bekannt, ist jedoch eine Vorgaukelung falscher Tatsachen ... denn die Wirklichkeit sieht leider ganz anders aus. Manfred Spitzer und Gerald Hüther sind leidenschaftliche Vertreter einer neuen Art, Kindern Lerninhalte zu vermitteln. Wer sich dafür interessiert, ist bei diesen beiden bestens aufgehoben!

Wir haben fast alle Kollateralschäden aus unserer Schulzeit. Einer davon ist, dass wir einen inneren Widerstand gegen Neues haben. Vor allem, wenn wir etwas Neues lernen sollen oder müssen. Wenn wir etwas Neues lernen wollen, schaut die Sache ganz anders aus. Da geht es ganz einfach, weil eben die Motivation stimmt. Das ist einer der Gründe, warum Menschen zuerst meist ablehnend reagieren, wenn ihnen eine Möglichkeit geboten wird, ihr Leben zu verbessern. Sie zählen dann jede Menge Gründe auf, warum sie die Möglichkeit nicht nutzen können.

Die Art und Weise, wie wir vom 6. Lebensjahr an lernen mussten, bestimmt nach wie vor unser Verhalten und unsere Wahrnehmungen. Wir werden zu 96–98 % von unserem Unbewussten gesteuert! Das bedeutet, wir haben noch immer starke Nervenverbindungen, die auf das Lernen mit Abwehr reagieren. Warum ich das sage? Weil ich Dich darauf vorbereiten möchte, falls Du gegen Deine eigenen Blockaden ankämpfen musst. Und ich bin sicher, das wird Dir passieren, wenn Du für Dich und andere mehr Geld und Fülle beanspruchen wirst. Du wirst viele neuen Dinge lernen müssen und hoffentlich auch lernen wollen, denn wenn Du so weitermachen willst wie bisher, wird es leider nicht funktionieren. Dass Du neue Wege für Dich suchst, steht aber schon mal fest, denn sonst würdest Du ja mein Buch jetzt nicht lesen.

Ein weiterer Grund, warum wir uns unbewusst weigern, uns weiterzuentwickeln, hängt häufig mit den Menschen zusammen, mit denen wir uns umgeben. Hand aufs Herz, wie oft bekommst Du eine begeisterte, motivierende Antwort, wenn Du Deine Träume von Freiheit, finanzieller Unabhängigkeit und spiritueller Entwicklung kundtust? Ich wage zu wetten, dass das eher selten vorkommt. Dein Denksystem bekommt dann jedes Mal einen Dämpfer und Du beginnst wieder zu zweifeln, ob das, was Du machen willst, auch wirklich das Richtige ist. Deshalb bist Du gut beraten, Dich mit Menschen zu umgeben, die Dich unterstützen und die das, was Du tust, toll finden.

Ich habe viele Jahre als freiberufliche Trainerin und Beraterin in der Wirtschaft gearbeitet. Es war frustrierend anzusehen, wie wenig Weiterbildungsmaßnahmen und Teamtrainings langfristig wirksam waren. Kein Wunder, es wird immer nur an der Oberfläche gekratzt und die Führungskräfte haben selten die wichtigste Fähigkeit, die man zum Führen braucht: Begeisterung. Und nur mit einem gehörigen Maß an Begeisterung kann man letztendlich die Belegschaft mitreißen!

Eine der wichtigsten Erkenntnisse der Hirnforschung ist, dass Menschen nur dann ihre Potentiale entfalten, wenn sie sich für etwas begeistern. Dann erst tritt die Gießkanne mit dem richtigen „Hirndünger“ in Aktion.

Begeisterung ist ein unglaublich bedeutsamer und effektiver Verstärker für neuronale Umbauprozesse. Bis ins hohe Alter kann jeder Mensch neue Vernetzungen in seinem Gehirn aufbauen. Doch das passiert nicht mittels Gehirn-Jogging und schon gar nicht durch die Abläufe der Alltagsroutine, sondern eben nur durch eine spezielle Aktivierung der emotionalen Zentren im Gehirn.

Deshalb ist es so wichtig, dass Du nur etwas tust, wovon Du begeistert bist. Wenn man einer Tätigkeit nachgeht – egal ob als Angestellte oder Selbständige –, die als frustrierend empfunden wird und bei der man keine Erfüllung findet, betreibt man emotionalen und oftmals auch finanziellen Selbstmord auf Raten. Kannst

Du Dich an den Satz „Erst kommt die Arbeit, dann das Spiel“ erinnern? Ich hörte ihn immer im Zusammenhang mit Schule und Klavierüben. So entwickelte ich die generelle Überzeugung, dass Arbeit keinen Spaß zu machen hat und dass erst nach dem Ernst des Lebens, sprich dem „Malochen“ für den Broterwerb, vielleicht auch noch ein bisschen Vergnügen drin sein könnte. Was für ein Blödsinn! Die wenigsten von uns hatten das Glück, ein inspirierendes, emotional wie finanziell erfülltes Umfeld zu haben, wo uns beigebracht wurde, wie wir alles, was das Leben eben ausmacht, unter einen Hut bringen.

Setze Dich mit einer guten Tasse Kaffee oder Tee auf Deinen Lieblingsplatz und überlege,

- was Deine größte Leidenschaft ist. Welche Tätigkeiten beseelen Dich und wo verlierst Du jedes Raum-Zeit-Gefühl, weil Du Dich im „Flow“, also im Fluss befindest?
- was Du Dich beruflich ganz und gar nicht anzupacken traust, weil Du Angst hast, dass man damit kein Geld verdienen kann.
- was schon immer Dein größter Traum war!

Ich sage Dir hier und jetzt, dass Du alles machen und erreichen kannst, was Du willst. Ich bin zutiefst davon überzeugt, dass Du es schaffen kannst. Egal, was es auch ist. Du kannst es jedoch nicht mit den gleichen Denkmustern erreichen, die Dein bisheriges Leben bestimmt haben. Das ist logisch, oder? Um Deine Ziele erreichen zu können, braucht es allerdings nicht nur kleine, „kosmetische“ Veränderungen, die kaum Aufwand erfordern. Nein. Es braucht eine wirkliche Transformation – oder Du drehst Dich weiterhin ständig im Kreis!

Es gibt einen einfachen, mentalen Prozess, der auf uns alle zutrifft: Gedanken führen zu Gefühlen. Gefühle führen zu Aktionen, die Ergebnisse bringen.

Die mentalen Business-Strategien beschäftigen sich mit der Welt der Gedanken und Gefühle und den entsprechenden Maßnahmen, diese Gedanken und Gefühle so zu verändern, dass man fähig wird, die richtigen Aktionen zu setzen. Hirntechnisch heißt das, es geht um eine Veränderung der im Frontalhirn durch bisherige Erfahrungen entstandenen und abgespeicherten Einstellungen und Überzeugungen.

Der Frontallappen ist jener Bereich, in dem unsere sogenannten Metakompetenzen, also unsere inneren Einstellungen, Überzeugungen und Haltungen verankert sind, auf deren Grundlage wir Entscheidungen treffen und Bewertungen vornehmen. Was sich dort eingenistet und herauskristallisiert hat, lässt sich nicht durch Pauken, Belehrungen und kluge Ratschläge beeinflussen, sondern einzig und allein durch neue positive Erfahrungen. Das bedeutet für mich, dass ich wirklich alles geben muss, damit ich Dir beim Lesen dieses Buches so richtig Lust auf Veränderung mache. Sonst wirst Du den Schmöker beiseitelegen und nichts wird passieren.

Eine physische Gewohnheit ist nichts anderes als ein neuronales Muster. Eine psychische Gewohnheit ist ein „Glaubenssatz“ und auch nichts anderes als ein neuronales Muster. Ein Glaubenssatz muss nicht wahr sein, das eigene Bewusstsein nimmt es jedoch als unverrückbar an, weil es so eingespeichert ist. Jahrhundertelang drehte sich für die Menschheit die Sonne um die Erde. Jeder, der etwas anderes behauptete, bekam gehörige Schwierigkeiten und wurde im schlimmsten Fall hingerichtet. Galileo Galilei entkam nur mit knapper Not dem Gefängnis, indem er seine Aussagen betreffend seiner Erkenntnisse über die Himmelskörper widerrief.

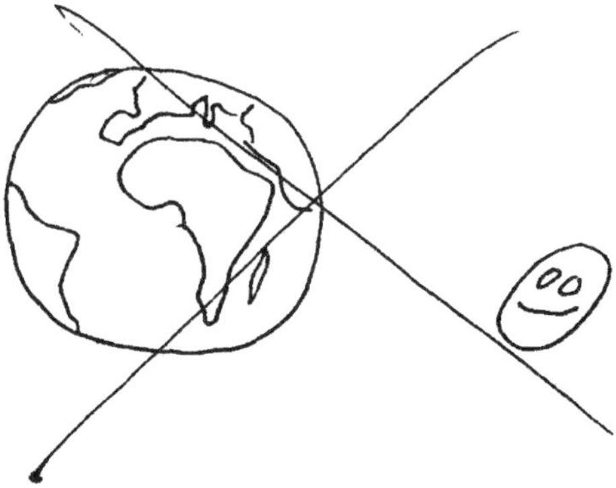

Darwin ging es mit seiner Evolutionstheorie nicht anders. Obwohl er sehr gläubig war, bekämpfte ihn die katholische Kirche wegen seiner – laut Auffassung des Klerus – ketzerischen Ansichten. Und zwar sein ganzes Leben lang. Wissenschaftler, die neue Dinge entdecken und damit ein altes Dogma in Gefahr bringen, haben es auch heute nicht leicht. Selbst wenn der Beweis schon auf dem Tisch liegt, braucht es meist noch viele Jahre, bis sich die neue Erkenntnis durchsetzt.

Ähnlich verhält es sich auch hinsichtlich der Beziehung von Frauen zu Geld. Was Geld und Reichtum angeht, haben wir Frauen im übertragenen Sinn noch immer die Überzeugung, dass die Erde eine Scheibe ist.

Das ist kein Wunder, denn den Angehörigen des weiblichen Geschlechts wurde über hunderte von Jahren hinweg eine falsche Sichtweise eingetrichtert. Wir wurden in Abhängigkeit erzogen und uns wurde bis weit ins 20. Jahrhundert jegliche Intelligenz abgesprochen. Welche Kämpfe mussten Frauen zum Beispiel ausfechten, um die Zulassung zu den Universitäten zu erlangen! Ein großes Dankeschön an jene Vorreiterinnen, die trotz aller Widrigkeiten dieser vergangenen Zeiten so viel erreichen konnten, was uns heute zugutekommt.

Wir hatten und haben teilweise immer noch die Prägung, dass unsere Bestimmung Haushalt, Kinderkriegen und die Unterstützung des Mannes ist. Natürlich ist das nichts Schlimmes, wenn man selbst das so will! Wenn Frauen darin die Erfüllung finden, so sollen sie diesen Weg gehen und damit ihrer Leidenschaft folgen. Für circa 85 % der Frauen ist das jedoch nicht so. Viele dieser Frauen kommen allerdings auf dem Weg in ihre Unabhängigkeit in Konflikt mit der Prägung, gutes Geld zu verdienen sei etwas Unanständiges, zieme sich nicht für eine Frau und stehe im Widerspruch mit der Aufgabe, für Kinder, Heim und Herd zu sorgen. Andererseits befinden sich Männer heutzutage auch in einer ziemlichen Zwickmühle, wenn sie die Haupternährer-Rolle nicht mehr übernehmen wollen und möglicherweise sogar lieber Hausmann sein würden. Dabei sind ihnen oft nicht nur ihre eigenen Prägungen, sondern auch jene der Gesellschaft und der Wirtschaft ganz schön im Weg.

Wieso haben Männer bei Weitem nicht so große Hemmungen, viel Geld zu beanspruchen? Weil sie ein anderes Mindset haben. Sie wurden nicht mit dieser Denkweise geboren, sondern dazu erzogen. Warum haben Frauen so große Hemmungen, angemessenes Geld für ihre Leistungen zu verlangen und ihre Bedürfnisse in den Vordergrund zu stellen? Weil sie ein anderes Mindset haben. Auch sie wurden nicht mit dieser Denkweise geboren, sondern dazu erzogen.

Das bedeutet: Wir können etwas verändern! Denn wenn diese Prägungen nicht genetisch bedingt sind, sondern sich durch Lernen und Erfahrung installiert haben, dann können wir sie auch durch Lernen und Erfahrung verändern! Hurra – die Welt des Geldes ist nicht flach, sie ist rund!

Gewöhne Dich an den Gedanken, dass es Dir zusteht und es Dein ureigenstes Recht ist, in Wohlstand und Fülle zu leben! Du nimmst niemandem etwas weg, wenn Du das Beste aus Dir und Deinem Leben machst. Wenn es so etwas wie eine Schöpferkraft gäbe, was würde diese sich für uns Menschen wünschen? Elend und Krankheit? Armut und Gewalt? Nein. Sie würde wollen, dass wir ein ganz und gar wunderbares Leben führen! Sie kann uns jedoch nicht zu Selbsterkenntnis verhelfen und auch nicht dazu, unser ureigenstes Potential auszuschöpfen. Sie kann uns nur mit Energien auf unserem Weg unterstützen. Wie es funktioniert, müssen wir selbst herausfinden.

Unser Mindset ist der Schlüssel zu allem. Aufgrund der Neuroplastizität können wir bis ins hohe Alter neue Dinge lernen und unser Gehirn nach eigenem Belieben immer wieder „umbauen“. Das ist bewiesen. Wenn wir uns also entschließen sollten, uns verändern zu wollen, dann müssen wir mit Begeisterung und Neugier ans

Werk gehen. Wir erinnern uns: Begeisterung ist wie Dünger für das Gehirn; Widerstand und Zwang dagegen lassen die Nervenzellen und -verbindungen innerhalb kürzester Zeit verdorren.

Wie können wir unsere Prägungen verändern?

Im Alter von 18 Jahren haben wir im Durchschnitt 150 000 Mal „Nein“ gehört und lediglich 5 000 Mal „Ja“. Natürlich sind viele „Neins“ in der Kindererziehung notwendig, sonst würden die Kleinen wohl kaum überleben (und wir auch nicht). Aber eine Tatsache bleibt bestehen: Auf jedes Ja kommen 30 Nein. Dadurch entwickelt sich ein sehr mächtiger Glaubenssatz:

ICH KANN ES NICHT.

Wenn es so ist, dass Gedanken Wirklichkeit erschaffen, dann ist dieser Glaubenssatz zusammen mit dem anderen, ebenfalls sehr verbreiteten „Ich verdiene es nicht.“ unser stärkster Widersacher. Diese beiden Überzeugungen können alles zunichtemachen. Vollkommen unabhängig von äußeren Faktoren. Alle negativen Botschaften, die Du in Deinem Gehirn gespeichert hast, wirken auf die gleiche Weise. Deshalb nützen Wohnortswechsel, Jobwechsel, Partnerwechsel etc. nichts, wenn man vorher nicht die negativen Glaubenssätze aufgelöst hat. Vielleicht kennst Du das von Dir selbst oder von Freundinnen und Bekannten: Die gleiche unbefriedigende Situation im Beruf oder in der Partnerschaft wiederholt sich immer wieder. Dabei fragt man sich verzweifelt, wie das denn möglich sein kann? Man ist in einer anderen Stadt, hat einen vollkommen neuen Job oder Partner – und erlebt das gleiche Dilemma wie schon vorher. Nur – es kann gar nicht anders sein. Schließlich nehmen wir die Prägungen in unserem Gehirn ja überall hin mit! Auch wenn wir uns neue Ziele setzen und andere Entscheidungen treffen, unsere einzementierten Muster lassen keine wirklichen Veränderungen zu.

Ziele zu setzen, ist eine bewusste Handlung. Das Erreichen der Ziele spielt sich jedoch in den 96–98 % unseres Unbewussten ab. Wenn wir also in dem in unserem Gehirn implantierten „Pool an Verhaltensmustern" etwas ändern wollen, müssen wir uns mit ein paar wichtigen Arbeitsmethoden und Mitarbeitern des Gehirns vertraut machen.Kannst Du Dich noch erinnern, wie es war, als Du vor der angesagtesten Disco der Stadt standst und an dem „Nein" des Türstehers abpralltest? Das Gleiche spielt sich tagtäglich in Deinem Gehirn ab. An dieser Stelle möchte ich Dich mit einer sehr wichtigen Funktion in Deinem Gehirn vertraut machen – gewissermaßen mit dem „Türsteher der Region Unterbewusstsein" – sprich dem RAS.

Das retikuläre (netzförmig verzweigte) Aktivierungssystem (RAS)

Schauen wir uns die Arbeitsplatzbeschreibung dieses hocheffizienten, netzförmig verzweigten Spezialisten etwas näher an. Du kannst dann Deine Freundinnen mit Deinem neurologischen Wissen beeindrucken!

Im Kern des Hirnstamms befindet sich eine Ansammlung von Nervenzellkörpern, die als Retikularformation bezeichnet wird. Diese Nervenzellen erhalten Signale von den meisten Sinnesorganen des Körpers (z. B. für Sehen, Riechen, Schmecken usw.) und anderen Teilen des Gehirns wie dem Kleinhirn und den Großhirnhemisphären.

Einige Neuronen aus dem RAS haben so lange Fortsätze, dass sie motorische Neuronen des Rückenmarks erreichen und Funktionen wie die Herz-Kreislauf- und

Atmungssteuerung beeinflussen. Andere Neuronen haben Fortsätze, die in weite Teile des übrigen Gehirns vordringen. Die aufsteigenden Fasern der Retikularformation bilden ein Netz, das als retikuläres Aktivierungssystem (RAS) bezeichnet wird und den Schlaf-Wachrhythmus, den Wachheitsgrad insgesamt und das Bewusstsein beeinflusst – und zwar rund um die Uhr, ohne dass wir davon etwas mitbekommen.

Eine weitere Funktion des RAS besteht in einer Art Weckreiz. Man kennt die filtrierende Wirkung des Thalamus, der nur starke oder „wichtige" Informationen ins Bewusstsein lässt. „Tor zum Bewusstsein" wird der Thalamus in der Anatomie schon lange genannt. Die Frequenz des RAS bestimmt, wie weit dieses Tor offen ist. Starke Reize bewirken augenblicklich eine Beschleunigung der Schrittmacherfrequenz, um sofort hellwach zu machen.

„Eine weitere Funktion ist die Steuerung der Aufmerksamkeit, die folgendermaßen funktioniert: Weil im Thalamus die von den Sinnesorganen einströmenden Daten und die retikulären Strukturen des RAS in unmittelbarer Nähe und Verbindung sind, können die Sinneserregungen dort auf die Aktivität des RAS in der Art Einfluss nehmen, dass genau jene Projektionsfelder der Großhirnrinde aktiviert werden, in welche die stärksten Sinneseindrücke projiziert werden." (Wikipedia – Aufsteigendes retikuläres Aktivierungssystem, 2012)

Was bedeutet das jetzt? – Ganz einfach: Das Retikuläre Aktivierungssystem ist rund um die Uhr im Einsatz, 365 Tage im Jahr, 7 Tage die Woche, 24 Stunden am Tag, und hat seine Finger fast überall drinnen. Es bestimmt, was wir wahrnehmen und was nicht. Man kann sich das RAS wie ein menschliches Google-System vorstellen, eine Suchmaschine. Es filtert alle eingehenden Informationen, ob wir schlafen oder wach sind, und sortiert sie nach den in unserem Speicher vorhandenen Mustern.

Jede Sekunde prasselt eine unfassbar große Menge an Daten auf uns ein. Unser Bewusstsein bekommt nur einen Bruchteil davon mit, ungefähr 2 000 Bits pro Sekunde. Das Unbewusste hingegen kann bis zu 400 Milliarden Eindrücke verarbeiten. Bei einer so großen Datenmenge würde unser Bewusstsein kollabieren. Deshalb gibt es das RAS, den Türsteher, der aufpasst, dass die Disco nicht zu voll wird. Er darf nur diejenigen reinlassen, die auf der Gästeliste (= Muster und Glaubenssätze) stehen. Im Gegensatz zu den menschlichen Türstehern ist er absolut unbestechlich. Der bewusste Teil unseres Gehirns kriegt gar nicht mit, welche Entscheidungen sein „Angestellter des Unbewussten" jede Sekunde für unser Leben trifft.

Das beste Beispiel für die Arbeitsweise des RAS ist Babygeschrei. Wenn Du ein Kind hast, dann wirst Du in der Sekunde wach, wo Dein Kind nur leicht hustet. Der Nachbar, der die Tür laut zuwirft, ein schwerer Lastwagen, der unter dem Fenster vorbeidonnert etc., all das nimmst Du nicht wahr. Aber in der Sekunde, wo Dein Baby schreit, sitzt Du senkrecht im Bett. Es ist faszinierend, dass die Väter ihre Kinder viel weniger hören. Friedlich schlummern sie neben dem Baby, das schon aus vollen Kräften schreit. Das funktioniert allerdings nur, solange sie nicht die Hauptverantwortung tragen. Sobald die Väter die volle Verantwortung für Wohl und Wehe ihres Nachwuchses haben, sind sie genauso sensibel. Ihre Programmierung hat sich umgestellt.Was genau geschieht hier? – Das RAS der Väter ist nicht auf Alarmbereitschaft eingestellt, wenn – wie es meist der Fall ist – die Mutter die Hauptverantwortung trägt. Der Türsteher lässt den Reiz nicht passieren. Erst dann, wenn die Lärmbelästigung so stark wird, dass das

Geräusch gewaltsam ins Bewusstsein dringt. Bei der Mutter hingegen steht das Schreien ihres Babys auf der Top-Hitliste des RAS, quasi als Ehrengast der Abendveranstaltung. Der Reiz wird daher im Bruchteil einer Sekunde zu den Schaltzentren des Gehirns durchgelassen und bekommt den besten Platz in Bühnennähe.

Das RAS hat eine tolle Eigenschaft. Da es wie eine Suchmaschine funktioniert, brauchen wir nur ein spezifisches Ziel oder eine Idee einzugeben und das System taucht sofort durch den ganzen Ozean der Informationen, bis es fündig geworden ist. Je klarer und fokussierter unsere Eingaben sind, desto leichter wird das RAS die Informationen finden. Das heißt aber noch lange nicht, dass wir sie dann auch kriegen. Es kommt ganz darauf an, wie unser RAS programmiert ist.

Wenn wir längere Zeit hindurch ein gewisses Einkommen haben, sagen wir 30 000 Euro pro Jahr, und wir beschließen plötzlich, doppelt so viel Umsatz machen zu wollen, dann werden wir mit ziemlicher Gewissheit scheitern. Unbewusst hat sich nämlich das Muster gebildet, dass die 30 000 Euro genau jene Einkommenshöhe verkörpern, die wir wert sind. Selbst wenn eine Eine-Million-Euro-Idee auftauchen und uns direkt ins Gesicht springen würde, wäre es die Aufgabe des RAS, diese sofort auszufiltern. Wir würden gar nichts davon bemerken, weil wir auf solche Million-Euro-Ideen ja gar nicht programmiert sind. Die meisten von uns sind noch nicht mal auf 100 000-Euro-Ideen eingestellt.

Unser Ziel kann direkt vor unserer Nase sein, doch aufgrund von „Gewohnheitsbarrieren“ wird uns der Blick darauf verwehrt. Das ist das erste Hindernis, mit dem wir uns mit dem RAS herumschlagen müssen.

Das zweite Hindernis passt ausgezeichnet zu unserer Kommunikationskultur. Wir sind Meisterinnen im Formulieren von dem, was wir nicht wollen. Wir können stundenlang über jene Dinge diskutieren, die nicht funktionieren, und ein kristallklares Bild von den misslichen Umständen zeichnen, die unser Leben erschweren. Verstärkt wird das Bild noch durch starke Emotionen und oftmalige Wiederholungen. Falls jedoch die Frage gestellt wird, was wir stattdessen wollen, sind wir meist stumm wie ein Fisch.

Wenn wir unser RAS auf das programmiert haben, was wir nicht wollen, werden wir präzise das bekommen, was wir in Auftrag gegeben haben. Das ist einer der Gründe, warum Menschen immer wieder in die gleichen unangenehmen Situationen kommen, ob finanziell, beziehungsmäßig oder gesundheitlich.

Ja, das ist leider eine Tatsache: Wir sind die Programmiererinnen unserer eigenen Misere durch unsere Gedanken und unser Verhalten. Wenn wir zum Beispiel jedes Mal, wenn wir eine Rechnung bekommen, sofort denken „Wie soll ich das nur schaffen, ich habe doch kein Geld“, dann wird unser RAS Hoffnungslosigkeit und Geldmangel einspeichern. Und genau das kriegen wir dann immer wieder serviert. Oder was passiert, wenn wir der Überzeugung sind, dass wir nichts wert sind? Wir werden in Situationen kommen, die uns exakt das beweisen! Wenn wir sagen: „Ich kann mit XY nicht“, wird unser RAS genau jene Verhaltensweisen von XY herausfiltern und uns präsentieren, die unsere schlechte Meinung von ihm bestätigen. Selbst, wenn es sich nur um eine unschöne Seite handelt, werden wir die anderen, vielleicht ganz tollen Eigenschaften gar nicht bemerken.

Ich werde Dir später zeigen, wie Du Dein RAS richtig programmieren kannst. Das nennt man Neuronale Rekonditionierung. Zuvor will ich Dir aber noch den besten Freund des RAS vorstellen.

Der psychokybernetische Mechanismus (PKM)

Das RAS hat einen Freund, mit dem es unzertrennlich verbunden ist, den psychokybernetischen Mechanismus. Man kann ihn sich wie den Thermostat einer Disco-Klimaanlage vorstellen, der auf einen gewissen Wert eingestellt ist. Sobald die Temperatur in der Disco durch einen inneren oder äußeren Einfluss von diesem Wert abweicht, wird der Thermostat aktiv und sorgt dafür, dass das Ausgangsniveau wiederhergestellt wird. Das heißt, er wird dafür sorgen, dass das Gebläse auf Hochtouren arbeitet und uns solange ins Gesicht pustet, bis die gewünschte stabile Raumtemperatur wieder erreicht ist.

Genauso geht es in unserem Gehirn zu. Wir haben für jeden Bereich unseres Lebens – Gesundheit, Körperbild, Fitness, Essgewohnheiten, Beziehungen, Geld, Jobs, Familie, Spiritualität – fixe Einstellungen, sogenannte „Set Points“, auf unserer „Festplatte“ gespeichert. Jede Veränderung, die uns aus dieser vorprogrammierten Komfortzone bringt, bewirkt, dass sofort ein chemisches Signal zum Nervensystem geschickt wird. Unser Gehirn interpretiert dieses Signal als Zweifel oder Angst und bezieht das auf die vor sich gehende Veränderung. Egal, ob uns die Veränderung nützt oder nicht, der „Gehirn-Thermostat“ zieht die Notbremse und überschwemmt uns so lange mit einem Haufen an Neurotransmittern und Angstgefühlen, bis wir quasi wieder auf „Raumtemperatur“ sind.

Unser Gehirn ist wie eine überbesorgte Mutter. Eine Glucke par excellence. Jeder Schritt, den wir außerhalb der vorgegebenen Pfade gehen wollen, wird begleitet von Warnrufen und zahlreichen Hinweisen, was alles passieren könnte. Das ist der Grund, warum es uns bei

Preisverhandlungen oft hundeelend geht. Weil die neuronale Übermutter uns in prächtigsten Farben die negativsten Auswirkungen suggeriert. Von Jobverlust über Wohnungsverlust bis hin zum Unter-der-Brücke-schlafen-Müssen. Das ist auch der Grund, warum wir häufig an unseren Neujahrsvorsätzen scheitern. Unsere Festplatte ist nicht auf Fitness-Studio programmiert, sondern auf Couch-Potato!

Und das ist auch der Grund, warum wir in unbefriedigenden Beziehungen verharren. Jedes Mal, wenn wir die Situation verändern wollen, schlägt der psychokybernetische Mechanismus Alarm und torpediert uns mit einem chemischen Cocktail, bis wir erschöpft wieder auf gewohnte Bahnen einlenken.

Zum Überleben ist dieses System einzigartig. Instinktiv springen wir auf den Gehsteig, wenn ein Auto heranrast, oder machen eine Hechtrolle, wenn ein Stein von oben herab in unsere Richtung poltert. Wie oft verhindert unser „bewusster Anteil" einen Unfall? Sehr selten. Meist bleibt es bei unbeholfenen Versuchen. Die Ehre der Beschützerrolle gebührt fast ausschließlich dem unbewussten Teil unseres Speicherprogramms. Wir bremsen das Auto innerhalb von Bruchteilen einer Sekunde, bevor wir mitkriegen, warum!

Das Problem ist nicht der Mechanismus an sich, sondern die Interpretation des Signals. Die meisten von uns interpretieren das Signal unseres inneren Thermostats als Gefahr oder Bedrohung. Es tritt ja nur in Erscheinung, wenn wir gewohnte Verhaltensweisen ändern wollen oder in eine Situation kommen, wo wir aufgrund von gespeicherten Mustern (eigene Erfahrungen oder Prägungen durch Eltern bzw. Gesellschaft) ohnehin sofort in den Fluchtmodus gehen. Ohne irgendetwas zu hinterfragen, reagieren wir prompt, indem wir erst einen Gang zurückschalten und dann nach ein paar

Metern ganz umkehren. Dafür belohnt uns das Gehirn mit einem angenehmen Neurotransmitter-Cocktail, der die nervliche Spannung sofort absinken lässt.

Und wenn es die Million-Euro-Chance gewesen ist? Wenn es die Möglichkeit gewesen wäre, den Traumpartner/die Traumpartnerin kennenzulernen? Oder die Heilung einer chronischen Krankheit durch ein unbekanntes Verfahren? Wir werden es nie erfahren, Chance verspielt!

Wenn wir nicht lernen, die Signale des psychokybernetischen Mechanismus richtig zu deuten, dann werden wir ewig in der Falle der Gewohnheit, der Unzufriedenheit und der finanziellen Mittelmäßigkeit festhängen. Beeindruckend zu beobachten ist das in Bezug auf Geld oder Partnerschaft. Geld ist bei den meisten von uns der Angstfaktor schlechthin (gleich nach dem Gewicht). Die meisten von uns haben von klein auf gelernt, dass Papa das Geld nach Hause bringt und Mama höchstens einen schlecht bezahlten Teilzeitjob hat. Meist war sie aber zu Hause bei den Kindern. Hier ist vor allem die Kindergeneration aus den 60er-, 70er- und 80er-Jahren betroffen. Als ich Kind war, kannte ich eine einzige Mutter, die auswärts arbeitete. Die war geschieden und fristete ihr Leben als Aussätzige mit geringem Gehalt.

Stell Dir Folgendes vor: Eine klassische Familie mit Mutter, Vater, einer Tochter und einem Sohn. Sie fahren auf Urlaub. Die Tochter will ein Eis und fragt die Mutter um Geld. Die Mutter antwortet: „Liebling, da musst du Papa fragen, er hat das Geld." Die Tochter geht zum Vater und kriegt Geld für das Eis. Beim Sohn läuft es ebenso. Das nächste Mal bittet das Mädchen abermals die Mutter um Geld. Wieder die gleiche Antwort: „Ich habe kein Geld, geh zu Papa." Was lernt die Tochter? Dass Frauen kein Geld haben, sondern nur die Männer.

Durch jahrelange Wiederholung dieses Prozesses wird ein Muster geschaffen. Im Erwachsenenalter haben diese Frauen oftmals große Probleme, unabhängig von Männern zu leben, eigenes Geld zu verdienen oder Karriere zu machen. Die Prototypen dieser Frauen haben das „Carrie-Syndrom“ mit starkem Weiterbildungscharakter. Das heißt, sie machen immer wieder Ausbildungen, weil sie sich davon erhoffen, endlich einen guten Job zu kriegen. Sie bekommen ihn aber nie, weil ihr RAS auf miese Bezahlung und Abhängigkeit von einem Mann eingestellt ist. Obwohl intelligent und oft exzellent ausgebildet, hindern ihr RAS und der psychokybernetische Mechanismus sie an einer echten Weiterentwicklung. Lernen dürfen sie, das erlaubt ihr System. Brave Mädchen haben Einser in der Schule. Aber richtig Geld damit zu verdienen? Das geht nicht. Ich habe schon so viele dieser wunderbaren Frauen in meinem Leben kennengelernt, die alle aus ganzem Herzen erfolgreich sowie – beruflich wie privat – unabhängig sein wollten und es trotzdem nie wirklich geschafft haben.

Übrigens: Was lernt der Sohn? Dass Frauen kein Geld haben, nur die Männer. Dass es seine alleinige Aufgabe ist und dass es auch von den Frauen gewünscht wird, dass er das Geld verdient. Und jedes Mal, wenn er sich als Mann in eine unabhängige, erfolgreiche Frau verliebt, weil er sich tief in seinem Herzen genauso eine Partnerin wünscht, wird er Angst kriegen, weil sein innerer Thermostat auf abhängige Frauen eingestellt ist. Denn das hat er von klein auf gelernt. Und schon haben wir die beste Melange an hinderlichen Mustern, die man sich vorstellen kann. Er wird eine abhängige, auf Dauer unzufriedene Frau als Partnerin haben, weil er gar nicht anders kann.

Dieses System ist in allen Bereichen unseres Lebens gültig. Egal, wo unsere Hindernisse liegen: Das RAS und der psychokybernetische Mechanismus halten die unbefriedigende Situation aufrecht. Unser Wille und unser bewusster Einsatz können nur sehr beschränkt und kurz Einfluss auf die Ereignisse nehmen, niemals langfristig. Das ist auch das große Problem an Verhaltensänderungsprogrammen. Die meisten zielen auf den bewussten Teil des Gehirns ab und wie wir wissen, ist dieser Teil absolut ungeeignet für nachhaltige Änderungen. Wir müssen Zugang zu den unbewussten Schichten bekommen, dorthin, wo die Programmierungen stattfinden und die Programme abgelegt sind.

Änderung des psychokybernetischen Mechanismus und des RAS

Unsere Wahrnehmungen und unser Verhalten werden unter anderem von den Set Points gesteuert. Wir haben Set Points für Körper, Beziehungen, Jobs, Ausbildung, Geld, Kinder, Familie, Reisen etc. – einfach für alle Aspekte unseres Lebens. Die Set Points bestimmen, wie wir die einzelnen Bereiche bewerten und wie wir uns diesbezüglich verhalten.

Es ist äußerst wichtig, die Set Points zu erkennen und diese im retikulären Aktivierungssystem neu einstellen zu können. Unser ganzes Leben wird davon gesteuert!

Der Einfluss des finanziellen Set Points

Wir können nicht zu äußerem Wohlstand kommen, wenn der finanzielle Set Point zu niedrig eingestellt ist. Frauen verkaufen sich nicht unter ihrem Wert. Sie bekommen genau den Wert, den sie von sich selbst haben. Dieser Wert kann permanente Unterbezahlung bedeuten, finanzielle Abhängigkeit vom Partner, Erfolglosigkeit, ewiges Strampeln, um den Lebensunterhalt zu verdienen ..., um nur einiges zu nennen.

Warum überkommt viele Frauen wahrhaft Todesangst, wenn es um Gehaltsverhandlungen geht, während das für Männer etwas Kämpferisch-Sportliches hat? Warum haben Frauen so große Schwierigkeiten, in Berufen wie Körpertherapie, Shiatsu, Kinesiologie, Energiearbeit, Beratung etc. pro Stunde mehr als 40 bis 50 Euro zu verlangen? (Kurz bemerkt: Es gibt auch Männer, denen es so geht.)

Mit Logik hat das nichts zu tun. Auch in Gelddingen haben wir Gewohnheiten aufgebaut und meist von den Eltern übernommen. Wenn wir den gewohnten Pfad verlassen, weil wir uns finanziell verbessern wollen und das auch verdienen, dann bekommen wir einen Neurotransmitter-Cocktail verabreicht, der es in sich hat. Er besteht aus Adrenalin und Cortisol. Als Botenstoffe entfalten sie ihre Wirkung in fast allen Organen des menschlichen Körpers. Sie steigern die Aktivität im gesamten Organismus und kurbeln Kreislauf sowie Stoffwechsel stark an. Die Wirkung ist allerdings immer nur sehr kurz. Unser wohlwollender Barkeeper ist hier der psychokybernetische Mechanismus, der gemeinsam mit seinem besten Freund RAS in der Disco an der Botenstoff-Bar hängt und beobachtet, wie lange wir uns der neuen Situation aussetzen.

In dem Augenblick, wo wir in den sicheren Hafen zurückrudern und unserem neuen Kunden mit schwitzenden Händen sagen: „Wenn Ihnen 60 Euro zu viel sind, kann ich es auch um 45 Euro machen", stoppen die beiden den Hormonzufluss und unser System fährt wieder auf angenehme Betriebstemperatur herunter. Das passiert in jedem Lebensbereich, wo wir Änderungen vornehmen wollen!

Um nachhaltige Änderungen zu schaffen, müssen wir zwei Dinge tun. Erstens unser RAS neu programmieren und zweitens den psychokybernetischen Mechanismus rekalibrieren.

Neuprogrammierung des retikulären Aktivierungssystems

Wir müssen die derzeitige Grundeinstellung des RAS finden. Erinnerst Du Dich, wir starteten die Tour als Psycho-Höhlenforscherinnen. Wir sind ganz tief ins Innere der Speicher-Höhle vorgedrungen und können aufgrund des Wissens, das wir uns inzwischen angeeignet haben, die Grundeinstellungen identifizieren. Nimm Dir jetzt Dein stärkstes negatives Glaubensmuster in Bezug auf Geld vor. Betrachte jenen Bereich Deines Lebens, der davon am stärksten beeinflusst wird. Schreib auf, wie es sich auswirkt:

- Du verdienst so viel, dass es sich gerade ausgeht?
- Du hast immer Angst – egal, wie viel Du verdienst – dass das Geld nicht reicht?
- Du hast schon mehrmals viel Geld verdient, es aber immer wieder verloren?
- Du kannst für Dich selbst kaum Geld verdienen, sondern verhilfst immer nur anderen dazu?
- Wenn Du ein lukratives Angebot bekommst, zerschlägt es sich meistens?

In all diesen Szenarien spiegelt sich die finanzielle und geschäftliche Grundeinstellung des RAS wider. Falls Du Dir beim Aufspüren der Aussagen, die für Dich Gültigkeit haben, schwer tun solltest, frag Menschen, die

Dich gut kennen. Diese können Dir wahrscheinlich weiterhelfen, weil sie sich ja nicht mit Deiner „Betriebsblindheit“ herumschlagen müssen. Um das RAS zu rekonditionieren, brauchst Du absolute Klarheit, was im Hinblick auf Geld und Dein Geschäft anders werden soll. Es ist wie mit dem Radiosender. Nur ein Punkt neben der Funkfrequenz bedeutet schon unklaren Empfang! Allerdings: Hier beginnen bereits sehr oft die Schwierigkeiten. Die meisten Menschen wissen exakt, was sie nicht wollen. Wenn sie aber gefragt werden, was sie gerne anders hätten, können sie keine klare Antwort geben. Denk an Dein Thema und beantworte folgende Fragen (am besten schriftlich!):

- Was genau hätte ich gerne anders im Hinblick auf Geld und Einkommen?
- Was – außer der finanziellen Situation – sollte ebenfalls anders werden?
- Woran würde ich erkennen, dass sich etwas geändert hat?
- Wer in meinem nächsten Umfeld würde eine Änderung am ehesten bemerken?
- Worauf hätte die Änderung den größten Einfluss?
- Gesetzt den Fall, es gäbe jemanden, der keine Freude mit der Änderung hätte, wer könnte das sein?
- Was hätte ich davon, wenn ich mein finanzielles Ziel erreichen würde?
- Was hätten andere davon?
- Was könnte ein Risiko sein?
- Wenn ich meine eigene Beraterin wäre, von welchem Verhalten würde ich mir selbst abraten, welches Verhalten würde ich mir verordnen?

- Woran würde ich merken, dass ich mein Ziel erreicht habe?
- Was müsste ich jeden Tag tun, damit die Veränderung zur Gewohnheit wird und ich gar nicht mehr speziell darüber nachdenken muss?
- Trau Dich, große Träume und Ziele zu haben. Du hast die Macht, alles erschaffen zu können. Unser Gehirn ist zu unglaublichen Leistungen fähig.

SCHRITT SECHS – DIE KUNST DES EMOTIONALEN VISUALISIERENS

Die meisten Menschen sagen: „Wenn ich es sehen kann, dann glaube ich es.“ Es ist jedoch genau umgekehrt.

WENN ICH ES GLAUBEN KANN, DANN SEHE ICH ES AUCH

Es muss zuerst im Innen vorhanden sein, damit es sich im Außen manifestieren kann. Wir müssen einen Abdruck unseres gewünschten Ergebnisses im Unbewussten hinterlassen. Wie wir wissen, existiert für das Unbewusste nur die Gegenwart. Wenn wir in unserer Vorstellung ein starkes, lebendiges Bild von unserem Traumprojekt erschaffen, kann das Unbewusste nicht unterscheiden, ob das eine Vision ist oder bereits eine Tatsache. In dem Augenblick, wo wir nach allen Regeln der Kunst ein glasklares Bild vor unserem inneren Auge haben und diese Vision auch von starken Gefühlen begleitet wird, hat unser Unbewusstes den Auftrag, genau das, was wir uns vorstellen, zu suchen und zu finden.

Warum ist dieses Visualisieren so wichtig? Unser Unbewusstes kann nur das ausführen, was wir ihm anschaffen. Es kann selbst keine Bilder produzieren und für uns Antworten finden. Es tut das, was unser bewusster Anteil befiehlt, aber nur, wenn es in einer geeigneten Sprache passiert. Sonst bastelt es einfach irgendetwas zusammen, basierend auf alten, hinderlichen Erfahrungen. Wie bereits erwähnt, hat unser Unbewusstes Zugang zu allen Informationen, die existieren. Egal, welches Problem, Bedürfnis oder welche Herausforderung wir haben, es kann die Antwort finden. Es weiß allerdings nicht, welche Antworten wir haben wollen, außer wir haben es ihm deutlich mitgeteilt. Das aber kann nur unser „bewusster Anteil" besorgen.

Fassen wir also nochmals zusammen: Um das RAS richtig zu programmieren, braucht es kristallklare Bilder mit den dazugehörigen Emotionen. Das Bild allein bringt aber nur wenig. Verknüpfe es mit positiven Gefühlen, dann wirst Du in Zukunft Wunder erleben. Zur Erinnerung: Begeisterung wirkt wie Dünger fürs Gehirn. Da sprießt und gedeiht alles doppelt so schnell.

Lass mich von Charly Steeb erzählen. Charly hatte ein große Leidenschaft, das Tennisspielen. Er wurde dreifacher Davis-Cup-Sieger, zweifacher Olympiateilnehmer und war von 1998 bis 2001 Kapitän des Deutschen Davis-Cup-Teams.

Charly Steeb gewann im Davis-Cup-Finale 1988 gegen die damalige Nr. 1 der Weltrangliste, Mats Wilander. Das Erstaunliche dabei war, dass die Chancen auf seinen Gewinn 1 zu 99 standen. Charly wusste, dass er nur mit Training allein nicht gewinnen würde. Er war damals auf der Rangliste die Nummer 78! Trotzdem war er davon überzeugt, dass er es schaffen konnte. Er legte sich im Geist eine entsprechende Strategie zurecht. Immer und immer wieder – vor allem, wenn er abends im Bett lag – spielte er im Geiste durch, wie er gegen Mats auf dem Platz stehen und einen Punkt nach dem anderen gewinnen würde. Dann visualisierte er, wie er schließlich den Platz als Sieger verlassen würde. Dieses Kopfkino war so real, dass er dabei sehr starke Glücksgefühle produzierte. Mit jedem Tag wurde er innerlich sicherer, dass dieser Traum Realität werden würde. Und so war es dann auch! Später sagte er: „Wenn ich diesen Sieg nicht regelmäßig visualisiert hätte, hätte ich absolut keine Chance gehabt!"

Es gibt viele solcher Geschichten, vor allem im Leistungssport. Denken wir nur an den unglaublichen Sieg von Hermann Maier, dem Herminator, am 27.1.2003 auf der Kitzbühler Streif, zweieinhalb Jahre nach seinem verheerenden Motorradunfall. Die Ärzte wollten 2001 sein Bein amputieren, er jedoch weigerte sich und lehnte gleichzeitig auch jeden Kontakt mit Kollegen ab, die nicht an seine Heilung glauben wollten. Er konnte es sich einfach nicht vorstellen, nie mehr Schi zu fahren. Er war deshalb bereit, alles zu tun und alle Strapazen auf sich zu nehmen, um auf jeden Fall wieder Rennen fahren zu können. Er beschloss, sich ein unmögliches Ziel zu setzen: Er wollte im Winter 2003 in Kitzbühel ein Rennen gewinnen! Während er wie besessen trainierte, hatte er immer das Bild vor Augen, wie er mit Bestzeit in den Zielraum einfährt. Er sah das Publikum, wie es außer sich von den Sitzen sprang, und wie er von einem so starken Glücksgefühl übermannt wurde, dass ihm die Tränen kamen. Er wusste die Kraft des Visualisierens einzusetzen. Bei der Abfahrt wurde er zwar nur Sechster, was eigentlich schon sensationell war als Comeback. Doch dann wurde es einfach grandios, denn er gewann tatsächlich den Super-G trotz eines schweren Fehlers im Zielhang. Ich war am Bildschirm mit dabei und sprang in die Luft, fing zu schreien und vor Freude zu heulen an.

Ich war zutiefst beeindruckt von der Disziplin und dem Willen dieses Menschen.

Wir alle können ähnliche Wunder vollbringen! Jeder Mensch hat die Fähigkeit zum emotionalen Visualisieren. Manche tun sich leicht damit, andere wiederum brauchen eine Aufwärmphase oder zusätzlich Musik, Gerüche, Farben oder Ähnliches. Ich erinnere mich noch gut – als Kinder taten wir jeden Tag nichts anderes, als uns Spielzeuge und Abenteuer zu erträumen!

Wir kommen jetzt zum Kern der mentalen Business-Strategien. Unser Tagesbewusstsein ist ein Meister im Vorstellen und Artikulieren von Visionen. Aber damit diese Visionen sich auch verwirklichen können, müssen neue Instruktionen ins Unbewusste implantiert werden.

Die Sprache des Unbewussten ist die Sprache der Bilder. Visualisieren bedeutet, geistige Bilder entstehen zu lassen. Sie sollen so lebendig, farbig und begeisternd sein, wie nur irgend möglich. Durch diese „geistige Diaschau" setzt man im retikularen Aktivierungssystem die Anker, die es als Orientierung braucht. Die Energie fließt umso besser, je mehr wir uns das gewünschte Bild mit äußerster Lebendigkeit in bereits verwirklichter Form vorstellen. Je besser es uns gelingt, uns selbst als erfolgreiche Hauptdarstellerinnen auf unserer geistigen Leinwand in unserem eigenen Film zu sehen, desto schneller wird diese gesteuerte „Phantasie" die Realisierung bewirken.

Was ist notwendig, um die Vision ins Unbewusste zu implantieren?

Konstruieren einer Vision

Stell Dir folgende Fragen:

- Was ist das „Warum" hinter Deinem Geschäft und dem Wunsch, mehr Geld zu verdienen?
- Welchen höheren Sinn willst Du damit erfüllen?
- Wie sieht Dein gewünschter Zielzustand aus?
- Wie viel Umsatz hast Du pro Jahr?
- Wie viele Mitarbeiter?
- Wie viele Kunden kaufen bei Dir?
- Wie sind die Menschen, die bei Dir kaufen?
- Wie fühlst Du Dich, wenn Dein Geschäft floriert und Geld in Strömen in Deine Kasse fließt?
- Wie siehst Du als erfolgreiche Geschäftsfrau aus, wie benimmst Du Dich?
- Wie kommen andere auf Dich zu?
- In welchen Kreisen bewegst Du Dich?
- Wie wohnst Du?
- Welchen persönlichen Traum wirst Du Dir als erstes mit dem vielen Geld erfüllen?
- Wie viel wirst Du für wohltätige Zwecke spenden und für welches Projekt wirst Du Dich engagieren?
- Wie werden Dich Deine Familie und Freunde unterstützen?

Kreiere eine Vision von Dir selbst als wohlhabende, glückliche Geschäftsfrau, die durch ihre Produkte und Dienstleistungen anderen Menschen hilft. Nimm obige Fragen zu Hilfe, um Deinen persönlichen Erfolgsfilm zu erschaffen. Werde Dir vor allem absolut klar über den gewünschten Zielzustand. Je genauer und detaillierter

Du den Zielzustand beschreibst, desto besser kann Dein Unbewusstes Dich unterstützen und umso eher wird es Dir das Gewünschte liefern.

Das Unterbewusstsein ist ununterbrochen in Aktion: 24 Stunden am Tag, 7 Tage pro Woche, 365 Tage im Jahr. Wenn Du Erfolg haben willst, musst Du eine unmissverständliche Vision kreieren, ein starkes Bild von Dir selbst in der Zukunft. Das ist die einzige Möglichkeit, wie Du das RAS mit neuen Suchbegriffen füttern, den PKM neu einstellen und Deine Software des Unbewussten neu programmieren kannst. Die Vision ist allerdings ein lebendiger Prozess, sie wird sich möglicherweise über die Zeit hinweg verändern. Neue Dinge werden hinzukommen, andere werden wegfallen. Das Endziel sollte jedoch gleich bleiben und auf keinen Fall kleiner gemacht werden, bloß weil Du Dir in einem plötzlichen Anfall von Unsicherheit den vollen Umfang nicht mehr zutraust.

Implementierung der Vision im Unbewussten - Großartige Gestaltung/Ausschmückung der Vision, begleitet von intensiven Gefühlen

Das „Was“ kommt immer vor dem „Wie“. Es ist wichtig, nur an das Endergebnis zu denken und sich nicht auf den Weg zum Ziel zu konzentrieren, denn nur so wird es Dir gelingen, Zweifel und Ängste in den Hintergrund zu rücken. Und glaub mir, diese werden kommen wie das Amen im Gebet. Sobald Du wirklich ernsthaft Deinen Glaubensmustern auf den Pelz rückst, bist Du auf der „Watchlist“ des RAS und des PKM. Wenn Du Dich nämlich in Deinen Gedanken damit beschäftigst, „wie“ Du das ganze umsetzen sollst, dann wirst Du ziemlich schnell frustriert und demotiviert mit dem Visualisieren aufhören. Wenn also die negativen Stimmen und Ängste heranschleichen oder hereinpoltern, installiere am besten sofort eine „geistige Stopptafel" und denk ganz rasch mit voller Kraft daran, wie es sein wird, wenn Du das erhältst, was Du Dir wünschst – gib Dich Deinen wunderbaren Träumen hin. Mal Dir die erwünschten Situationen und Lebenszustände möglichst bildlich und detailliert aus und stell Dir auch möglichst intensiv vor, wie Du Dich dabei fühlen wirst. Spare nicht an der Ausstattung, Farbe und Opulenz!

Das Entscheidende beim Verankern der Vision ist die Intensität der Emotionen. Es macht erregungstechnisch gesehen einen signifikanten Unterschied, ob man mit viel Gefühl (egal ob positiv oder negativ) oder mit wenig Gefühl arbeitet. Bei Visionen mit starken Emotionen werden mehr – und viel größere – Hirnbereiche aktiviert und somit viele neue Vernetzungen geschaffen. Diese Vernetzungen ermöglichen neue Gedanken und Ideen. Die Fähigkeit zum Erkennen neuer Möglichkeiten und Lösungen wird gesteigert, da man auf ein viel größeres Verbindungsareal zugreifen kann. Das ist einfach logisch.

Mit Übung schafft man es mit Sicherheit, in dieses konzentrierte Tagträumen richtig einzutauchen und damit Erfolg zu haben. Wenn man das Visualisieren praktiziert, erreicht man damit auch, dass man sich automatisch immer wieder antreibt und dass man Gefühle der Vorfreude genießen kann.

Regelmäßigkeit

Was denkst Du, wie oft hat Hermann Maier an seine Zieleinfahrt am Ende der Streif in Kitzbühel gedacht? Oder Charly Steeb an den Augenblick, wo er den Center

Court als Sieger verließ? Jeden Tag, jede Stunde, jede Minute! Je größer die Vision ist, desto intensiver sollte die Frequenz sein.

Als mir klar wurde, dass es meine Leidenschaft und damit auch mein Ziel ist, als Expertin für Erfolg und Spiritualität die großen Rednerbühnen der Welt zu erobern, habe ich sofort begonnen, Bilder des Endzustandes zu entwerfen. Als Musikerin bin ich seit meinem 19. Lebensjahr auf der Bühne und wir spielten bei Festivals manchmal für zwei- bis dreitausend Menschen. Ich genoss jene Augenblicke unendlich, wenn die gesamte Band als starke Einheit auf der Bühne agierte und das Publikum hochhüpfte und vor Begeisterung johlte. Diese Menschenmassen habe ich bei meinen täglichen Visualisierungsübungen vor meinem inneren Auge.

So läuft meine Vision ab: Es ist das Ende einer Veranstaltung. Ich sehe genau, was ich anhabe, welche Schuhe ich trage, wie die Bühne ausgestattet ist. Ich spüre denselben Adrenalinrausch wie nach einem gelungenen Musikauftritt. Ich sehe hochmotivierte Frauen, die nicht mehr sitzen, sondern stehend klatschen. Ich weiß, dass ich heute viel bewegt habe und dass sehr viele Frauen mit den von mir vermittelten Business-Strategien Erfolg haben werden. Mein Mann wartet hinter der Bühne. Schön, dass er Zeit gefunden hat. Er ist beruflich auch sehr engagiert und wir haben zusammen ein großes Charity-Projekt ins Leben gerufen. Ich lasse mich von ihm in die Arme nehmen und sehe, wie unendlich stolz er auf seine starke Frau ist. Ich hole mir kurz Kraft und schon bewege ich mich in Richtung des Büchertisches, wo ich meine Bücher und Audioprogramme signieren werde. Ich sehe aus der Ferne, dass meine Mitarbeiterinnen vor lauter Seminarbestellungen und Produktverkäufen kaum zum Atmen kommen und bemerke mit Freuden die strahlenden Gesichter der

Kundinnen und der Mitarbeiterinnen. Die Luft vibriert vor positiver Energie.

Ich sehe mich in der Top-Position im deutschsprachigen Bereich, ich sehe die Zugriffszahlen auf meiner Homepage, ich sehe die monatlichen Zuwachsraten meiner Produkte. Ich sehe mich mit meinem Mann in einem wunderschönen Haus in der Toskana, wo wir einige Monate im Jahr verbringen. Das Tolle an unseren Berufen ist, dass wir von überall aus arbeiten können. Ich sehe die Gruppe derjenigen, die sich mit karmischen Prinzipien beschäftigen, stetig wachsen und mit jedem Tag kann ich mehr dazu beitragen, dass die Welt ein besserer Ort wird.

Der gesamte Film oder einzelne Sequenzen davon laufen täglich vor meinem geistigen Auge ab. Ich muss mich gar nicht mehr extra bemühen, denn ich habe es bereits als Gewohnheit implementiert, dass dies automatisch geschieht. Und aufgrund dieses Prozederes habe ich die Kraft, all jene Dinge zu tun, die notwendig sind, um meine Ziele zu erreichen.

Also: Der zweite wichtige Punkt beim Visualisieren ist die Regelmäßigkeit. Durch regelmäßiges Visualisieren werden neue, starke Nervenbahnen und Verknüpfungen im Gehirn geschaffen. Wir sollten unser Ziel jeden Tag visualisieren. Einerseits, um uns zu motivieren und andererseits, um uns auch immer wieder an unser Ziel zu erinnern, denn nur zu leicht werden wir abgelenkt und verschwenden Zeit mit unwichtigen Dingen. Es ist echt faszinierend, wie wir Frauen es schaffen, stundenlang über unwichtige Dinge zu plaudern. Ich weiß, ich bin etwas provokant. Aber wenn wir ehrlich sind, dann können wir diese Tatsache nicht wirklich leugnen. Wir werden auf diesen „Zeitfresser“ nochmals zurückkommen, wenn wir uns mit den finanziellen und spirituellen Business-Strategien befassen.

Um eine kraftvolle, lebendige Vision unseres Lebens aufzubauen, brauchen wir eine neue Art zu denken, neue Überzeugungen. Du wirst bemerkt haben, wie schwierig es ist, aus den negativen Gedankenmustern auszusteigen. Ich zeige Dir jetzt die Technik, wie man das schafft und wie man neue Überzeugungen aufbaut. Meine persönliche Favoritin zu diesem Thema ist Louise Hay. Sie hat mir durch ihr Buch „Gesundheit für Körper und Geist“ die Türen zu diesem Thema geöffnet. Es gibt jedoch unzählige Menschen, die wahre Meister im Lehren neuer Überzeugungen sind. Einige davon sind Deepak Chopra, Kurt Tepperwein, Marianne Williamson oder T. Harv Eker.

Falls Du andere Favoriten habst, poste diese auf unserer Homepage www.barbarajascht.com, damit wir alle in den Genuss neuer inspirierender Bücher kommen!

SCHRITT SIEBEN – AUFBAU NEUER ÜBERZEUGUNGEN (AFFIRMATIONEN)

Wie mehrmals erwähnt, verfügt unser Gehirn über eine unglaubliche Fähigkeit: die Neuroplastizität. Sie ermöglicht uns, jederzeit unser Gehirn zu modifizieren, zu spezialisieren und unseren Bedürfnissen gemäß zu „designen“. Es braucht Zeit und Disziplin, um neue Nervenbahnen anzulegen, die uns unserem gewünschten Ziel näherbringen. Wenn wir diese Zeit nicht investieren wollen, können wir uns gleich von unseren Träumen verabschieden. Halbherzige Entscheidungen bringen nichts außer Frust.

- Ich möchte ein bisschen mehr Geld verdienen.
- Ich möchte keine Schulden mehr haben.
- Ich möchte mehr Kunden haben.
- Ich möchte kein schlechtes Gewissen mehr haben.

Versetze Dich in die Lage Deines RAS. Was glaubst Du, kann es Dir mit diesen lauwarmen Angaben bringen? Nichts. Im besten Fall ein bisschen was, aber nur für kurze Zeit. Dann übernimmt die alte Prägung wieder das Ruder, weil diese Nervenverbindungen breit wie eine Autobahn durch Dein Gehirn ziehen. Hier braucht es etwas anderes. Um die Tore für „inneren und äußeren Reichtum" überhaupt zu öffnen, bedarf es neuer Glaubenssätze über Geld und Wohlstand. In meinem Seminar „Mindset System for Success – 'Emotions'" arbeiten wir intensiv daran, hinderliche Glaubenssätze zu identifizieren, aufzulösen und neue Denkmuster nachhaltig zu implementieren. Mit den Mindset-Techniken, die Du dort lernst, schaffst Du alle emotionalen Veränderungen, die Du schon immer wolltest.

Ein Glaubenssatz entwickelt sich aus einer bestimmten Gewohnheit zu denken, zu sprechen, zu handeln und zu reagieren. Die meisten Menschen haben die Gewohnheit, ihre Änderungswünsche „negativ" zu formulieren. Wenn sie abnehmen wollen, sagen sie „Ich möchte nicht mehr dick sein", wenn sie gesund werden wollen „Ich möchte nicht mehr krank sein", wenn sie ihre Schulden loswerden wollen „Ich möchte keine Schulden mehr haben". Das ist leider sinnlos.

Warum? Erstens wird bei jedem negativen Gedanken eine chemische Substanz im Gehirn freigesetzt, die Körper und Geist schwächt (die Kinesiologie zeigt uns das auf beeindruckende Weise), zweitens kann unser unbewusstes Steuerungssystem auf negative Formulierungen nicht mit positiven Aktionen reagieren.

Unser Unbewusstes ist ein sehr neutraler und humorloser Ort. Es reagiert daher auf negative Befehle ebenso wie auf positive. Es reagiert mit der gleichen Präzision auf „Das zieht mir noch den letzten Nerv" wie auf „Alles ist zu meinem Besten". Daher sollte man Sprüche wie „Ich kann mit Geld nicht umgehen", „Ich bin zu dumm dazu" oder „Das schaffe ich nie" tunlichst vermeiden. Erfahrungsgemäß stuft unser Unbewusstes außerdem negative Formulierungen so ein, dass das Wörtchen „nicht" quasi ignoriert wird und dadurch automatisch ein Wunsch nach „mehr" entsteht. Also genau das Gegenteil von dem, was man zum Ausdruck bringen möchte!

Wenn wir etwas ändern wollen, müssen wir die bei uns vorherrschenden Gedanken identifizieren und, falls erforderlich, positiv umformulieren. Dabei ist zu beachten, dass unser Unbewusstes als einzige Zeitform die Gegenwart kennt. Deshalb muss die Affirmation in der Gegenwartsform sein. Das ist die einzige Möglichkeit, wie sich etwas ändern kann.

„Ich will mehr Geld haben" klingt schon besser, ist jedoch in der Zukunft formuliert. Es ist eine reine Absichtserklärung, deren Erfüllung somit immer in der Zukunft liegen wird.

Wenn wir wollen, dass unser Unbewusstes wirklich zuhört und versteht, müssen wir kraftvolle Gegenwarts-Affirmationen formulieren.

„Ich beanspruche jetzt finanzielle Fülle. Geld fließt einfach und leicht in mein Leben." Das hat Wirkung. Das nimmt unser Unbewusstes zur Kenntnis. Als mir klar wurde, dass meine Leidenschaft im Experts Business liegt, habe ich mir sofort neue Affirmationen zurechtgelegt.

- Ich bin die Top-Expertin im deutschsprachigen Raum für das Thema Frauen, Erfolg und Spiritualität.
- Meine Seminare und Vorträge sind ausgebucht und ich verdiene mit Leichtigkeit zehntausende Euro pro Monat mit meinen Produkten.
- Ich helfe meinen begeisterten Kundinnen, ihr berufliches wie privates Leben zu ändern.
- Ich spende jeden Monat einen entsprechenden Betrag von dem Einkommen, das mir reichlich zufließt.

Da ich schon vor Jahren mit dem Affirmieren begonnen habe und ich daher viele negative Überzeugungen schon abbauen konnte, verankerte sich dieses neue Bild ruckzuck in meiner ständigen Denkweise und damit in meinem Unterbewusstsein und ich verspürte ein richtiggehendes, aufregendes Prickeln. So einfach ging das früher nicht!

Affirmationen zu formulieren, bereitet am Anfang oft Schwierigkeiten, da uns das eine ungewohnte Art des Denkens abverlangt. Ich will Dich darauf vorbereiten, dass Du mit mehr oder weniger starken Widerständen zu kämpfen haben wirst, wenn Du Dich an diese Aufgabe machst. Wenn das nicht so wäre, würdest Du mein Buch kaum benötigen, sondern selbst Kurse anbieten, die ich dann freudig besuchen könnte. Ich komme ebenso wie Du immer wieder mal an einen Punkt, wo sich alles in mir sträubt und ich einfach nicht will. Ich erfinde dann die abenteuerlichsten Ausreden und Handlungen, um mich den Mustern nicht stellen zu müssen. Ich habe ein paar der Top-Ausreden zusammengefasst. Vielleicht trifft ja einiges auch auf Dich zu!

Hindernisse, die uns davon abhalten, neue Überzeugungen entstehen zu lassen

Welche der folgenden Hindernisse treffen auf Dich zu?

Verzögerungs-/Entschuldigungstaktik

- Im Augenblick kann ich nicht nachdenken.
- Ich habe gerade keine Zeit. Ja, das ist eine gute Idee. Irgendwann tue ich es ...
- Ich habe viel anderes zu tun.
- Sobald ich mit ____________ fertig bin, kümmere ich mich darum.
- Der Zeitpunkt stimmt nicht. Es ist zu spät oder zu früh.

Vermutungen

- Es würde ohnehin nicht helfen.
- Mein Partner/meine Kinder werden es nicht verstehen.
- Ich müsste meine ganze Persönlichkeit ändern.
- Mein Fall liegt anders.
- Ich möchte niemanden belästigen.
- Es wird sich von alleine lösen.

Vorurteile über uns selbst

Ich bin: zu alt, zu jung, zu dick, zu dünn, zu klein, zu groß, zu faul, zu hart, zu dumm, zu gescheit, zu schwach, zu stark, zu arm, zu wertlos, zu ernsthaft, zu stur, zu nachgiebig, zu gut gebildet, zu wenig gebildet...

Der Umgang mit diesen Hindernissen und weitere hilfreiche Informationen im Hinblick auf Affirmationen

Ich habe von Louise Hay einen guten Trick gelernt. Wenn unser Unbewusstes bockt wie ein junges Pferd, dann müssen wir es erst für Veränderungen vorbereiten. Es muss gewissermaßen willig gemacht werden, damit es bereit ist, sich zu verändern.

Jedes Mal, wenn ich Widerstand gegen Neues empfinde, konzentriere ich mich und sage mir in Gedanken oder sogar laut: „Ich bin willens, mich zu verändern." Ich wiederhole das sooft, bis sich der Widerstand gegen die Neuerungen aufgelöst hat. Ich spüre genau, wenn sich mein Speicherplatz im Gehirn öffnet und Energie zu fließen beginnt. Ich habe dann Lust, mich wirklich zu verändern, und nütze diese Kraft für das Erschaffen neuer Verhaltensweisen.

Habe ich es mit starken Widerständen zu tun, dann berühre ich meine Kehle, während ich den oben genannten Satz sage. Die Kehle ist das Energiezentrum im Körper, zuständig für Veränderungen und Kommunikation. Am Anfang kam ich mir blöd dabei vor, wie ich durch die Wohnung rannte, während ich meinen Hals umfasste und mit beschwörender Stimme den gewissen Satz sagte. Egal. Sollen die anderen doch denken, was sie wollen. Wenn es den gewünschten Effekt bringt, bin ich zu allem bereit. Ich habe es mir zur Angewohnheit gemacht, auf den Rat erfolgreicher Menschen zu hören. Und Louise Hay hat die Wirksamkeit von Affirmationen mehrere Jahrzehnte lang am eigenen Leib erfahren und nachweislich auch bei ihren Klienten feststellen können.

Durch das Berühren der Kehle bestätige ich, dass ich mich im Veränderungsprozess befinde. Wenn ich wissen will, ob ich wirklich bereit bin, dann schaue ich dabei in den Spiegel und mir direkt in die Augen. Die stärksten negativen Botschaften haben uns die Eltern oder andere Bezugspersonen immer mit direktem Augenkontakt vermittelt. Ganz selten haben sie uns aber auf diese Art und Weise gelobt. Deshalb haben so viele Menschen Probleme mit dem Augenkontakt. Wenn wir in den Spiegel schauen und dabei die Affirmation sagen, werden wir garantiert eine Veränderung in Körper und Geist spüren. Die Arbeit mit einem Spiegel ist sehr wirkungsvoll.

Das, was wir partout nicht verändern wollen, ist genau das, was wir am dringendsten verändern müssen. Die Themen Geld, Erfolg und Unabhängigkeit müssen wir Frauen mit absoluter Priorität angehen, wenn wir für uns und für andere eine bessere Welt erschaffen wollen. Hier herein gehört auch eine Veränderung, die für fast jedes menschliche Lebewesen von enormer Bedeutung ist: Anstatt sich zu kritisieren und zu verdammen, sich endlich selbst zu schätzen und zu lieben! Wir dürfen lernen, uns so anzunehmen und zu mögen, wie wir sind. Wie können wir erwarten, dass andere uns mögen, wenn uns das nicht einmal selbst gelingt. Dass wir Probleme mit der Selbstliebe haben, liegt letzten Endes auch genau an diesen Prägungen, die wir seit unserer Kindheit mit uns herumschleppen: „Du kannst das nicht" oder „Du bist nicht gut genug!"

Dies ist ein sehr komplexes Thema, auf das ich in diesem Buch nicht ausführlicher eingehen kann, weil es den Rahmen dessen, was ich Dir hier nahebringen will, sprengen würde. Ich habe ein wunderbares Seminar, wo wir uns intensiv mit dem Thema Selbstliebe und Selbstwert beschäftigen (Mindset System for Success „Emotions"). Ich bin der festen Überzeugung, dass das Thema Wohlstand untrennbar mit dem Thema Selbstliebe und Selbstwertgefühl verbunden ist. Denn wenn ich hier Mangel habe, werde ich mich unbewusst nie für Wohlstand öffnen können. Falls Dich das anspricht, kann ich Dir wärmstens empfehlen, zum Beispiel im Buch von Louise Hay, das ich bereits erwähnte, nachzulesen. Du wirst dort wunderschöne Anregungen finden, wie Du es anstellen kannst, Dich selbst so zu lieben und zu akzeptieren, wie es Dir gebührt – und außerdem, wie Du es schaffen kannst, dieselbe Wertschätzung auch Deinen Mitmenschen angedeihen zu lassen.

Was jedoch die Affirmationen betrifft, mit denen wir uns in diesem Buch befassen, so wäre eine weitere sehr hilfreiche diese hier: „Ich löse mich von negativen Überzeugungen, die meine Entwicklung behindern." Wieder ein guter Trick. Wir müssen noch gar nicht wissen, welche Gedanken wir wählen, wir bereiten unser System auf diese Weise aber schon darauf vor, dass es positive und erfüllende sind. Probiere das einfach mal aus und schau, was sich in Deinen Gedankengewohnheiten ändert.

Wenn Du die geeignete Affirmation für Dich gefunden hast, ist es wichtig, diese sooft wie möglich zu denken, auszusprechen, niederzuschreiben und gleichzeitig auch entsprechende Taten folgen zu lassen. Nur die Affirmationen regelmäßig zu verwenden, wird kaum eine Änderung bringen. Aber wenn wir gleichzeitig beginnen, unser Verhalten zu ändern, wird sich rasch Erfolg einstellen.

Ein praktisches Beispiel: Eine Frau möchte ihre Schulden loswerden. Sie hat einen schlecht bezahlten Job und keine Ahnung, wie sie es anstellen soll, mehr Geld zu verdienen. Sie könnte mit folgender Affirmation arbeiten: „Ich bin offen und empfänglich gegenüber neuen Wegen des Einkommens. Ich erhalte jetzt meine Güter von erwarteten und unerwarteten Quellen." Finanzieller Mangel ist das Ergebnis von veraltetem, einengendem Denken. Vielleicht hatte die Familie der Frau die Überzeugung, dass Besitz von Geld etwas Schlechtes ist („Geld stinkt" oder „Geld verdirbt den Charakter"). Von dieser Überzeugung muss sich die Frau erst lösen, um ihre Aufmerksamkeit voll auf Fülle richten zu können. Zur Erzeugung von Fülle kann sie dann andere Affirmationen benutzen.

Wir füttern den Mangel auch noch dadurch, dass wir anderen gegenüber nicht großzügig sind. Wir glauben, wir haben zu wenig, und rechtfertigen geiziges Verhalten dadurch. Beginne, eine Gewohnheit des Gebens zu entwickeln. Es muss nicht viel sein, die innere Haltung macht es aus. Das Gesetz der Resonanz reagiert auf die positive Schwingung und bringt den Geldfluss in Gang.

Ein-Personen-Unternehmen wie auch große Konzerne reagieren auf Krisen meistens sofort mit Sparmaßnahmen, zuallererst bei Mitarbeitern oder Lieferanten. Wenn sie die spirituellen Business-Strategien kennen würden, würden sie das nie und nimmer machen.

Das Grundprinzip ist ein einfaches: Wenn man etwas haben will, muss man zuerst jemand anderem helfen, dasselbe oder Ähnliches zu erlangen. Ich freue mich schon riesig auf das Kapitel mit den karmischen Prinzipien, wo ich Dir mehr über diese machtvollen Gesetze erzählen darf. Die wichtigsten Bausteine der Affirmationen:

- Positive Formulierung
- Gegenwartsformulierung
- Emotional ansprechende Formulierung
- Klare und zielgerichtete Formulierung

Was ist also wichtig beim Visualisieren?

- Ein klares Bild vor Augen zu haben.
- Die Vision mit intensiven Gefühlen zu begleiten.
- Durch tägliches Visualisieren eine Gewohnheit zu schaffen.
- Geduld und Ausdauer zu haben (mindestens sechs bis acht Monate).

Zuerst müssen wir ein exaktes Bild unserer Wunschvorstellung erschaffen. Wie das geht, habe ich im Kapitel „Konstruieren einer Vision“ beschrieben. Dann müssen wir es zur Gewohnheit machen, dieses Bild täglich mit großer Konzentration in unser Gehirn einzuschleusen. Die Wirkung des Visualisierens stellt sich oft erst nach Wochen oder gar Monaten ein – unser Unbewusstes ist etwas stur und lernt teilweise nur sehr langsam. Natürlich können wir uns von regelmäßigem Visualisieren allein noch keine Wunder erwarten.

Wenn wir nicht gleichzeitig auch zu handeln beginnen, wird wahrscheinlich nichts passieren. Wir können uns Reichtum vorstellen, ein florierendes Geschäft, Kunden, die unseren Laden stürmen – wenn wir jedoch weiterhin nur auf der Couch zu Hause sitzen bleiben, werden irgendwann nette Männer kommen und unsere Möbel wegtragen. Wir bereiten mit dem emotionalen Visualisieren unser Unbewusstes lediglich darauf vor, mit uns an einem Strang zu ziehen, wenn wir in Aktion treten.

Ein großer Vorteil beim Visualisieren ist der, dass man es überall tun kann – ob bei der Arbeit oder im Zug, sogar am Strand. Außerdem macht es großen Spaß, sich seine Zukunft positiv vorzustellen, und man stärkt damit nicht zuletzt auch sein Selbstvertrauen. Ich bin in Bezug auf meine beruflichen und auch privaten Ziele permanent am Visualisieren. Es geht gar nicht mehr anders. Falls Du Dir beim Visualisieren von finanzieller Fülle oder bei irgendwelchen anderen Themen schwer tun solltest, dann bedeutet das lediglich, dass Du in dieser Richtung noch nicht sehr geübt bist.

Probiere folgendes aus. Konzentriere Dich auf einen funktionierenden Bereich Deines Lebens, wo Du einen unerschütterlichen Glauben an eine tolle Zukunft hast. Hier wirst Du bestimmt meist positive Gedanken haben und daher automatisch auch angenehme Bilder produzieren. Die gleiche Vorgehensweise braucht es ebenso für die mentalen Problemzonen. Das größte Geschenk, das wir uns machen können, ist das, einen unerschütterlichen Glauben an uns selbst zu entwickeln! Wie genau wir beim Visualisieren vorgehen, ist nicht wichtig. Die Hauptsache ist, dass wir uns dabei wohlfühlen. Zumindest nach einiger Zeit. Es ist völlig normal, dass am Anfang ziemlich große Widerstände auftauchen können und dass Du nichts lieber machen würdest, als sofort wieder mit dieser ungewohnten Sache aufzuhören.

Begleitumstände für erfolgreiches Visualisieren

Manchen Menschen hilft Musikbegleitung, andere bevorzugen völlige Stille. Einige richten sich eine „Visualisierungsecke" in der Wohnung ein, wo sie besonders gut entspannen können. Wer auf Räucherwerk abfährt, sollte es damit versuchen. Gerüche haben eine starke Wirkung. Die besten Zeiten für das Visualisieren sind morgens nach dem Aufstehen und abends vor dem Schlafengehen. Zu diesen Zeiten ist das Unbewusste besonders gut beeinflussbar. Außerdem ist es äußerst angenehm, abends einzuschlafen, während man an seine tolle Zukunft denkt. Falls Du Kinder hast, kannst Du morgens, sobald die Kinder in der Schule oder im Kindergarten sind, Deine Visualisierung durchführen. Ich bleibe nach dem Aufwachen oft noch fünf Minuten liegen, um mir im Geist meine Affirmationen für die berufliche und private Zukunft vorzusagen.

Die Dauer des Visualisierens ist nicht wirklich entscheidend – wichtig sind vor allem die emotionale Intensität und die Regelmäßigkeit! Falls Du es wirklich ernst meinst mit Deinem Streben nach Erfolg, solltest Du unbedingt so rasch wie möglich mit dem Visualisieren beginnen. Ein paar Minuten nur – abends oder morgens. Du kannst nichts falsch machen. Aber in dem Augenblick, wo Du nur eine Minute intensiv mit konstruktivem Visualisieren verbringst, hast Du schon gewonnen! Bitte setze Dich nicht unter Druck, weil Du schnelle Ergebnisse erzielen willst. „Gut Ding braucht Weile", heißt es doch so schön, und das gilt auch in diesem Zusammenhang.

Bei den spirituellen Business-Strategien werden wir erfahren, dass Dinge manchmal aus vollkommen anderen Ursachen passieren, als wir vermuten. Wir müssen uns sehr genau überlegen, warum wir etwas haben möchten und ob uns die Erfüllung unserer Wünsche auch wirklich glücklicher machen wird. Wir sollten uns im Klaren darüber sein, ob der ganze Aufwand, den ein Geschäftsaufbau und die Notwendigkeit, mit diesem Betrieb Geld zu verdienen, mit sich bringt, sich für uns auch tatsächlich lohnt. Denn nur wenn wir ein großes Ziel vor Augen haben, an das wir mit Begeisterung glauben können, wird es uns auch möglich sein, Durststrecken zu überwinden, die einfach zum selbstständigen Dasein dazugehören.

Wir haben nun über alles gesprochen, was wir an mentalen Business-Strategien brauchen. Jetzt geht es ans wirtschaftliche Handwerk. Ich stelle Dir nachstehend finanzielle Business-Strategien vor, die mein geschäftliches und finanzielles Leben vollkommen umgekrempelt haben.

FINANZIELLE BUSINESS-STRATEGIEN

MEIN EINSTIEG IN DIE MATERIE

Ich gehöre zu jener Spezies von Menschen, die immer schon selbstständig gearbeitet haben. Ich kenne das Dasein als Angestellte nicht. Ich bin da irgendwie vorbeigerutscht. Meine große Leidenschaft war bis Anfang dreißig meine Swingband und ihrem Gedeihen ordnete ich alles unter. So war es nur logisch, dass ich mir Jobs suchte, die sich mit meinem Musikerinnenleben vereinbaren ließen. Trotzdem war für mich immer klar, dass Musik allein mich nicht ausfüllen würde. Also begann ich nach meinem Psychologie-Studium, auf Auftragsbasis für unterschiedliche Unternehmen zu arbeiten.

Für psychologische Einzelberatungen bin ich nicht geschaffen, das war mir schnell klar. Da habe ich nicht die Geduld dafür und es ist nicht meine Leidenschaft. Ich brauche einen Rahmen, wo ich mit vielen Menschen zu tun habe. Aus diesem Grund absolvierte ich eine Ausbildung zur „diplomierten Wirtschaftstrainerin" und begann, als Trainerin zu arbeiten. Meine erste Station war ein Unternehmen, welches „arbeitsmarktpolitische Maßnahmen" im Angebot hatte. Kurz: Menschen, die ihren Job verloren hatten, wurden unter Androhung der Streichung ihres Arbeitslosengeldes gezwungen, an Schulungen teilzunehmen. Das war eine harte Lehre für mich, mein lieber Schwan! Es gibt nichts, was einen schonungsloser an seine eigenen Grenzen bringt, als eine Horde Menschen, die gezwungen ist, in einem Weiterbildungsseminar zu sitzen und darauf null Bock hat.

Ich erlebte eine ziemliche Diskrepanz. Im Musikbusiness wusste ich genau, wie es zu laufen hatte. Welche Musik ich spielen wollte, wie die Bandkleidung zu sein hatte, welche Zielgruppe ich bediente und was diese von mir erwartete. Im Trainerbusiness fühlte ich mich nicht so zu Hause und meine Kunden und deren Wünsche waren mir mal klarer, mal komplett fremd. Ich war einfach nur froh, wenn von irgendwoher ein Auftrag kam und ich gebucht wurde, egal, ob ich die Branche, den Kunden oder den Auftrag sympathisch fand.

Nach zwei Jahren als „Trainerin in der Erwachsenenbildung" – eine wohlmeinende Umschreibung für „Drill Sergeant für Lebenslauferstellung" – wurde ich rausgeschmissen, weil ich mit manchen politischen Entscheidungen nicht konform gehen konnte. Damals demonstrierte ich noch lauthals gegen Ungerechtigkeiten. Wenn ich heute an die seinerzeitige Veranstaltung mit 200 Leuten zurückdenke und an meine Statements aus der letzten Reihe, dann kann ich gut nachvollziehen, warum die Verantwortlichen zur Salzsäule erstarrten. Auch wenn ich meine Einwände nach wie vor für gerechtfertigt halte! Dazwischen schleppte ich noch so manche Tonanlage für einen Anlagenverleih durch die Gegend. Das war die Zeit, wo ich ausschließlich von den Auftritten lebte. Ich wollte beweisen, dass es geht. Die Frage an mich: „Kann man denn von Musik leben?", konnte ich hocherhobenen Hauptes mit „Ja" beantworten, obwohl es durch meine ständigen Arztkosten schon knapp war.

Ich bewarb mich dann für ein großes IT-Projekt, wo ich so viel verdiente wie nie zuvor. Ich lernte die wirtschaftlichen „Basics" (in meiner Trainerausbildung war von Controlling und Budgetierung nie die Rede gewesen), aber auch die Hackordnung und die Geldgeilheit innerhalb eines großen Projektes im öffentlichen Bereich kennen. Am liebsten hätte ich meinen Vertrag jeden Tag gekündigt, weil ich die Härte dieses Geschäfts nicht gewohnt war und alles zu sehr an mich heranließ. Aber nach wie vor kam ich nicht auf die Idee, mir endlich zu überlegen, wie die Kunden, für die ich gerne arbeiten würde, eigentlich sein sollten. Ich übernahm, ohne zu murren, jede Arbeit, die an mich herangetragen wurde, hielt Schulungen über SAP (das ist eine Unternehmens-Software) und bekam schließlich die ultimative Herausforderung und Heimsuchung für jede Trainerin und Beraterin: die Schulung von pragmatisierten Beamten! Es gibt sicherlich sehr engagierte Menschen in dieser Berufsform, ich aber hatte wirklich ein paar harte, demotivierte Nüsse zu knacken. Ich ging für 70 Euro pro Stunde durch die Hölle. Sie meinen, das ist viel Geld? Ich glaube, es war Schmerzensgeld. Zusätzlich wurde ich schon als Trainerin für Kommunikation, Konfliktlösung und Teamtraining von unterschiedlichen Unternehmen engagiert.

Ich war damals ständig auf Akquise, es gab kein Abschalten. Entweder wollte ich meine Band oder meine Trainingsleistungen verkaufen. Was das Musikgeschäft anging, war ich mehr als zufrieden, doch als Trainerin musste ich ständig irgendwelche Kompromisse eingehen. Da es meinen Trainerkollegen aber ähnlich ging, kam ich schließlich zu der Überzeugung, dass das halt zu meinem Job dazugehörte. Ich verdiente auf jeden Fall nicht schlecht in diesem Geschäft. Im Vergleich mit allen anderen Trainern und vor allem Trainerinnen war mein Tagessatz im oberen Bereich angesiedelt. Jedenfalls glaubte ich damals, dass es der obere Bereich war. Außerdem wurde ich gerne als Coach gebucht.

Ich wusste zwar, dass es so etwas wie ein hochbezahltes „Experts-Business“ gab, aber nie im Leben hätte ich mir träumen lassen, dass ich für dieses Geschäft geschaffen und meine Botschaft es wert wäre, vor großem Publikum verkündet zu werden. In diesem Zusammenhang sah ich vor meinem geistigen Auge hoch motivierte, dynamische Männer in gut geschnittenen Anzügen, die mit einem Headset auf einer Bühne auf und ab liefen und ihr größtenteils männliches Publikum anfeuerten. Sie sprachen über Karriere, Geld, Sein-Ding-Durchziehen, Erfolgreich-Sein. Auf der anderen Seite sah ich freundliche, weise, hell gekleidete Frauen, die in kuscheligen Seminarräumen über Weiblichkeit, innere Kinder, Versöhnung mit der Ur-Frau und finanziellen Energieausgleich sprachen. Ich passte in keine der beiden Schubladen hinein.

Ich hatte mich inzwischen von meiner Band „Five in Love with Betty“ getrennt, da mir klar geworden war, dass die Art und Weise, wie die Zusammenarbeit mit den Musikern lief, für mich langfristig nicht mehr tragbar war. Bald hatte ich wieder eine Band zusammengestellt, „Bettys Swingclub“, wo ich und meine Musiker zwei Jahre lang wieder für Furore sorgten. Ich kann einfach nicht ohne Musik leben! Nach wie vor war ich ausschließlich Pianistin und sang nur ein bisschen im Hintergrund mit. Irgendwann kam mir die Idee, dass ich doch singen lernen könnte. Ich kontaktierte eine befreundete Sängerin, die die gleiche Musik spielte wie ich. Ich bekam genau zwei Gesangsstunden. Dann saßen wir beide zusammen und überlegten, wie wir unsere Talente in einer gemeinsamen Band bündeln könnten. Der Rest ist Geschichte. Nach wie vor spielen wir mit der gleichen Leidenschaft Swing, Jive und Rhythm and Blues wie am Beginn unserer Karriere. Die Band „Swinging Ladies DeLuxe!“ ist die wunderbarste, harmonischste

Band, die man sich vorstellen kann. Schau ins Internet oder auf Facebook, da findest Du uns!

Ich verdiente auch als Musikerin sehr gut, bis uns die Wirtschaftskrise 2008 einen Strich durch die Rechnung machte. Von heute auf morgen brach unser Musikbusiness zusammen. Ich war jetzt hauptsächlich als Management Coach und Trainerin unterwegs und wurde von Monat zu Monat unzufriedener. Warum? Ich hatte den Ausgleich durch Musik nicht mehr und musste mir eingestehen, dass das reine Trainingsbusiness mich nicht befriedigte. Ich konnte mich immer weniger mit den Rahmenbedingungen abfinden. Nach wie vor kam ich nicht auf die Idee, mir zu überlegen, mit welchen Kunden ich zusammenarbeiten wollte und was genau mein Leidenschaft als Trainerin sein könnte.

Bis ich 2009 John Assaraf und seinen Business-Prozess kennenlernte. Die Erkenntnis, dass ich bisher nur irgendwie dahingedümpelt war und keine Ahnung vom richtigen Geschäft und meinen Idealkunden hatte, traf mich wie ein Hammerschlag. Eine Welt der unbegrenzten Möglichkeiten tat sich plötzlich auf. Ich bekam genaue Anleitungen, wie ich mir mein Traumgeschäft aufbauen konnte. Es gab und gibt nichts Vergleichbares im deutschsprachigen Raum. Dank Internet und guter Englischkenntnisse lernte ich immer mehr Experten und unterschiedliche Geschäftsmodelle kennen. Ich schrieb mich für ein Online Coaching Programm bei John Assaraf ein (das Teuerste, was ich mir bis zu diesem Zeitpunkt jemals geleistet hatte) und taumelte durch ein neues Business-Universum. Endlich verband jemand Mentaltraining mit handfesten, nachvollziehbaren Business-Strategien, speziell ausgerichtet auf kleine Unternehmen.

Nach drei Monaten beschloss ich, es sei Zeit, wirklich Geld zu investieren und nahm mir einen Top Coach, der mich dabei unterstützen sollte, meine Ziele so rasch wie möglich zu verwirklichen. Das war die beste Entscheidung, die ich je getroffen habe. Seither habe ich immer einen Coach an meiner Seite, der mir hilft, mich weiterzuentwickeln und der mich bei der Stange hält, wenn ich mal nicht besonders viel Lust oder einen Durchhänger habe.

Mein derzeitiger Coach ist ein unverzichtbarer Bestandteil meines Erfolges. Sie ist immer für mich da und hilft mir höflich, aber sehr bestimmt, wenn ich beginne, mir selbst leidzutun. Sie ist das Geld, das ich ihr bezahle, zehnmal wert. Ihre Aufgabe ist es, dafür zu sorgen, dass ich meine Ziele erreiche oder mir größere stecke, als ich im Moment für möglich halte. Sie macht mich fit für das ganz große Geschäft und weiß auf alle geschäftlichen Fragen eine Antwort.

Aber wie bin ich überhaupt zur Expertin für mentale, finanzielle und spirituelle Business-Strategien geworden? Welche Schritte habe ich gesetzt – und in welcher

Reihenfolge, um ein florierendes Unternehmen zu schaffen, das mir einerseits ein stetig wachsendes passives Einkommen beschert und andererseits die Möglichkeit gibt, dazu beizutragen, dass die Welt ein besserer Ort wird? Begonnen hat alles mit der Identifizierung des Idealkundenprofils, dem Herausfinden meiner Leidenschaft und der Bestimmung meines Nischenmarktes.

Und jetzt bist Du an der Reihe. Ich werde Dich mit allem bekannt machen, was Du an wirtschaftlichem Handwerk brauchst, um Dein Geschäft aufbauen und damit viel Geld verdienen zu können. Jeden einzelnen Bereich kann man natürlich noch vertiefen, für den Anfang ist jedoch das, was hier in diesem Buch steht, mehr als ausreichend. An dieser Stelle meine absolute Hochachtung für alle meine Lehrer und Coaches, die die meisten dieser Strategien entwickelt haben!

DAS IDEALKUNDENPROFIL (IKP)

Würdest Du nicht gerne wissen wollen,

- mit welchem Kunden Du auch wirklich Geschäfte machen willst?
- welcher Kunde genau das will, was Du anbietest?
- wer den größtmöglichen Gewinn bringt?
- welcher Kunde am leichtesten zu finden ist, welchem Kunden man am leichtesten etwas verkaufen kann und welcher Kunde am kooperativsten ist?
- wer Dir am längsten treu bleibt und in diesem Zeitabschnitt freudig das meiste Geld bei Dir lässt?

Um das herauszufinden, gibt es das Idealkundenprofil. Das Idealkundenprofil ist das Herzstück eines jeden Unternehmens. Wenn Du diesen Prozess einmal verstanden hast, dann kannst Du ihn immer wieder verwenden, für jeden Bereich Deines Geschäftes. Die meisten Selbstständigen denken, dass ihre Produkte und Dienstleistungen von fast allen Menschen gebraucht werden. Jeder braucht mal: Massagen, Coaching, Biokosmetik, Steuerberatung, Familienaufstellungen, Essen, Nachhilfestunden, Websites, Marketing ... die Liste ließe sich endlos fortsetzen. So gehen wir hinaus und bieten unsere Leistungen allen an. Genau das ist der Grund, warum wir nicht erfolgreich sind und es so mühsam ist, neue Kunden zu gewinnen und zu halten. Ein großes Geheimnis gleich vorweg: Die einzige Möglichkeit, als Einzelunternehmerin oder Inhaberin eines kleines Unternehmens erfolgreich zu werden, ist, sich zu spezialisieren. Für eine One-Woman-Show gelten andere Regeln als für große Konzerne und Firmen mit Dutzenden Angestellten.

Es gibt drei Erfolgsgeheimnisse für Dein Geschäft:

- Es muss einzigartig sein.
- Es muss einen außergewöhnlichen Wert für den Kunden haben.
- Du musst seine Einzigartigkeit und seinen Wert effektiv kommunizieren können.

Gerade der letzte Punkt ist bei den meisten Selbstständigen nur mikrobenhaft vorhanden. Bevor wir uns an die Kommunikationsstrategien machen, brauchen wir aber unseren idealen Kunden. Das Idealkundenprofil setzt sich aus zwei Komponenten zusammen, den demographischen und den psychographischen Daten. Die demographischen Daten beschreiben physische Merkmale, wie Alter, Familienstand, Einkommen, Arbeitsverhältnis. Sie beschreiben den Kunden, der das braucht, was Du verkaufst. Die psychographischen Daten bezeichnen die Motivatoren, d. h. die emotionalen Beweggründe, warum ein Kunde das kauft, was Du anbietest. Kurz – sie sind die Charakteristika jenes Kunden, der das will, was Du verkaufst. Kunden kaufen das, was sie wollen, nicht was sie brauchen. Deine Aufgabe ist es, ihnen das zu verkaufen, was sie haben wollen und ihnen zu geben, was sie brauchen. Das werden wir wohl hinkriegen!

B2C? B2B?

Es gibt zwei Arten, Geschäfte zu machen: Business to Customer (B2C), wo Du an den Endkunden verkaufst oder Business to Business (B2B), wo Du an Firmen verkaufst. Das macht einen Unterschied im Idealkundenprofil. Je nachdem, ob Du an andere Firmen verkaufst oder an Endkunden, wirst Du andere Fragen stellen müssen, um zu Deinem Profil zu kommen.

Falls bei Dir beide Möglichkeiten in Betracht kommen, so wählst Du den Bereich, der Dir derzeit die höchsten Verkaufszahlen beschert oder den, wohin Du Dich entwickeln willst. Zunächst betrachten wir Business to Customer (B2C), in einem späteren Kapitel gehen wir auf die abweichenden Bedürfnisse von Business to Business (B2B) ein.

DAS DEMOGRAPHISCHE PROFIL

Folgende Daten sind für das demographische Profil wichtig:

Überlege, mit welchen Kunden Du tagaus, tagein zu tun hast und mach bitte möglichst genaue Angaben über Deine „derzeitigen“ Kunden.

- Wenn Du an Endkunden verkaufst, handelt es sich dabei hauptsächlich um Männer oder um Frauen oder ist Deine Kundschaft gemischt – 50/50, 70/30 80/20?
- Handelt es sich um eine gewisse Altersgruppe, die bei Dir kauft, z. B. zwischen 35 und 55 Jahren, oder um Teenager oder die Generation 60+?
- Sind die meisten Deiner Kunden typische Singles oder verheiratet/geschieden?
- Sind sie angestellt oder selbstständig? Oder arbeiten sie gar nicht?
- Welches Einkommensniveau haben Deine Kunden? (Es ist ziemlich schwierig, an Einkommensdaten heranzukommen. Wenn Du diese nicht kennst, dann schätze einfach.)

Diese Informationen werden äußerst hilfreich sein, wenn wir uns später damit befassen, wie Du Deinen idealen Kunden erreichen kannst und wie Du ihm dann begegnen wirst. Demographische Informationen können eine große Rolle dabei spielen, die richtige Marketing-Botschaft aufzubereiten: Um eine 20-jährige Frau zu erreichen, bedarf es einer ganz anderen Botschaft als bei einem 65-jährigen Mann, und Du wirst auch auf völlig unterschiedliche Weise um Singles und um Verheiratete werben.

Gib Dein Bestes beim Erforschen der typischen Merkmale jenes Kunden, der derzeit bereits Geschäfte mit Dir macht. Geh im Geiste Deine vergangenen und gegenwärtigen Kunden durch und erstelle dann das demographische Profil. Damit Du es Dir besser vorstellen kannst, gehen wir gemeinsam ein Beispiel durch. Die meisten meiner Beispiele sind aus meinem eigenen Business. Hin und wieder greife ich auf andere zurück, wenn sie mich einfach begeistern. Ich habe meine Kundin mit der Shiatsu-Praxis (eine Art Heilmassage) als Beispiel ausgesucht. Zuerst mussten wir überlegen, welche Menschen eine Shiatsu-Behandlung brauchen. Wir verwendeten die zuvor genannten Eckdaten und kamen zu folgendem Ergebnis:

Geschlecht: egal
Alter: 20–80
Familienstand: egal
Kinder: egal
Beruf: egal
Einkommen: ab 10.000 netto

Diese Daten trafen auf 80 % der Bevölkerung zu. Für 20 % kam das Massageangebot nicht in Frage. Eigentlich toll, dachte sich meine Kundin, bis ich ihr Paretos Prinzip vorstellte.

DAS PARETOPRINZIP

Dieses Prinzip wurde nach Vilfredo Pareto (1848–1923), Nationalökonom und Soziologe italienischer Herkunft, benannt. Er fand heraus, dass es ein fast überall anwendbares Prinzip gibt, und zwar die 80/20 Verteilung. Selbst bei unserem Körper können wir das Prinzip anwenden. Wir bestehen zu 79 % aus Wasser und vereinfacht gesagt nur zu 21 % aus festen Bestandteilen. Was bedeutet das Prinzip wirtschaftlich betrachtet? Pareto beschäftigte sich mit der Verteilung von Reichtum und Einkommen im England des 19. Jahrhunderts. Dabei beobachtete Pareto ein wiederkehrendes mathematisches Verhältnis zwischen dem Anteil von Personen (einem Prozentsatz der gesamten relevanten Bevölkerung) und der Höhe des Einkommens bzw. Reichtums dieser Gruppe. Er fand heraus, dass 20 % der Bevölkerung 80 % des Reichtums besaßen. Dabei kommt es weniger auf die genaue Prozentverteilung an, als auf die Tatsache, dass die Reichtumsverteilung in der Bevölkerung berechenbar unausgewogen ist. Das galt nicht nur für England. Mit mathematischer Präzision bestätigte Pareto diesen Sachverhalt für Daten aus verschiedenen Zeiten und Ländern. Das Prinzip kann man auf unterschiedlichen Ebenen anwenden:

Ursache → Wirkung
Aufwand → Ertrag
Anstrengung → Ergebnis

Denken wir nur mal an unseren Kleiderkasten. Wie viele tolle, umwerfende Stücke hängen da? Und wie oft ziehen wir diese Outfits, die so sexy sind, an? Die meisten bleiben im Kasten hängen. Um mit Paretos Worten zu sprechen: 20 % unserer Kleider (oder Schuhe) tragen wir in 80 % unserer Zeit. Tatsächlich! Zumindest 80 % der Frauen. Was hat das jetzt mit unserem Business zu tun? Verdammt viel, denn 20 % unserer Kunden sind für 80 % unseres Umsatzes verantwortlich. Wenn wir es schaffen, mehr von diesen 20 % für uns zu gewinnen, steigt der Umsatz unseres Geschäftes logischerweise viel schneller, als wenn wir weiter mit der herkömmlichen Kundengruppe arbeiten. Es bedeutet auch, dass unter unseren derzeitigen Kunden schon Idealkunden versteckt sind.

Würden die demographischen Daten für das Massageinstitut ausreichen, um das Geschäft richtig in Gang zu bringen? Nein. Die demographischen Daten machen gerade mal 10 % des Geschäftserfolgs aus. Wir brauchen daher Daten, die tiefer gehen.

DAS PSYCHOGRAPHISCHE PROFIL

Um die psychographischen Daten herauszufinden, müssen wir erstens wissen, was die Kunden wirklich wollen. Welche Probleme wollen sie mit dem, was sie kaufen, gelöst haben? Zweitens – und jetzt wird es spannend – müssen wir uns überlegen, was wir von unseren Kunden wollen! Wir müssen jene Kunden finden, mit denen wir zusammenarbeiten wollen, jene, die uns wegen unserer Produkte und Dienstleistungen das Gefühl geben, ein Geschenk des Himmels zu sein. Sie sollen unser Geschäft lieben und uns an alle weiterempfehlen, die sie kennen. Das ist das beste, günstigste und effektivste Marketing, das es gibt. Was also wollen unsere Kunden?

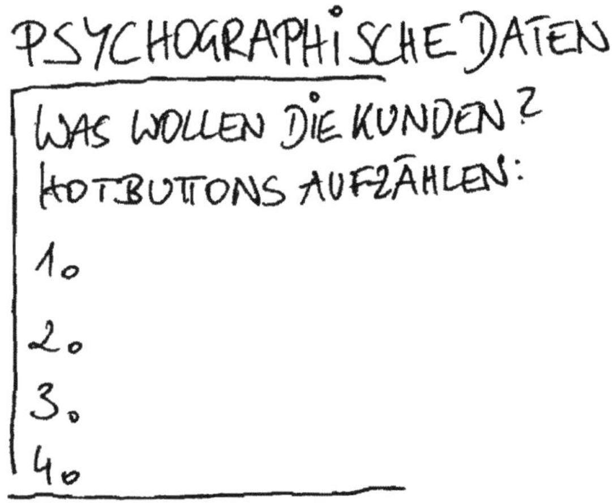

Zieh Dir die Schuhe Deiner Kunden an! Versuche, Dich so gut wie möglich in Deine Kunden einzufühlen und überlege genau, welche Probleme (Hot Buttons) sie haben könnten. Dass sie Probleme haben, steht fest. Jedes Produkt oder jede Dienstleistung soll ein Problem lösen. Nimm ein Blatt Papier zur Hand und schreib bis zu 15 Wünsche und Bedürfnisse auf, die Deinen Kunden wichtig sind. Versuche, so präzise wie möglich zu sein. Danach wählst Du drei oder vier der wichtigsten Hot Buttons Deiner Kunden aus. Es ist absolut entscheidend, dass Du eine klares und aussagekräftiges Bild von den Wünschen und Bedürfnissen Deines „idealen“ Kunden hast. Wie war das psychographische Profil der Shiatsu-Kunden? Die Hot Buttons waren:

- Ich möchte keine Schmerzen mehr haben.
- Ich möchte ohne gesundheitliche Einschränkungen leben können.
- Ich möchte absolutes Vertrauen zu der Therapeutin haben können.

- Ich möchte eine Garantie haben, dass mir die Behandlung hilft.

Was wollte die Shiatsu-Therapeutin von ihren Kunden? – Sie wollte nur mehr mit Kunden zusammenarbeiten, die bereit waren, an sich persönlich zu arbeiten. Shiatsu ist eine ganzheitliche Behandlungsart. Viele Kunden mit gesundheitlichen Beschwerden gehen zu einem Experten und glauben, dass sie nichts anderes zu tun hätten, als sich behandeln zu lassen. Manche Kunden können ziemlich verstört reagieren, wenn man ihnen sagt, dass ihre Beschwerden von anderen Gründen als organischen herrühren können. Meine Kundin wollte sich nicht mehr mit dieser Art Kundschaft herumschlagen. Sie wollte Kunden haben, die bereitwillig das zahlten, was sie verlangte. Sie sollten ihre Art der Behandlung schätzen und ihre Ratschläge beherzigen. Sie wollte mit ihren Klienten in einem längeren, eigenverantwortlichen Prozess arbeiten, der die übliche Tätigkeit einer Shiatsu-Praktikerin weit überschreitet.

Die meisten Selbstständigen wollen immer alles für jeden sein. Sie enden damit, dass sie nichts für niemanden sind und nur über den Preis konkurrieren. Kunden kaufen jedoch nicht über den Preis, sondern ausschließlich über den Wert. Einer der größten Irrtümer liegt darin, dass wir überzeugt sind, der Preis sei ausschlaggebend. Das ist nicht richtig. Wert ist für die Kunden gleichgesetzt mit der Lösung der größten Probleme, Frustrationen, Bedenken oder Ängste, die sie haben, wenn sie das erwerben, was wir verkaufen. Wenn der Wert den Preis übersteigt, dann kaufen die Kunden, ohne mit der Wimper zu zucken.

OHNE LEIDENSCHAFT GEHT GAR NICHTS

Um wirklich Freude an Deinem Geschäft zu haben und auch bereit zu sein, all die Nachteile in Kauf zu nehmen, die diese Art zu leben mit sich bringt, musst Du herausfinden, wofür Du wirklich Leidenschaft empfindest. Du musst von dem, was Du tust, absolut begeistert sein, sonst kannst und willst Du für Deine Kunden nicht alles geben. Wenn Du mit einem Business startest, dann überlege Dir ganz genau, was Du tun willst.

Ich habe mich jahrelang nicht getraut, spirituelle und mentale Strategien in meine Wirtschaftsseminare einzubringen. Ich war überzeugt, dass das die toughen Manager nicht interessiert und sie mich für unprofessionell halten würden. So spaltete ich mich auf, bot für ein paar Leute Seminare mit meinen Lieblingsinhalten an und machte weiter meine normalen Businesstrainings. Irgendwann hielt ich es nicht mehr aus und begann, Teile meiner Privatseminare in die Businessseminare einzubauen. Das Erstaunliche war, dass genau das von meinen Kunden als extrem bereichernd und außergewöhnlich empfunden wurde. Wie konnte das sein? Ganz einfach: Ich hatte keine Ahnung von den wirklichen Wünschen und Bedürfnissen meiner Kunden gehabt.

Es ist wichtig, dass Du Dich nie davon abhalten lässt, mit Deiner Passion Geld zu verdienen, egal was andere Menschen darüber zu sagen haben. Außerdem ist es vollkommen gleichgültig, was Du tust, Du kannst mit allem viel Geld verdienen. Du musst nur Schritt für Schritt all das machen, was es braucht, um erfolgreich zu sein. Die genialsten Erfinder waren meist arme Schlucker, weil sie nicht wussten, wie sie ihre Erfindungen zu Geld machen konnten. Reich wurden jene Menschen, die über Verkaufs- und Vertriebs-Know-how verfügten und die Disziplin hatten, die Aufbauzeit durchzustehen. Ob sie das Geld auch behalten haben oder ein glückliches Leben geführt haben, ist eine andere Geschichte.

Die Antwort, wie jemand nachhaltig und glücklich wohlhabend sein kann, finden wir in den spirituellen Strategien. Dazu kommen wir im dritten Teil des Buches. Du kannst Dir problemlos alle Business-Strategien aneignen. Es ist keine komplizierte Wissenschaft, die man über Jahre studieren muss, und jeder willige Student wird zugelassen. Das große Hindernis besteht darin, dass wir Frauen einen Hang dazu haben, uns nicht mit Geldangelegenheiten auseinandersetzen zu wollen. Wir sind Meisterinnen im Umgang mit wenig Geld und im Sparen, aber wir vermeiden konsequent die Gedanken an Reichtum und an das Handwerkszeug, das es braucht, um dorthin zu gelangen. Lass Dich bei der Wahl Deiner Marktnische auf keinen Fall von irgendwas oder irgendwem abhalten. Tu ausschließlich das, was Dein Herz erfreut und das, von dem Du Dir vorstellen kannst, es in zehn Jahren noch immer zu tun.

Wir Frauen versuchen ständig, alles für alle zu sein, aus Angst, Aufträge und Kunden zu verlieren. Wir glauben, je besser wir alle Bedürfnisse der Kundschaft erfüllen, desto mehr Geschäft werden wir machen. Das ist der größte Irrtum. Wir machen 80 % unseres Umsatzes mit 20 % unserer Kunden. Also bringen 80 % der Kunden nur 20 % des Umsatzes, verursachen aber genauso viel oder mehr Arbeit wie die Kunden, die den meisten Umsatz bringen. Überlege:

- Welche der Bedürfnisse und Wünsche Deiner Kunden kannst und willst Du wirklich abdecken?
- Welche erfüllst Du nur widerwillig?

- Welche bedeuten einen großen Mehraufwand und bringen keinen zusätzlichen Umsatz?

Schmeiße alles über Bord, was Du widerwillig tust. Es kostet unnötige Energie, die Du woanders gewinnbringender einsetzen könntest. Bring Dich selbst nicht in die Situation, eines Tages sagen zu müssen: Hätte ich mich nur getraut, meiner Leidenschaft zu folgen. Ich garantiere Dir, dass Du mit dem, was Du willst, auch zu Wohlstand kommen kannst. Du musst nur wissen wie und dann entsprechend handeln.

NISCHENMARKT

Um richtig erfolgreich zu sein, muss Dein Geschäft einzigartig sein und massiven Wert für den Kunden bringen. Was aber ist „einzigartig"? Das ist die Eine-Million-Euro-Frage. Wenn Du die beantworten kannst, kannst Du auch eine Million Euro damit verdienen. Einzigartigkeit kannst Du nicht im Mainstream-Business erlangen. Das Geheimnis liegt in der Spezialisierung. Je spezieller und einzigartiger Deine Produkte oder Dienstleistungen sind, desto besser kannst Du Deinen Nischenmarkt bedienen. Es gibt Kunden genau für diesen Markt und diese werden Dich durch das Idealkundenprofil finden.

Der einzige Grund, warum Kunden Geschäfte mit Dir machen, ist der, dass sie gewisse Wünsche oder Bedürfnisse erfüllt bekommen wollen. Sie erwarten von Dir, dass Du ein spezifisches Problem in ihrem Leben für sie löst. Finde heraus, worum es sich bei diesen Bedürfnissen handelt, und befriedige diese besser als jeder andere – und Du wirst Deinen kompletten Markt dominieren. Deine Mitbewerber werden niemals wirklich begreifen können, was da passiert. Es ist nur wichtig, dass Du für dieses spezifische Problem die beste Lösung gefunden hast.

Wie findest Du Deinen persönlichen Nischenmarkt? Du nimmst das psychographische Profil zur Hand und schaust Dir die vier oder fünf Hot Buttons an. Welcher spricht Dich am meisten an? Wo findest Du Dich am ehesten wieder? Nehmen wir unsere Shiatsu-Therapeutin als Beispiel. Die Hot Buttons ihrer Kunden waren:

- Ich möchte keine Schmerzen mehr haben.
- Ich möchte ohne gesundheitliche Einschränkungen leben können.
- Ich möchte wirklich wissen, woher meine Beschwerden kommen, und in einer vertrauensvollen Atmosphäre die Ursachen herausfinden.
- Ich möchte eine Garantie, dass mir die Behandlung hilft.

Die Leidenschaft der Therapeutin galt dem Aufbau einer vertrauensvollen, geschützten Atmosphäre und einer längerfristigen Behandlung, bei der sie nicht nur die körperlichen, sondern auch die psychischen Probleme ihrer Klienten behandeln konnte. Sie wünschte sich von ihren Kunden bedingungsloses Vertrauen und genügend Zeit, um ihr Bestes geben zu können und damit die Möglichkeit zu haben, ihre Klienten nachhaltig von ihren Beschwerden befreien zu können.

Wähle Deine Leidenschaft nicht unter der Prämisse der finanziellen Verwertbarkeit aus. Lass Dich nicht verführen und sei ehrlich zu Dir selbst. Diese Ehrlichkeit wird Dir und Deinen Kunden später viel Freude bringen. Unser Gehirn und unser Körper funktionieren wie am Schnürchen, wenn wir mit Leidenschaft und Freude dabei sind. Wenn Du Dich jedoch mit Kunden abplagen musst, die widerwillig oder gezwungenermaßen Deine Produkte und Dienstleistungen kaufen, weil sie diese halt benötigen, dann brauchst Du viel mehr Energie, fühlst Dich ausgelaugt und hast keinen Spaß an Deiner Arbeit.

DAS ÜBERARBEITETE DEMOGRAPHISCHE PROFIL

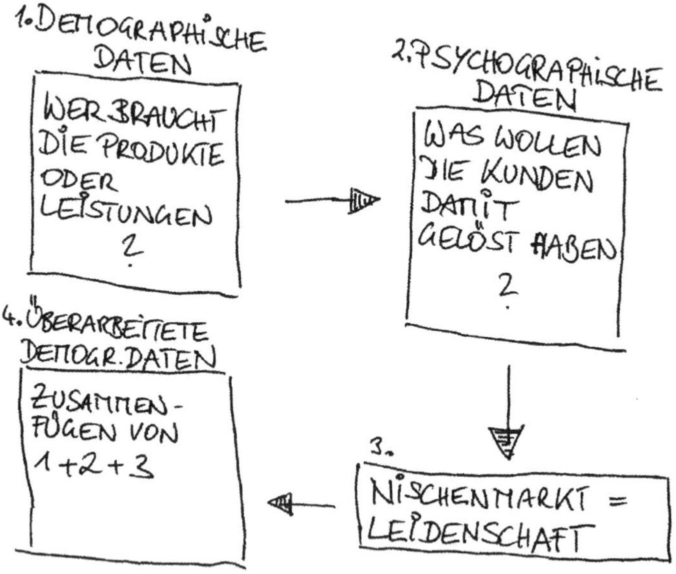

Wenn Du herausgefunden hast, wofür Du Dich wirklich begeistern kannst, dann nimm das demographische Profil nochmals zur Hand und vergleiche es mit den dazugewonnenen Daten. Mit ziemlicher Sicherheit wird es nicht mehr passen. Überprüfe jeden einzelnen Punkt und ändere ihn so ab, dass er Deiner wahren Leidenschaft und auch Deinen Wunschvorstellungen bezüglich Deines idealen Kunden gerecht wird.

Bei unserer Shiatsu-Therapeutin sah das dann folgendermaßen aus:

Vorher:

Geschlecht: egal
Alter: 20–80
Familienstand: egal
Kinder: egal
Beruf: egal
Einkommen: ab 10.000 netto

Nachher:

Geschlecht: weiblich
Alter: 30–55
Familienstand: egal
Kinder: egal
Beruf: angestellt/selbstständig
Einkommen: ab 20.000 netto

Aus welchen Gründen entschied sich meine Kundin für dieses Profil? Ihr war klar geworden, dass die meisten ihrer bisherigen Kunden Frauen waren und es viel leichter war, mit ihnen an psychischen Themen zu arbeiten als mit Männern. Sie sind offener und bereit, mehr Zeit zu investieren, damit sie von ihren Beschwerden befreit werden. Sie wünschen sich eine liebevolle Atmosphäre, damit sie in Sicherheit an ihren Themen arbeiten können. Meiner Kundin wurde durch die Analyse klar, dass Frauen, die ihr Geld selbst verdienten, verlässlicher darin waren, den Prozess durchzuhalten. Eine wichtige Erkenntnis war, dass der Preis bei weitem keine so große Rolle spielte, wie sie vermutete. Sie wollte mehr pro Stunde verlangen, deshalb achtete sie auf das Einkommensniveau. Menschen vor dem 30. Lebensjahr sind viel seltener in Heilpraxen zu finden, weil die Beschwerden oft noch nicht chronisch sind. Das

Bewusstsein über das Vorhandensein von negativen psychischen Mustern beginnt oft erst ab 30 oder wenn Kinder kommen. Sie wollte engagierte Kundinnen, die bereit waren, nochmals neu anzufangen und ihr Leben, wenn nötig, zu ändern. Sie hatte die Erfahrung gemacht, dass Kundinnen bis maximal 55 den Drive hatten, das durchzuziehen.

Was denkst Du, wie die Marketingbotschaft einschlagen wird, wenn sie speziell auf diese Zielgruppe und deren Bedürfnisse zurechtgeschneidert ist? Meine Kundin wusste kristallklar, wer ihre Idealkundin war, und konnte schon beim Erstgespräch herausfinden, ob es sich lohnte, Energie zu investieren. Sie sagte ihren Kundinnen auch klipp und klar, wie sie arbeitete und dass sie mindestens fünf Behandlungen machen müssten. So trennte sich automatisch die Spreu vom Weizen. Sie zog immer mehr ihrer Idealkundinnen an, verdiente mehr und hatte mehr Spaß an ihrer Arbeit. Die Heilungserfolge waren drastisch gestiegen und so auch die Weiterempfehlungsrate.

Wenn Du das überarbeitete demographische Profil hast, dann bist Du allein mit diesen Analysen Deinen Mitbewerbern schon weit voraus. Wer, glaubst Du, macht so etwas? Ich kenne fast niemanden. Das Idealkundenprofil ist nicht statisch. Du kannst es immer wieder verfeinern. Deine Erfahrungen liefern Dir wertvolle Hinweise dafür.

BUSINESS TO BUSINESS (B2B)

In den vorigen Kapiteln haben wir uns der Geschäftsbeziehung Business to Customer (B2C) gewidmet und die Konzepte erlebt, die auch für ein Gelingen von Business to Business (B2B) entscheidend ist. Nun gehen wir auf das ein, was B2B auszeichnet. Wenn Du nun etwas an andere Unternehmen verkaufst, sehen die demographischen Daten anders aus. Du brauchst Informationen über:

- Unternehmensstruktur (GmbH, AG, KG, KMU, Franchise ...)
- Produkte und/oder Dienstleistungen
- Anzahl der Angestellten
- Dauer der Marktpräsenz
- Verkaufsmarkt (national und/oder international)
- Jahresumsatz

Jetzt wollen wir wissen, wie B2B funktioniert. Ich nehme wieder das Beispiel einer Kundin von mir. Sie leitet ein Unternehmen, das unter anderem hochwertige und außergewöhnliche Porzellanfliesen herstellt. Welche Betriebe brauchen Fliesen? Bad- und Wellness-Ausstatter, große Bauträger, Architekten, Baumärkte, Spezialgeschäfte.

- Unternehmensstruktur: Einzelunternehmen, GmbH
- Produkte und/oder Dienstleistungen: Weiterverkauf, Ausstatter
- Anzahl der Angestellten: 1–500
- Dauer der Marktpräsenz: egal
- Standorte/Filialen: einer oder mehrere Standorte/Filialen
- Verkaufsmarkt (national und/oder international): beides
- Jahresumsatz: 200 000–3 000 000 (und mehr)

Sie fand heraus, dass Hafner und Wellness-Ausstatter ihre Idealkunden waren. Achtung! Dazu brauchte es zwei IKPs (Idealkundenprofile). Wenn Du unterschiedliche Produktlinien hast, kann es sein, dass sie vollkommen unterschiedliche Kunden ansprechen. Achte darauf, dass Du für jedes Segment ein eigenes IKP machst. Meine Kundin arbeitete zuerst am Profil für die Hafner und ermittelte die Hot Buttons anhand der demographischen und psychografischen Daten. Demographische Daten:

- Unternehmensstruktur: Klein- und Mittelbetrieb
- Produkte und/oder Dienstleistungen: Fliesen und Design
- Anzahl der Angestellten: 2–20
- Dauer der Marktpräsenz: egal
- Verkaufsmarkt (national und/oder international): egal
- Jahresumsatz: „eher überschaubar“

Die Firmeneigner waren zu 90 % männlich, zwischen 35 und 55 Jahre alt.

Psychographische Daten:

- Sie wollen Fliesen, die einzigartig im Design sind.
- Sie wollen Fliesen, die günstiger sind als die handelsüblichen Kacheln oder handgefertigte Fliesen von Keramikern.
- Sie brauchen modernes, zeitgemäßes Design; eine Weiterentwicklung bzw. Ergänzung großformatigen Fliesen.

- Sie wollen einen „Eyecatcher“ (mit wenig Aufwand den größtmöglichen Effekt erzielen).

Wie kam sie zu den Antworten? – Sie stellte sich folgende Fragen: Welche Unternehmen brauchen Fliesen? Möchte man große Mengen zu billigen Preisen verkaufen, ist man bei Firmen, die mehrere Filialen und große Kundenströme zu verzeichnen haben, besser aufgehoben, als wenn man exklusive hochwertige Produkte anbietet. Letztere sind wiederum prädestiniert für kleine, auf kaufkräftige Kunden spezialisierte Geschäfte. Was für Produkte und Dienstleistungen bieten diese Unternehmen an? Wie viele Mitarbeiter haben sie? Handelt es sich um ein neues, innovatives Unternehmen oder ist die Firma schon lange auf dem Markt und für traditionelle, preisgünstige Produkte bekannt?

Die Leidenschaft meiner Kundin ist es, mit außergewöhnlichem Design und einer spezifischen Gestaltung und Farbenvielfalt noch nie dagewesene Produkte in höchster Qualität zu kreieren. Durch die Identifizierung ihrer Leidenschaft änderten sich die demographischen Daten.

Demographische Daten:

- Unternehmensstruktur: Kleinbetrieb
- Produkte und/oder Dienstleistungen: Fliesen und außergewöhnliches Design
- Anzahl der Angestellten: 1–10
- Dauer der Marktpräsenz: maximal 10 Jahre oder jünger
- Verkaufsmarkt (national und/oder international): national
- Jahresumsatz: „eher überschaubar“

So konnte sie ihren Idealkunden einkreisen und eine gezielte Marketingbotschaft erarbeiten.

DIE GESETZE DES VERKAUFS

Es gibt zehntausende Seiten und tonnenweise Bücher über die Kunst des Verkaufens. Ich kann Dich nur ermutigen, Dich hier schlau zu machen und Dich ständig weiterzubilden. Obwohl ich selbst schon viele Verkaufsseminare gehalten habe, fühle ich mich diesbezüglich nach wie vor wie eine Studentin im ersten Semester. Ich bewundere Menschen, die diese Kunst perfekt beherrschen. Ich habe fünf Gesetze identifiziert, die uns – wenn wir sie berücksichtigen – sehr weiterhelfen.

Erstes Gesetz

> *Hab Spaß daran zu verkaufen und Deine Kunden mit Deinen Produkten und Dienstleistungen glücklich zu machen.*

Das ist die Basis. Falls Du Schwierigkeiten mit Gesetz Nummer 1 hast, kannst Du Dir eine entsprechende Affirmation basteln, die Du täglich sooft wie möglich im Geist wiederholst oder laut aufsagst.

Hilfreich wäre, alle Gesetze aufzuschreiben und an einer dominanten Stelle zu platzieren: an der Kühlschranktür, auf der Schreibtischplatte oder als Bildschirmschoner!

Zweites Gesetz

Kunden kaufen immer das, was sie wollen, nicht das, was sie brauchen.

Kunden kaufen aufgrund von Emotionen. Allerdings versuchen sie, logische Argumente für den Kauf zu finden. Wir brauchen nur an die vielen unnötigen Paar Schuhe zu denken, die sich bei uns zu Hause stapeln. Also ehrlich, brauchen tun wir vielleicht 6–7 Paar davon, die anderen 347 wollten wir einfach haben. Und diese Käufe erklären wir fassungslosen Männern durchwegs mit logischen Argumenten. „Dieses Paar hochhackiger Schuhe aus gold-silber-farbenem Brokat mit grünen Schleifen brauche ich wirklich. Wenn ich die Tasche trage aus grünem Lackleder mit der silbernen Schnalle, kann ich einfach keine anderen Schuhe dazu tragen." Vollkommen irrelevant, dass die Tasche seit 10 Jahren im Kasten liegt und wir nicht vorhaben, sie jemals zu tragen. Aber wenn wir es denn doch täten, wären wir Gott sei Dank mit einem passenden Paar Schuhe ausgerüstet. Wir haben aus rein emotionalen Gründen gekauft. Das Gleiche gilt übrigens für die Herren; die machen ein ähnliches Theater mit Werkzeugen oder elektronischem Schnickschnack. Wir Frauen können das ebenso wenig nachvollziehen, wie die Herren den Schuh- und Handtaschentick.

Drittes Gesetz

Verkaufe Deinem Kunden das, was er will und gib ihm das, was er braucht.

Dann bist Du unschlagbar. Nehmen wir das Beispiel einer Diätexpertin. Eine Kundin, die eine Diätexpertin braucht, hat wahrscheinlich wenig Motivation. Sie macht die Nahrungsumstellung und die körperliche Betätigung mehr oder weniger halbherzig und nicht regelmäßig. Sie kommt zur Beratung oder auch nicht. Diese Kundin hat aufgrund logischer Argumente entschieden, dass sie eine Diät braucht. Sie ist aber nicht begeistert davon, vollkommen unabhängig von der Qualität der Beraterin. Auf gut Österreichisch: Es zipft sie an (es geht ihr auf die Nerven). Und das ist keine Voraussetzung für Erfolg. Wir wissen inzwischen, welchen Einfluss Begeisterung auf unser Unbewusstes hat. Die Kundin aber, die eine Diät will, hat eine starke Motivation und Begeisterung auf ihrer Hirn-Festplatte gespeichert. Sie hat ein klares Ziel und ist eine Verpflichtung mit sich eingegangen. Sie würde es sich nicht verzeihen, ihre Diät schleifen zu lassen.

Viertes Gesetz

Bedürfnisse basieren auf logischen Entscheidungen, Wünsche auf Emotionen.

Es sind die Wünsche unserer Kunden, die wir herausfinden müssen. Dabei helfen uns die psychographischen Daten. Wenn es um Erfolg geht, machen die demographischen Daten 10 % aus, die psychographischen 90 %. Meist sind die Angebote ausgelegt auf „Features" (generelle Eigenschaften wie PS beim Auto oder Speicherkapazität beim Laptop) nicht auf „Benefits" (persönlichen Vorteil bringende Eigenschaften wie Fahrgefühl durch viele PS oder Schnelligkeit und Zeitersparnis bei hoher Speicherkapazität).

Fünftes Gesetz

Emotionen sind immer stärker als Bedürfnisse.

Wenn wir die psychographischen Daten kennen, können wir unseren Idealkunden genau das geben, was sie wollen. Im Gegenzug werden wir kaum jemals mühsame Diskussionen und viel weniger Rückgaben und Beschwerden haben. Unsere Idealkunden werden von den Produkten und Dienstleistungen begeistert sein. Sie werden nicht nur einmal kaufen, sondern immer wieder. Sie werden auch anderen von unseren tollen Produkten und Dienstleistungen erzählen und uns mit Freuden weiterempfehlen.

Verinnerliche diese Gesetze und handle danach, dann weißt Du bereits enorm viel über erfolgreiches Verkaufen! Wenn Du die Kernanalyse bestehend aus demographischem und psychographischem Profil mit Deinem Nischenmarkt abgestimmt habst, dann kommen wir zum nächsten Schritt.

KUNDENINTERVIEWS

Für das Idealkundenprofil haben wir viel an Vermutungsarbeit geleistet. Aber wie können wir herausfinden, ob die Hot Buttons wirklich zutreffen? – Richtig. Wir müssen die Kunden befragen. Oftmals erfahren wir dann Beweggründe, die uns niemals eingefallen wären.

Eine der wichtigsten Fragen ist: „Was frustriert Sie am meisten, wenn Sie dieses Produkt oder diese Dienstleistung erwerben?“

Hier erfahren wir sofort, wo der Schuh drückt. Wenn wir diese Frustrationen mit unserem Angebot lösen können, dann haben wir dankbare Kunden gewonnen. Wenn Du noch mehr über die Hot Buttons Deiner Kunden erfahren willst, kannst Du diese zusätzlichen Fragen stellen:

- Was gefällt Ihnen am besten/am wenigsten an meinen Produkten/Dienstleistungen?
- Würden Sie sich wünschen, dass ich noch irgendwelche anderen Produkte oder Serviceleistungen im Angebot hätte? Wenn ja, welche?
- Wenn Sie drei Wünsche frei hätten in Bezug auf unsere Geschäftsbeziehung, wie würden diese aussehen?
- Gibt es eine spezifische Sache, die Ihnen am Herzen liegt und die Sie gerne bei meinem Betrieb verbessert oder geändert haben möchten?

Wenn Du mindestens sechs Kunden befragst und die Antworten in eine Tabelle einträgst, dann wirst Du mit Sicherheit Trends erkennen können. Besser wären ein paar Interviews mehr. Hab keine Scheu, Deine Kunden zu befragen, sie geben meist bereitwillig Auskunft. Falls Du Dich im Geschäftsaufbau befindest und noch keine eigenen Kunden hast, dann frag einfach Menschen, die jene Produkte/Dienstleistungen kaufen, die Du verkaufen willst. Du kannst sogar Fragen stellen wie: „Gesetzt den Fall, ich würde so ein Produkt anbieten, was wäre für Sie am wichtigsten?" Überprüfe anhand der erhaltenen Antworten, ob sich dadurch etwas im Idealkundenprofil ändert. Auf diese Weise werden wir Schritt für Schritt das Profil verfeinern, bis es kristallklar und unmissverständlich ist.

ENTSCHEIDUNGSMATRIX-ANALYSE (EMA)

Wir haben schon ein gutes Stück Arbeit hinter uns. Mit der Entscheidungsmatrix-Analyse werden wir erreichen, dass sich unser Unternehmen endgültig von unseren Mitbewerbern abhebt. Das größte Problem bei den meisten Kleinunternehmerinnen ist, dass sie sich in einem ewigen Preiskampf befinden. Sie glauben, ihre Leistungen billig anbieten zu müssen, da sie sonst Kunden verlieren. Wir wissen bereits:

Kunden kaufen nicht über den Preis, sondern ausschließlich über den Wert.

Wert ist im Hinblick auf die Kunden gleichzusetzen mit der Lösung der größten Probleme, Frustrationen, Bedenken oder Ängste, die Deine Kunden haben, wenn sie das erwerben, was Du verkaufst. Um richtig erfolgreich zu sein, musst Du die Hot Buttons Deiner Kunden in- und auswendig kennen und dann eine Lösung finden, welche die Erwartungen Deiner Kunden nicht nur erfüllt, sondern noch übertrifft. Das ist der Deal.

Wenn Du Dich von Deiner Konkurrenz abheben willst, dann musst Du Deinen Kunden alle Ängste und Frustrationen nehmen. Und das kannst Du umso besser, je genauer Du die Probleme Deiner Idealkunden kennst. Je intensiver Du Dich mit diesem Bereich auseinandersetzt, umso erfolgreicher wirst Du sein.

Wir haben unseren Idealkunden identifiziert und den Nischenmarkt gewählt. Jetzt kommt der nächste entscheidende Schritt: Wir müssen noch tiefer in das psychographische Profil eintauchen und dazu verwenden wir die Entscheidungsmatrix-Analyse, die aus vier einfachen Schritten besteht.

EMA

"ICH WILL..." (KUNDE)	WAS ICH/WIR TUN ...	WAS ICH/WIR TUN KÖNNTEN	VORTEILE FÜR DEN KUNDEN
① →	① →	① →	①
2	2	2	2
3	3	3	3
4	4	4	4
5	5	5	5
⋮	⋮	⋮	⋮

Schritt 1: Was will unser Kunde?

Hier haben wir schon wertvolle Vorarbeit mit dem psychographischen Profil geleistet. Stell Dich wieder in die Schuhe des Kunden und beginne jeden Satz mit „Ich will/möchte...“. Zum Beispiel: „Ich will eine Kindertagesstätte, wo ich sicher sein kann, dass mein Kind jederzeit liebevoll versorgt ist, damit ich beruhigt in die Arbeit gehen kann.“ Mehr als fünf Hot Buttons braucht es nicht. Wenn wir an dieser Stelle zu sehr ins Detail gehen und zu viele Punkte auflisten, verlieren wir den Überblick und den Fokus.

Schritt 2: Was wir tun (Was bieten wir derzeit an?)

Wir vergleichen das, was der Kunde will, mit dem, was wir bereits anbieten. Dabei wird methodisch vorgegangen. Jeder Hot Button wird daraufhin überprüft, ob die derzeit vorhandenen Produkte oder Dienstleistungen die Lösungen bringen, die der Kunde wünscht. Zwei Fragen sind dabei hilfreich:

- Was bedeutet der jeweilige Hot Button wirklich für den Kunden?
- Beinhaltet unser Angebot die ideale Lösung für den Kunden?

Wenn Du zu denjenigen gehörst, die die zweite Frage mit einem enthusiastischen „Ja" beantworten können, dann herzliche Gratulation! Du bist 99 % der Unternehmerinnen weit voraus und mir wahrscheinlich auch. Trotzdem kann es nicht schaden, die Produkte und Dienstleistungen zu überprüfen.

Für die meisten von uns wird die Entscheidungsmatrix-Analyse aufzeigen, dass es einige Bereiche gibt, wo Neuerungen und Verbesserungen möglich wären. Nochmals – wir sind nicht auf der Suche nach irgendeiner Lösung für unseren Kunden, sondern wir wollen die ideale Lösung. Dafür sind die beiden schon gestellten Fragen nicht ausreichend. Denn den Erwartungen der Kunden nur zu entsprechen, macht kein Geschäft außergewöhnlich. Wenn wir die Erwartungen nur erfüllen, werden uns die Kunden nicht überaus beachten und falls doch, geht auch schon wieder der Preiskampf los. Auf jeden Fall werden unsere Kunden registrieren, wenn wir überhaupt nicht in der Lage sind, ihren Erwartungen zu entsprechen. Unser Job ist es, die Erwartungen der

Kunden nicht nur zu erfüllen, sondern sie zu übertreffen! Und dazu brauchen wir die dritte Frage.

Schritt 3: Was könnten wir tun, um eine außergewöhnliche Lösung für unseren Kunden zu schaffen (Bereich für Innovationen)?

Ausgangslage: Wir alle sind überzeugt, dass unsere derzeitigen Leistungen schon das Beste sind, was wir unseren Kunden anbieten können. Wir glauben, dass Features das Um und Auf sind. Wir haben nie gelernt oder trauen uns nicht, außergewöhnliche Wege und Lösungen für unsere Kunden zu finden.

Neue Situation: Jetzt haben wir Gelegenheit, unserer Kreativität freien Lauf zu lassen. In gewohnten Bahnen zu denken ist OUT, das Zulassen selbst der verrücktesten Ideen ist gefragt! Die Wirtschaft braucht Querdenkerinnen mit komplett neuen, umwerfenden Lösungen für die Kunden. Was könntest Du tun, um eine Lösung für Deinen Kunden zu kreieren, die ihn sagen lässt: „Wow, das ist Spitze, das beseitigt all meine Probleme!"? Wichtig ist, dass wir zweifelnde Gedanken im Hinblick auf die Realisierung der anvisierten Lösung gar nicht erst aufkommen lassen. Auch wenn wir Expertinnen für Gedanken wie „Das geht nicht" sind. Bloß weil wir jetzt noch nicht genau wissen, wie wir diese Lösung für unseren Kunden erreichen können, bedeutet das nicht, dass wir diesbezüglich nicht schon bald schlauer sein werden. Trau Dich, verrückte Ansätze auszusprechen und aufzuschreiben. Unterhalte Dich mit Außenstehenden darüber. Die Meinungen können sehr wertvoll sein!

Ich selbst habe große Pläne für mich, mein Geschäft, meine Kunden und Kundinnen und überhaupt für die ganze Welt. Ich studiere mit großer Freude und Begeisterung das Leben erfolgreicher Menschen. Solcher, die noch mitten im Leben stehen, aber auch jener, die nicht mehr unter uns weilen. Vor allem aus meiner Branche, denn da kann ich geschäftlich und persönlich am meisten lernen. Ich knie im wahrsten Sinne des Wortes vor meinen Vorbildern und freue mich riesig über all ihre Erfolge und phantastischen Ideen!

Ein wertvoller Ratschlag an dieser Stelle: Such Dir jemanden, der das, was Du erreichen willst, schon geschafft hat. Wenn Du auf den Mount Everest gehen willst, dann wirst Du Dir auch einen erfahrenen Führer oder eine erfahrene Führerin nehmen. Solltest Du das nicht tun, kann es sein, dass Du sehr schnell in arge Schwierigkeiten kommst oder überhaupt zusammen mit anderen Individualisten bereits im Basislager frustriert hängenbleibst.

Das Gleiche gilt für die Geschäftswelt. Warum scheitern die meisten Neugründungen oder laufen mehr schlecht als recht und werfen gerade mal genug zum Überleben ab? Einer der Gründe ist, dass den meisten von uns das richtige Handwerkszeug fehlt – und damit der Mumm, sich von eingefahrenen Bahnen zu verabschieden und – ohne Ausreden zu gebrauchen – Vollgas zu geben. Von wem kriegt man aber dieses so wichtige Handwerkszeug? Von denen, die schon eine erfolgreiche Geschäftsgründung hinter sich gebracht haben.

Ganz auf sich allein gestellt ein erfolgreiches Geschäft aufzubauen, ist äußerst schwierig. Als ich das endlich begriffen hatte, suchte ich mir sofort unterschiedliche Experten für alle drei Bereiche (mental, finanziell, spirituell). Diese Experten sind, bildlich gesprochen, schon alle mehrmals auf den höchsten Gipfeln der Welt gewesen und wissen exakt, was zu tun ist, um diese zu erreichen. Ich halte mich daher bedingungslos an ihre erprobten Strategien. Sie alle agieren übrigens nach ethischen Grundsätzen, was für mich entscheidend ist. Die Anstrengung des Aufstiegs können sie mir nicht abnehmen, aber sie zeigen mir eine Route, die die kürzeste, sicherste und erfolgversprechendste ist. „Wie kommt man an solche Experten ran?“, höre ich Dich fragen. Das Internet bietet sich hier als unerschöpfliche Quelle an. Um Worte aus der Bibel zu verwenden: „Wer da suchet, der da findet.“ Begib Dich auf die Suche! Google ist dabei sehr hilfreich.

Wenn ich mich mal von meinen eigenen Visionen überrollt fühle und mich verzweifelt frage, wie ich das alles bloß schaffen soll, dann erinnere ich mich an das Mantra meiner Vorbilder: „Das Was kommt immer vor dem Wie.“ Was will ich erreichen? Über das Wie mache ich mir später Gedanken. Der Weg offenbart sich uns erst in seiner Gesamtheit, wenn wir ihn gehen. Wenn es ein ausgetretener Pfad ist, den wir schon oft gegangen sind, dann wissen wir, was uns erwartet. Doch hier beschreiten wir Neuland. Wir programmieren unser Retikuläres Aktivierungssystem und unseren Psychokybernetischen Mechanismus vollkommen neu. Wir durchbrechen alte Gedankenmuster. Wir stellen uns komplett neuen Herausforderungen. Wir machen aus einem durchschnittlichen Business ein außergewöhnliches und wollen unseren Kunden nur das Allerbeste geben.

Nach diesen Ausführungen lass uns nochmals die Frage betrachten: Was könnten wir tun, um eine außergewöhnliche Lösung für unseren Kunden zu erzielen? Nimm Dir bitte Zeit für das Bearbeiten der Entscheidungsmatrix-Analyse, lass Dich von anderen inspirieren und wage umwälzende Gedanken.

Ich möchte Dir zur Veranschaulichung ein Beispiel vorstellen, dass mich nach wie vor hellauf begeistert. Es ist von der Firma OneCoach (San Diego, 2008): „Wir hatten einen Kunden in den USA, der Kinderzahnarzt war. Er war darauf spezialisiert, Schulkinder im Alter von 9 bis 18 Jahren zu behandeln. Überlegen Sie mal einen Moment, was wohl die Hot Buttons der idealen Klienten dieses Zahnarztes sein könnten. Zusatzinfo: Die Kinder sind während der Woche in der Schule.

In der Regel arbeiten heutzutage in amerikanischen Familien beide Elternteile außer Haus. Um die Kinder zu ihren Zahnarztterminen zu begleiten, muss ein Elternteil sich freinehmen und quer durch die Stadt fahren, um das Kind von der Schule abzuholen, es dann zum Zahnarzt befördern; zwei Stunden im Wartesaal zubringen, während der Zahnarzt das Kind behandelt; danach das Kind wieder in der Schule abliefern und schließlich wieder quer durch die Stadt zum Arbeitsplatz zurückfahren.

Das ist eine große Mühe für diesen Elternteil, ganz abgesehen von den Fehlzeiten am Arbeitsplatz, den damit verbundenen Lohneinbußen und natürlich auch den Spritkosten. Unser Zahnarzt begann, sich Gedanken zu machen über dieses verbreitete Problem, mit dem praktisch jeder seiner Klienten bei jedem Zahnarzttermin seines Kindes konfrontiert wurde. Er grübelte über einen Weg nach, der es ihm ermöglichen würde, eine Neuerung in seiner Praxis anzubieten, welche dieses Problem für seine Kunden lösen würde.

Zunächst überlegte er, eventuell einen Van zu kaufen und einen Fahrer zu engagieren, der herumfahren würde, um die Kinder von der Schule abzuholen, damit die Eltern sich nicht freinehmen und all diese Mühe auf sich nehmen müssten. Leider waren jedoch die Versicherungskosten, die auf ihn zugekommen wären, um genügend abgesichert zu sein, absolut unerschwinglich. Dann dachte er daran, für diesen Service ein Taxiunternehmen zu engagieren. Als er aber über diese Idee mit seinen Kunden sprach, hatten diese einen ziemlichen Vorbehalt, denn sie wollten nicht, dass jemand, von dem sie gar nichts wussten, ihr Kind befördert. Taxifahrer sind gewöhnlich nicht dafür bekannt, einen supertollen Ruf und eine astreine Herkunft zu haben. Die meisten Eltern sagten, sie würden niemals erlauben, dass ihre Kinder auf diese Weise transportiert werden.

Schlussendlich hatte der Zahnarzt eine derart verrückte Idee, dass er sie selbst zunächst als zu grotesk einstufte und wieder fallen ließ: Wie wäre es mit einem Limousinen-Service? Diese Fahrer werden besonders sorgfältig durchleuchtet in Bezug auf Alkohol und Drogen und sie müssen sich auch einer sehr rigorosen Leumundsüberprüfung unterziehen. Das sollte doch die Sicherheitsängste der Kunden entkräften können! Und das Kind selbst würde verrückt werden vor Freude. Können Sie sich vorstellen, wie sich ein Kind fühlt, das aus einer Limousine aussteigt, während der Fahrer ihm die Tür aufhält – vor den Augen seiner Schulkameraden? Würden nicht andere Kinder ihren Eltern in den Ohren liegen, auch zu diesem Zahnarzt gehen zu dürfen? Eine Limousine anzumieten würde auch das Versicherungsproblem lösen, da die Limousinen-Verleihfirma ja bereits vom Gesetz her verpflichtet ist, ein umfangreiches Versicherungspaket zu haben.

Aber so etwas würde doch unglaublich kostspielig sein, nicht wahr? Nun, das dachte der Zahnarzt auch. In der Tat wollte er das gar nicht erst herausfinden, sondern klassifizierte diese Idee sofort als 'zu verrückt' und legte sie ad acta. Aber uns Coaches erschien sie ganz und gar nicht so verrückt. Halten Sie sich einmal die Situation vor Augen: Der Zahnarzt verrichtet seine

Arbeit während des Tages, also zu einer Zeit, wo es beim Limousinenservice nicht besonders viel zu tun gibt. Der Großteil des 'Limo'-Geschäftes fällt auf die Abendzeit.

Es stellte sich heraus, dass man bei der Limousinen-Verleihfirma diese neue Geschäftsmöglichkeit sogar sehr begrüßte, weil man auf diese Weise einerseits durchgehend Arbeit für die Fahrer hatte und andererseits auch ein Zusatzeinkommen während der flauen Geschäftszeiten lukrieren konnte. Der Limoservice war daher damit einverstanden, den Stundensatz von normalerweise $60 auf $25 zu reduzieren. Das bedeutete für den Zahnarzt $200 pro Tag bzw. $1 000 pro Woche an zusätzlichen Kosten. Aber was glauben Sie passierte mit seiner Praxis ab dem Moment, wo er den viel beschäftigten Eltern aus seinem Viertel das Angebot unterbreitete, dass ihr Kind ausgezeichnete Zahnarztbetreuung erhalten konnte, ohne dass sie all diese Mühen und Kosten auf sich nehmen mussten, die damit verbunden waren, wenn sie ihre Kinder selbst zum Zahnarzt fahren mussten?

Sein Geschäftsvolumen verdoppelte sich quasi über Nacht. Seine Einnahmen stiegen jährlich um $350 000,00 – und das alles bei einer zusätzlichen Investition von lediglich $50 000,00 pro Jahr, die, nebenbei bemerkt, auch noch absetzbar war. Außerdem, weil er nun diesen zusätzlichen Super-Service anbot, erhöhte er seine Preise, um diese Mehrkosten zu decken, und keiner seiner Klienten zuckte ob dieser Erhöhung auch nur mit einer Wimper. Der Nutzen, den sie davontrugen, machte für die Eltern diese Preiserhöhung bei Weitem wett.“

Schritt 4: Vorteile/Nutzen für den Kunden

Ich mag Dir schön langsam wie eine Gebetsmühle vorkommen, aber ich sage es trotzdem nochmals: Kunden kaufen nicht über den Preis, sondern ausschließlich über den Wert. Wenn Du Neuerungen in Deinem Betrieb planst, dann musst Du stets im Auge behalten, welche Vorteile Du damit für Deine Kunden erreichen kannst. Es ist wichtig, dass Du mithilfe dieser Innovationen das herkömmliche Angebot in Deiner Branche übertriffst. Frage Dich:

- Was würde x oder y meinen Kunden bringen?
- Was würde es noch brauchen, um eine umwerfende Lösung für die Probleme/Frustrationen meiner Kunden zu finden?
- Wie kann ich noch mehr Wert für meine Kunden schaffen?

Welche Vorteile für den Kunden brachten die Innovationen des Zahnarztes? – Er hat sie in einer knackigen Werbebotschaft zusammengefasst: „Sie verlieren weder Zeit noch Geld, während Ihr Kind von einem vollkommen vertrauenswürdigen Chauffeur von der Schule abgeholt, zum Zahnarzttermin gebracht und wieder zurückgefahren wird. Ihr Kind wird im Gegensatz zu seinen Freunden den nächsten Termin kaum erwarten können, während Sie sich nur mehr um die Terminvereinbarung kümmern müssen."

Und noch ein wichtiges Faktum: Wie viele Eltern würden jemals einen Zahnarzt aufgeben, der sich die Mühe macht, einen solchen Service anzubieten? Der Nutzen, den der Zahnarzt durch eine ständig zunehmende und garantiert treue Klientel verzeichnen konnte, war einfach sensationell. Wenn er seine verrückte Idee nicht mithilfe der Coaches verfolgt hätte, wäre er nach wie vor ein Zahnarzt unter vielen, der über den Preis konkurrieren müsste.

Wenn Du die Entscheidungsmatrix-Analyse bearbeitest, lass Dir genügend Zeit und denk gründlich nach. Schreib jede, absolut jede Idee auf, die Dir durch den Kopf schießt. Viele dieser Ideen können vielleicht nicht wirklich umgesetzt werden, weil sie nicht durchführbar oder leistbar sind. Aber Du wirst das nicht wissen können, bevor Du Dich nicht ausführlich damit beschäftigt hast. Und – es braucht nur eine einzige davon, die funktioniert, damit Du Dich voll und ganz von Deiner Konkurrenz abheben kannst. Keine Idee ist eine dumme Idee!Verwende „Wir könnten"- Aussagen, um in die Gänge zu kommen. Dann überlege, welche Vorteile sich für Deinen Idealkunden daraus ergeben. Denn darum geht es. Eine Lösung für unseren Kunden zu finden, die seine Probleme beseitigt und seine Erwartungen übertrifft. Dann haben wir den Kunden für immer.

Die meisten Geschäftsleute haben große Schwierigkeiten, mehr Kunden anzuziehen, weil sie alle mit den gleichen Botschaften arbeiten: „Wir sind die Besten" oder „Wir haben die günstigsten Preise" oder „Uns können Sie vertrauen". Wer sagt das? Woher weiß ich als Kundin, dass genau dieses Unternehmen das tut? Ich habe keinen Beweis. Ich glaube auch nicht daran, weil es jeder sagt. Es ist das ewig gleiche Blabla, das auf uns einprasselt. Wenn Du jedoch mit außergewöhnlichen Ideen die Hot Buttons Deiner Kunden löst und den daraus resultierenden Mehrwert kommunizieren kannst, dann wird Dein Geschäft explodieren.

Um Deine EMA zu vervollständigen und maximalen Nutzen daraus zu ziehen, nimm Dir jeden der Hot Buttons vor und finde entsprechende innovative Lösungen.

Das ist harte Arbeit, keine Frage, aber sie macht sich bezahlt. Halte Dir dabei vor Augen, wie viele Deiner Mitbewerber ebenfalls solche Übungen durchführen werden. Ich garantiere Dir, dass kaum irgendein anderes Unternehmen sich jemals so einem analytischen Prozess unterwirft. Daher generierst Du damit einen riesigen Vorteil im Konkurrenzkampf mit anderen Firmen Deiner Branche. Wenn Du diesen Prozess abgeschlossen hast, wird Deine Firma in der höchsten Liga spielen, während Deine Konkurrenten weiterhin in der Unterliga herumkrebsen werden.

Wir haben mit dem Idealkundenprofil und der Entscheidungsmatrix-Analyse Faktor eins und zwei eines erfolgreichen Unternehmens abgedeckt. Durch die Innovationen haben wir unser Business einzigartig gemacht und haben dadurch außergewöhnlichen Wert für unsere Kunden geschaffen. Jetzt kommt der wichtigste und letzte Faktor: Das Unternehmen muss seine Einzigartigkeit und den besonderen Wert, den es den Kunden bietet, effektiv kommunizieren können. Was sagst Du, wenn Dich jemand fragt, was Du beruflich machst? Ich verkaufe xy, ich bin Psychotherapeutin, ich bin Versicherungsmaklerin, ich bin Allgemeinmedizinerin, ich bin Trainerin, ich bin Friseurin. Das ist nicht aussagekräftig. Das Schlimme daran ist, dass Du vielleicht die Beste Deines Faches bist, es aber nicht so kommunizieren kannst, dass Dein potentieller Kunde anspringt und nachfragt. Dem schaffen wir jetzt Abhilfe.

DER ELEVATOR-PITCH

Wäre es nicht toll, eine Marketing-Botschaft zu haben, von der sich Deine Idealkunden angezogen fühlen wie die Bienen vom Honig? Einen einzigen Satz, der

Deine Kunden sofort in den Bann zieht und sie veranlasst, unbedingt mehr über Dein Geschäft wissen zu wollen?

Ich zeige Dir nun, wie Du mit der Verbindung des Idealkundenprofils und der Entscheidungsmatrix-Analyse Deinen persönlichen Elevator-Pitch kreieren kannst. So heißt die maßgeschneiderte Werbebotschaft, die in einem Satz ausdrückt, was Du tust.

Stell Dir vor, Du fährst mit dem Lift (= Elevator) in das obere Stockwerk eines Bürohauses und genau diese 10–20 Sekunden hast Du Zeit, einem Fremden im Lift zu erklären, worum es in Deinem Geschäft geht. Klingt einfach, ist es aber keineswegs. Es gehört zu den schwierigsten Sachen, mit wenigen Worten die Frage zu beantworten „Was machen Sie beruflich?“ und dabei so interessant zu sein, dass ein prospektiver Kunde fragt: „Und wie machen Sie das?“

Diese maßgeschneiderte Werbebotschaft trifft die Hot Buttons der Kunden haargenau und löst eine emotionale Reaktion aus. Dein Gesprächspartner will sofort mehr darüber wissen, falls er Dein Idealkunde ist. Das ist das Geniale am Elevator-Pitch. Du erkennst an der Reaktion sofort, ob Du einen Deiner Idealkunden vor Dir hast oder nicht.

Um diese Werbebotschaft entwerfen zu können, brauchen wir die fixfertig ausgefüllte Entscheidungsmatrix-Analyse. Falls Du diese Analyse noch nicht gemacht haben solltest, bitte ich Dich, das jetzt zu erledigen. Warum ich hier so hartnäckig bin, ist einfach erklärt. Wenn Du die Entscheidungsmatrix-Analyse gewissenhaft ausgefüllt hast, hast Du bereits 80 % Deines Elevator-Pitch in der Tasche.

Nehmen wir an, Du hast Deine Tabelle ausgefüllt. Dann schau Dir die Spalten 1, 3 und 4 an. Das sind die „Ich möchte“-Spalte, die „Innovations“-Spalte und die

„Vorteile“-Spalte. Wenn wir diese nach gewissen Richtlinien zusammenfassen und etwas an den Worten feilen, haben wir den perfekten Elevator-Pitch.

Es gibt eine zweiteilige Formel für das Gestalten eines Elevator-Pitch. Sie fokussiert:

1. das Problem
2. die Lösung

Teil 1 startet mit den Worten „Wissen Sie, wie es ist ...?“ oder „Kennen Sie die Situation, wie es ist, ...?“ und dann wird das Problem, das der Kunde hat, beschrieben. Ich nenne diese Art Fragen „Aua-Fragen“, weil sie so konzipiert sind, dass sie zielgenau den Schmerzpunkt des Kunden im Visier haben. Danach kommt Teil 2 mit der Phrase „Was wir tun/ich tue, ist ...“ und dann wird beschrieben, wie unser Produkt oder unsere Dienstleistung die Lösung für das Kundenproblem bringt, mit all den emotionalen Vorteilen für den Kunden. Es gibt eine kürzere und eine längere Version des Elevator-Pitch. Meist startet man mit der 10-Sekunden-Variante. Wenn der Kunde Feuer gefangen hat, gibt man ihm mehr Information mit der längeren Version.

Am besten schauen wir uns das mit einem praktischen Beispiel an. Ein Kunde von mir ist ein Kreativ-Klang-Coach. Nachdem er sein Idealkundenprofil und seine Entscheidungsmatrix-Analyse gewissenhaft erstellt hatte, kreierte er seinen Elevator-Pitch: „Wissen Sie, wie es ist, wenn die Leidenschaft an der kreativen Arbeit verloren gegangen ist, Sie von Blockaden und Selbstzweifeln geplagt sind, unter Druck stehen, ausgepowert sind und keine neuen Ideen mehr finden?“

Seine Idealkunden hatte er in der Kreativbranche lokalisiert. Dort arbeiten Graphiker, Architekten, Designer und so weiter. Alles Menschen, deren Erfolg von ihrer Kreativität abhängt. Einer der Hot Buttons dieser Zielgruppe befasst sich mit den immer wiederkehrenden Schüben mangelnder Kreativität. Bei Schriftstellern nennt man das Schreibhemmung. Stell Dir vor, Du wärst in so einer Situation und anstatt unaufhörlich sprießender Ideen ist da bloß noch Ebbe im Designer-Hirn. Würdest Du nicht beide Ohren spitzen, wenn Dir jemand so eine Frage stellte? Wetten dass!? Du würdest nicken und bestätigend seufzen.

Und jetzt kommt der zweite Teil des Elevator-Pitch, die Lösung für unseren gebeutelten Kunden: „Was wir tun, ist in einem Schritt-für-Schritt-Prozess, basierend auf den neuesten Gehirn- und Frequenzforschungen, zu zeigen, wie man negative Gedanken, Blockaden und Selbstzweifel auflösen, mangelnde Kreativität überwinden und einzigartige Ideen gezielt fördern kann."

Die einzig mögliche Antwortalternative des Idealkunden ist: „Wie machen Sie das?" Und das ist es, was wir mit dem Elevator-Pitch bezwecken. Wir wollen, dass unsere prospektiven Kunden wissen wollen, was wir im Angebot haben. Hier knüpfst Du dann mit der Entscheidungsmatrix-Analyse an und klärst den wissbegierigen Kunden über all die wunderbaren Lösungsmöglichkeiten für seine Probleme auf. Das Mindeste, das er haben wollen wird, ist Deine Visitenkarte. Welche Marketingmaßnahmen notwendig sind, um aus einem potentiellen Kunden einen kaufenden zu machen, schauen wir uns später an. Wenn man etwas mehr Zeit hat, dann kann man auch gleich mit dem längeren Elevator-Pitch starten.

Teil 1 – Probleme

„Kennen Sie das Gefühl, in Ihrer beruflichen, kreativen Entfaltung festzustecken und sämtliche Freude am kreativen Arbeiten verloren zu haben? Sie suchen nach einer klaren, effektiven Methode, um Ihre leeren Batterien wieder aufzufüllen, den Leistungsdruck abzubauen und die Zufriedenheit und Freude an Ihrem Beruf zurückzugewinnen?" - Hier sind gleich mehrere Hot Buttons in den „Aua-Fragen" verpackt.

Teil 2 – Lösung

„Wir arbeiten mit Menschen zusammen, die ihre Arbeit nicht als Pflicht, sondern als Berufung verstehen und die aufgrund von überdimensionalem Einsatz in der Vergangenheit mit kreativen Blockaden und Selbstzweifeln kämpfen, mit Menschen, die stark unter Druck stehen, ausgepowert und leer sind. Was wir tun, ist Ihnen zu zeigen, wie Sie in einem Schritt-für-Schritt-Prozess, basierend auf den neuesten Gehirn- und Frequenzforschungen, Ihre negativen Gedanken, Blockaden und Selbstzweifel auflösen, Ihre Ideenlosigkeit überwinden und einzigartige Ideen gezielt fördern können. Wir garantieren, dass Sie bei korrekter Anwendung des Prozesses Ihre Leidenschaft für Ihren Beruf wiederfinden und Ihr Vertrauen in Ihr eigenes Können wiedergewinnen werden und dass negativer Leistungsdruck der Vergangenheit angehören wird."

In dem Augenblick, wo Du die Aua-Fragen stellst, löst Du eine starke Emotion beim Kunden aus. Unbewusst spürt er, dass Du genau weißt, wo ihn der Schuh drückt und er verbindet sich dadurch emotional mit Dir. Du wirst Bündnispartnerin, stehst auf der gleichen Seite, weil Du eine gemeinsame Erfahrung und dieselben Emotionen teilst. Du bist eine Seelenverwandte, was dieses Problem angeht. Und das Wichtigste: Du hast ein lebendiges Bild dieser Situation gezeichnet, das Du auch noch auf unglaubliche Weise lösen kannst, indem Du den zweiten Teil der Pitch-Formel gebrauchst: „Was wir tun, ist …"

Dieser zweite Teil informiert darüber, was Dein Unternehmen – und zwar nur Dein Betrieb – tut, damit das Problem des Kunden für immer aus seinem Leben verschwindet. Es handelt sich dabei um eine innovative Lösung, speziell designt, um dem Kunden einen außergewöhnlichen Wert zu liefern. Dem Kunden wird damit das Gefühl vermittelt, dass es äußerst ungeschickt wäre, diese Lösung nicht anzunehmen.

Kommt Dir das bekannt vor? Hier wird deutlich, warum wir die ganze Vorarbeit mit der Entscheidungsmatrix-Analyse geleistet haben. Ich stelle Dir nun meinen Elevator-Pitch für die Linie „Frauen und Erfolg" vor.

Teil 1 – Probleme (Aua-Fragen)

„Kennen Sie die Situation, wie es ist, dass Sie – egal, was Sie auch tun – gerade mal so durchkommen und Ihr Einkommen in keiner Relation zu dem Aufwand steht, den Sie haben?" An dieser Stelle nicken meine Idealkundinnen mit leidvollem Gesicht. Dann kommt die nächste Aua-Frage: „Wissen Sie, wie es ist, wenn Sie immer zu wenig für Ihre Produkte und Dienstleistungen verlangen, obwohl Sie genau wissen, dass sie viel mehr wert sind, aus Angst, Kunden oder Aufträge zu verlieren?"

Teil 2 – Lösung

„Was ich tue, ist, Unternehmerinnen zu helfen, ihre Denk- und Verhaltensmuster zu ändern, damit sie für ihre Produkte und Dienstleistungen ohne Diskussion so bezahlt werden, wie sie es wirklich verdienen. Ich zeige ihnen einen einzigartigen Schritt-für-Schritt-Prozess, basierend auf mentalen, finanziellen und spirituellen Business-Strategien, der ihnen verlässlich hilft, mehr Kunden anzuziehen, mehr Geld zu verdienen und sich dabei menschlich und spirituell weiterzuentwickeln."

An dieser Stelle fragen meine Idealkundinnen „Wie machen Sie das?" und genau das will ich mit meinem Pitch erreichen. Jetzt kann ich in die Tiefe gehen und ihnen meine Visitenkarte in die Hand drücken, damit sie die kostenlosen Videos von meiner Homepage anfordern können. Sehr viel mehr Zeit investiere ich an dieser Stelle nicht, denn wenn eine Frau wirklich interessiert ist, wird sie sich sofort die Homepage anschauen und sich die Videos bestellen. Falls Du diese noch nicht gesehen hast, leg das Buch zur Seite und hole Dir diese bitte. Das ist alles, was ich zu diesem Zeitpunkt will. Ich habe den Namen und die E-Mail-Adresse einer prospektiven Kundin und ich werde alles tun, um ihr zu helfen, ihre Ziele zu erreichen, indem ich zuerst kostenlos massiven Wert und Service biete. Das hat spezifische Gründe, die einerseits auf einer Marketingtaktik und andererseits auf den spirituellen Strategien beruhen.

Ich gehe davon aus, dass Deine Produkte und Dienstleistungen exzellent sind und Du Dich jeden Tag bemühst, Deinen Kunden das Beste zu geben. Wenn nicht, dann solltest Du darüber nachdenken, wie Du für Deine Kunden mehr Wert generieren kannst, damit Du allein die offensichtliche Kaufoption wirst. Ich gebe mich nicht zufrieden, wenn Kunden zu mir sagen „Das ist gut“. Das ist mir zu wenig. Ich will, dass sie so begeistert sind, dass sie meine Seminare und Produkte ihren Freundinnen und Bekannten weiterempfehlen mit den Worten „Das musst du dir ansehen, das ist ein Wahnsinn! So etwas Tolles hab ich noch nie zuvor gesehen!“ Ich helfe meinen Kundinnen, mit ihren Unternehmen erfolgreich zu werden, inneres Wohlergehen und äußeren Wohlstand zu erreichen und sich dabei menschlich und spirituell weiterzuentwickeln. Das ist meine Leidenschaft. Und ich weiß, dass Du das auch kannst und es Dir gelingen wird, mit Deiner Firma einen ebenso großen Erfolg zu erreichen.

Die Instant-Elevator-Formel

Zum Abschluss dieses Kapitels gebe ich Dir noch die Formel für einen immer funktionierenden Elevator-Pitch mit. Diese Instant-Formel solltest Du stets im Handgepäck dabei haben. Du kannst innerhalb kürzester Zeit jedes Produkt oder jede Dienstleistung damit beschreiben.

Ich (wir) helfe(n)
(unterstützen, begleiten, zeigen, präsentieren ...)

__________________ *(hier kommt die Zielgruppe hinein – Therapeuten, Ärzte, Verkäufer, Sportler, Lehrer, Hausfrauen, Manager ...)*

__________________ *(hier kommt die Lösung des Problems hinein)*

zu tun/zu verstehen,

__________________ *(hier die Benefits, die sie davon haben).*

Ich helfe Unternehmerinnen mittels eines ethischen Business-Prozesses, für ihre Leistungen und Produkte so bezahlt zu werden, wie sie es wirklich verdienen, damit sie in Zukunft mehr Zeit, Geld und Freiheit haben. Dieses Wissen ist Gold wert. Wenn Du den für Dich richtigen Pitch erarbeitet hast, dann verfügst Du über eines der mächtigsten Instrumente, um Deinen Nischenmarkt zu dominieren.

DER 30-MINUTEN-BUSINESS-SCAN

Ich zeige Dir in diesem Kapitel, wie Du mit einfachsten Mitteln eine Business-Analyse erstellen kannst, die Dir sofort Klarheit gibt über die Produkte und Dienstleistungen, die am meisten Gewinn bringen, und auch über die Kostenfresser. Vor allem die Identifizierung von Kostenfressern wird Dir gute Dienste leisten. Wenn Du so wie ich ein kreativer, künstlerisch begabter

Mensch bist, dann wird Dir dieses Kapitel nicht leicht fallen. Vielleicht wird Du es ignorieren oder mit den Worten „Das mache ich später" aufschieben.

Ich bitte Dich eindringlich, den Business-Scan auf jeden Fall zu machen. Du wirst staunen, was Du dabei über die Finanzkraft Deiner Produkte und über Dich selbst erfahren wirst. Wenn Du zu jenen gesegneten Menschen gehörst, die Spaß an Berechnungen und dem Erstellen von Tabellen haben, dann gratuliere ich Dir. Das Kapitel wird Dir keinerlei Schwierigkeiten bereiten. Da ich meine Idealkundinnen aber kenne, bin ich sicher, dass die meisten meiner Leserinnen das erste Mal in ihrem Leben diese Art von Business-Scan machen.

Wenn Du als Selbstständige arbeitest oder einen Betrieb mit einigen Angestellten hast, wirst Du wahrscheinlich noch nicht großartig über die finanzielle Effizienz Deiner Produkte und Dienstleistungen nachgedacht haben. Vor allem wirst Du Dir noch keine Gedanken über Deinen eigenen Stundensatz gemacht haben. Das macht übrigens fast keine bzw. keiner der selbstständigen Frauen und Männer. Die Bezahlung ist das, was am Monatsende oder am Jahresende übrigbleibt. Bei den meisten selbstständigen Frauen bleibt kaum etwas übrig. Gerade so viel, um die Fixkosten zu bezahlen und sich ein bisschen Urlaub und Shoppen leisten zu können. Wenn man Kinder hat, wird das Ganze noch enger. Du würdest Dich wundern, wie viele Topfrauen mit einem Gehalt auskommen müssen, das nicht viel höher ist als der Betrag, den Sozialhilfeempfänger beziehen. Sie sprechen nicht darüber, weil sie sich schämen, dass sie es nicht schaffen, mehr zu verdienen.

Die ersten drei bis vier Jahre sind normalerweise die kritischsten im Leben eines Selbstständigen. Die wenigsten überlegen sich, bevor sie ein Unternehmen starten, ob irgendjemand die von ihnen angebotenen

Produkte braucht, wie der Markt beschaffen ist und wie die Mitbewerber agieren. Und schon gar nicht, wie viel Umsatz und Gewinn sie brauchen, um den Betrieb am Laufen zu halten und davon leben zu können. Falls es gelungen ist, die ersten beiden Jahre zu überleben, kommt der Hammerschlag meistens im dritten. Zumindest bei uns in Österreich. Diejenigen, die es ins dritte Jahr geschafft haben, scheitern sehr oft an den Zahlungen für Sozialversicherung und Steuer – und zwar sowohl an den Nach- als auch den entsprechenden Vorauszahlungen.

Im Leben einer Unternehmerin gibt es immer Aufs und Abs, vor allem wenn man beschließt, auf Erfolgskurs zu gehen und die sichere Zone zu verlassen. Mal geht die Umsatzkurve nach oben, weil viele neue Aufträge oder Kunden hereinkommen, im nächsten Jahr bleiben genau diese aus und man muss schauen, wo man bleibt. Wer die Nerven für so eine Achterbahn nicht hat, sollte sich ernsthaft überlegen, ob nicht doch ein Angestelltenverhältnis passender ist.

Wenn Du noch nicht selbstständig bist und überlegst, ein Unternehmen zu gründen, empfehle ich Dir dringend, Dich über Steuersätze und Sozialversicherungsbeiträge zu informieren, bevor Du startest. Vor allem die Sozialversicherungszahlungen (Voraus- und Nachzahlungen) schockieren im vierten Jahr. Die ersten drei Jahre ist man als „Newcomer“ auf Basis der Mindestbeitragsgrundlage eingestuft, die lediglich einen Bruchteil der normalen Zahlungen ausmacht, die anfallen, wenn die Firma halbwegs gut läuft. Die Steuerraten kann man sich stunden lassen, die Sozialversicherung nicht. Du wirst schnell gepfändet, wenn Du die Zahlungen nicht leisten kannst. Kein Scherz! Die Sozialversicherung schert sich nicht um die natürlichen Schwankungen des Kleinunternehmertums, weshalb jeder Selbstständige gut beraten ist, für Sozialversicherungsrücklagen in der Höhe von 40–50 % seines Umsatzes zu sorgen. Aber zurück zum eigentlichen Thema.

- Weißt Du, wie viel Deine Produkte und Dienstleistungen Dich kosten?
- Weißt Du, wie viel Du selbst pro Stunde kostest?
- Kennst Du die drei wichtigsten Einkommensbereiche, die es in Deinem Betrieb konsequent zu verfolgen gilt?
- Weißt Du, wie viel Umsatz Du im nächsten Jahr machen willst? Und welche Lücke es in Bezug auf den diesjährigen Umsatz zu schließen gilt?

Wenn Du diese Fragen mit „Ja“ beantworten kannst, dann gratuliere ich Dir herzlich. Du bist auf dem richtigen Weg. Wieso liest Du dann überhaupt mein Buch?

Als ich das erste Mal in meinem Leben so etwas wie eine Business-Analyse machen sollte, war ich mir sicher, dass ich das nie schaffen würde. Mein Mindset war in Alarmbereitschaft und ich starrte bockig auf die Anleitung. Ich wollte mich einfach nicht mit diesem Thema auseinandersetzen. Seit meinen Jahren als Beraterin bei großen Projekten habe ich eine Aversion gegen Excel-Tabellen. Ich habe es immer geschafft, mich vor der Erstellung dieser mysteriösen, selbst rechnenden Tabellen zu drücken. Jetzt wollte man von mir eine Excel-Tabelle mit der genauen Umsatzplanung für drei Jahre. Alles sollte ich getreulich auflisten: Wie viel alles kosten würde, meine festen und beweglichen Anlagegüter und so weiter und so fort. Natürlich war mir bewusst, dass ich – wenn ich meinen Umsatz und Gewinn steigern wollte – meine Produkte unter Einbeziehung all dieser Faktoren kritisch überprüfen musste. Daran führte kein Weg vorbei. Aber es musste einen einfacheren Weg als einen vierzehnseitigen Businessplan geben, der für mein Geschäft ausreichend war. Ich hatte bisher ohne Excel-Tabellen existieren können, warum sollte es nicht auch weiterhin funktionieren.

Also entwarf ich einen 30-Minuten-Business-Scan, der mir und meinen Kundinnen seither eine große Hilfe ist. Dieser Scan ist für den Anfang völlig ausreichend. Wenn Dein Umsatz steil nach oben geht und kontinuierlich wächst, sind irgendwann detailliertere Analysen notwendig. Darüber kannst Du Dir später Gedanken machen.

Scan-Tabelle

Du nimmst Dir ein Blatt Papier und machst eine Tabelle mit fünf Spalten.

Auf der linken Seite führst Du in der ersten Spalte vertikal Deine Produkte an. Wenn Du eine Änderungsschneiderin bist, dann könnten das „Hosen kürzen", „Reißverschluss einnähen" oder „Rock engernähen" etc. sein. Wenn Du eine Ärztin bist, könnten das „Akupunkturbehandlung" oder „homöopathische Austestung" sein. Als Webdesignerin könnte es sich dabei neben der Konzeptionierung auch um das Erstellen einer Homepage handeln. Eine Kundin von mir ist Expertin für lustvolles Lernen. Sie bietet unterschiedliche Dienstleistungen wie Nachhilfe, Spezialprogramme bei Lernschwierigkeiten oder Ausbildungen zur Lerntrainerin an.

In die zweite Spalte kommen die Umsätze pro Produkt, Dienstleistung oder Person. In die dritte kommt die Zeit, die Du vor Ort sein musst oder die Du pro verkauftem Produkt brauchst. Als Ärztin bist Du zum Beispiel eine gewisse Zeit in der Praxis, als Friseurin im Geschäft und als Seminarleiterin gleich 2 bis 3 Tage am Stück in einem Hotel. Die vierte Spalte steht für die Gesamtkosten des Produkts, der Dienstleistung oder der Person. In die fünfte und letzte Spalte kommt der Gewinn aus den einzelnen Produkten und Dienstleistungen.

Nun beginnst Du damit, dass Du Dein erstes Produkt bzw. Deine erste Dienstleistung (eine Beratung, ein T-Shirt, ein Brot ...) analysierst: Du trägst in die Tabelle ein, wie viel Umsatz Du mit einer Einheit erzielst. Jetzt musst Du eruieren, wie viel es kostet, diese Einheit zu produzieren. An dieser Stelle empfiehlt es sich, einen zweiten Zettel zur Hand zu nehmen.

Kosten für Produkte und Dienstleistungen

Schreib alles auf, was Du an Kosten hast, um eine Einheit Deines Angebots verkaufen zu können. Der Fachausdruck dazu heißt Total Costs of Goods Sold. Dazu gehören: Büromiete, Heiz- und Stromkosten (wenn Du von zu Hause aus arbeitest, kannst Du diese Kosten anteilsmäßig verrechnen). Weiters Computer, Drucker, Fax, Telefon, Büromaterial, Kosten für Domain, Internetbetreuung, Website-Erstellung. Außerdem Benzinkosten, wenn Du für Deine Dienstleistung mit dem Auto fahren musst, ebenso wie KFZ-Steuer und Reparaturkosten, wenn das Auto auf die Firma angemeldet ist. (Tipp: Ich empfehle Dir, Dir eine gute Steuerberaterin zu suchen, damit sie Dir vom ersten Moment an hilft, alle gesetzlich verankerten Steuerersparnisse auszunutzen. Eine gute Steuerberaterin bringt Dir viel mehr, als sie kostet.) Wenn Du als Masseurin arbeitest und für jeden Kunden ein neues Leintuch aufziehst, dann musst Du auch die Kosten für das Leintuch und das Waschmittel berücksichtigen. Und schließlich Raummieten, wenn externe Räume angemietet werden müssen, Marketingkosten, Kosten für Angestellte und – jetzt kommt´s – Kosten für Deine persönliche Arbeitsleistung.

Das eigene Honorar

Das ist der wichtigste Punkt. Ich möchte, dass Du Dir darüber klar wirst, wie viel Du Dir pro Stunde zahlen möchtest und musst, um Deine Fixkosten und Deinen gewünschten Lebensstandard bezahlen zu können. Deine Arbeitskraft wird in Zukunft kostenmäßig exakt in die Produktkosten eingearbeitet. Ich kenne fast niemanden, der diesen Posten automatisch berücksichtigt.

Aber wenn man es tut, macht es einen Riesenunterschied!

Damit sind wir beim Augenblick der Wahrheit angelangt: Welcher Stundensatz für Deine Arbeit ist der richtige? 40 Euro oder mehr? Hier heißt es ehrlich zu sein. Überlege genau, wie viel Zeit Du wirklich brauchst. Auch Gedankenarbeit zählt dazu. Wenn andere schon längst Feierabend haben, rattert unser Gehirn noch weiter und wir arbeiten oft auch dann noch weiter, wenn die Kinder im Bett sind. Ich gebe Dir ein anschauliches Beispiel aus meinem eigenen Geschäftsleben, das Pate stehen kann für die Berechnung vieler anderer Dienstleistungen.

Ich bin neben meinen anderen Tätigkeiten auch Coach. Eine Stunde mit mir kostete früher, als ich schon gut im Geschäft war, 120 Euro. Für viele ist das „ein Haufen Geld" für eine einzige Stunde. De facto war das Coaching aber ein Verlustgeschäft. Warum? Als systemischer Coach arbeitet man maximal 5 Stunden mit einem Kunden. Um einen Kunden zu gewinnen, braucht es einiges an Vorarbeit. Ein halbstündiges Vorgespräch, eine Angebotslegung, wenn es um Firmenkunden geht, Anfahrtswege und -zeiten, wenn der Coachingraum nicht im nahen Umfeld ist oder der Kunde einfach den Weg dorthin nicht machen will. Es ist ratsam, 15 Minuten vor dem Kunden da zu sein und es braucht 15 Minuten, um nach einem Coaching wieder alles wegzuräumen. Eine Einzelstunde Coaching bedeutete für mich einen errechneten Zeitaufwand von 3 Stunden und 25 Minuten.

- 30 Minuten Vorgespräch
- 30 Minuten Angebotslegung (bei Firmenkunden)
- 30 Minuten Anfahrtszeit (15 Minuten hin – 15 Minuten retour)

- 30 Minuten Ankunfts- und Abfahrtszeit vor Ort
- 60 Minuten Coaching
- 20 Minuten Rechnungslegung
- 5–10 Minuten Terminvereinbarung für den Coachingraum

Dazu kamen noch sämtliche Zusatzkosten für den Coachingraum, mein Office und das Material.

Das alles war mir leider damals noch nicht klar, da ich mir selbst noch nichts zahlte und ich keine Ahnung hatte von dieser Art der Umsatzanalyse. Fakt war: Im besten Fall hatte ich bei 5 Stunden einen Umsatz von 580 Euro, einen Zeitaufwand von mindestens 11,5 Stunden und Material-, Fahrt- und Mietkosten von 65 Euro. Wenn ich für mich selbst einen Stundenlohn von 50 Euro einrechnete, kam bei dieser Kalkulation ein Verlust von 60 Euro heraus.

PRODUKTE	UMSATZ	ZEIT	KOSTEN	GEWINN
COACHING (5h)	580,-	11,5h	65,- + 11,5 x 50 = 575,-	- 60,-!

Diese Berechnung brachte mein Weltbild ins Wanken. Ich musste also mindestens doppelt so teuer werden, damit sich meine Coachingtätigkeit halbwegs auszahlte und ich damit einen Gewinn erwirtschaften konnte! Das gleiche Dilemma gab es auch bei meinen offenen Seminaren. Nach Aufrechnung aller Kosten blieb nur ein verschwindend kleiner Gewinn übrig. Wie sich herausstellte, erwiesen sich die zweitägigen Business-Seminare als mein Produkt mit dem höchsten Gewinn. Nun war die Botschaft sehr klar und einfach: Wenn ich mehr Geld verdienen wollte, musste ich mehr von jenen Produkten verkaufen, die den meisten Gewinn einbrachten. Und nur wenn ich Gewinn machte, konnte ich in Marketingmaßnahmen und meine eigene Ausbildung investieren und mein Geschäft weiter ausbauen.

Also erhöhte ich meinen Coachingsatz auf mehr als das Doppelte pro Stunde und spezialisierte mich auf Beratung via Skype. Das war anfangs für mich schwierig, denn ich liebe den Live-Kontakt mit meinen Kunden. In Österreich ist Beratung per Skype noch im Anfangsstadium. Ich war deshalb unsicher, ob meine Kunden das auch akzeptieren würden. Dann aber wurde die Macht des Idealkundenprofils und der Entscheidungsmatrix-Analyse sichtbar. Ich hatte nämlich als Kriterium für meinen Idealkunden „wenig Zeit“ und „vertraut mit den und offen für die neuen Beratungsmodelle“ eingegeben. Genau diese Kunden ziehe ich an und sie finden die Möglichkeit, per Skype gecoacht zu werden, ohne ihr Homeoffice oder ihre Firma verlassen zu müssen, einfach großartig. Ich hatte mit einem Schlag aus einem Verlustgeschäft ein gewinnbringendes Business gemacht.

Genauso kann das auch bei Dir funktionieren. Du musst Dir nur die Zeit nehmen und die Analyse gewissenhaft durchführen. Am Beispiel einer Beratungsstunde habe ich Dir außerdem gezeigt, wie Du die Total Costs of Goods Sold errechnest. Du wirst vielleicht herausfinden, dass Deine Lieblingsprodukte oder Dienstleistungen nicht das abwerfen, was Du erwartet hast.

Andere Produkte hingegen sind gewinnbringend für Dein Geschäft. Hier heißt es unter Umständen Abschied nehmen. Mein bester Freund nennt das „Kill all your Darlings“. Es hilft nichts, wenn Du Produkte hast, die toll sind, aber im Endeffekt mehr kosten als sie einbringen. Überlege Dir gut, ob Du diese wirklich behalten oder nicht doch lieber mehr in die lukrativeren Produkte investieren willst. Es ist nicht gesagt, dass Du die Lieblingsprodukte nicht zu einem späteren Zeitpunkt wieder in Dein Angebot aufnehmen kannst. Zuerst muss Dein Business aber profitabel laufen und sich Jahr für Jahr steigern. Konzentriere Dich für mindestens zwei Jahre auf das Marketing und den Vertrieb der stärksten Kernprodukte auf Basis des Idealkundenprofils. Hier braucht es Geduld und natürlich gute Marketingstrategien.

Konzentriere Dich weiter darauf, mit exzellenten Produkten und Dienstleistungen außergewöhnlichen Nutzen für Deine Kunden zu schaffen. Ruhe nicht, ehe Du das Gefühl hast, dem Kunden umwerfende Dienste zu erweisen. Das hat einerseits schlichtweg verkaufstechnische Gründe, andererseits aber auch karmische, wie Du noch sehen wirst.

WIE IST DAS JETZT MIT DEM VERKAUFEN?

Lange bevor ich von finanziellen und karmischen Business-Strategien hörte, plagte ich mich schon mit dem leidigen Thema des Verkaufens herum. Eine Firma fragte mich, ob ich auch Verkaufstrainings machen würde. „So eine Frechheit“, dachte ich bei mir. „Schau ich so aus, als würde ich eine Verkaufstrainerin sein?“, und sagte empört „Nein“. Dem „Verkaufen“ haftet immer noch etwas Schmieriges, Unehrliches, Unangenehmes an.

VERKAUFEN

Vor allem wir Frauen kaufen lieber, als dass wir verkaufen. Dabei ist „Verkaufen“ eines der tollsten Dinge, die man tun kann! Wenn Du so bist wie ich, dann hast Du sicher den Traum von einem unablässigen Kundenstrom, der aus dem Nichts kommt und freudig wie von Geisterhand gesteuert Deine Produkte erwirbt. Die meisten Menschen glauben, wenn sie ein gutes Produkt haben, kommen die Kunden von alleine. Wie wir bereits gesehen haben, braucht es aber dazu viel mehr. Wenn wir später die karmischen Business-Strategien durchnehmen, werden Dir die Augen aus dem Kopf fallen, wenn Du liest, welche Gründe es für geschäftliche Erfolge oder Misserfolge gibt. Abgesehen davon möchte ich Dich mit praktischem Wissen so umfassend ausstatten, dass Du bestens vorbereitet bist, dann unter Berücksichtigung der karmischen Prinzipien den ultimativen Turbo einzulegen.

Die ersten Schritte im Verkauf und Marketing machte ich durch das Management meiner Band. Musiker spielen am liebsten Gigs, machen weniger gern Proben und hassen es, Konzerte zu organisieren. Daher blieb die gesamte Organisationsarbeit an mir hängen und ich arbeitete unablässig daran, mit meiner Band bekannt zu werden. Die Möglichkeiten Anfang der 90er-Jahre waren sehr beschränkt. Einen Anrufbeantworter für das Festnetz zu haben, galt als fortschrittlich. Die wenigsten von uns hatten ein Handy, geschweige denn einen Computer. Ich erstellte eine kleine Pressemappe mit Bildern für die Veranstalter und suchte mir aus Zeitschriften die Kontakte heraus. Dann rief ich an oder ging gleich hin und versuchte, meine Band zu verkaufen. Das war mir am Anfang immer superpeinlich. Ich drückte dem Veranstalter verschämt mein Mäppchen in die Hand und fragte devot, ob ich hier eventuell mit meiner Band spielen dürfte. Ich arbeitete nach dem Gießkannenprinzip: Von zehn Veranstaltern buchten maximal ein oder zwei (Paretos Prinzip!).

Die Preisverhandlungen ließen mich allerdings an Folter auf dem Nagelbrett denken. Das war wirklich das Unangenehmste an der ganzen Sache. Die meisten Konzerte spielten wir für 80 bis 90 Schilling pro Musiker. Hin und wieder war ein Auftritt dabei, der mehr einbrachte. Wir begannen, Adressen unserer Fans zu sammeln und schickten alle zwei Monate eine Massensendung mit unseren Terminen aus. Das hieß hunderte A4-Zettel dreimal zu falten, nach Bezirken und Bundesländern zu ordnen, zur Post zu tragen und dann zu hoffen, dass sich der Aufwand wenigstens lohnen würde. Es war, verglichen mit den heutigen Möglichkeiten, ein zeit- und kostenintensiver Wahnsinn. Ich ließ mich aber davon nicht aufhalten, ich hatte die zeitgenössischen großartigen Swing- und Rhythm & Blues-Bands vor Augen. Ich wollte auch dorthin kommen: auf großen Bühnen auftreten und ein Publikum haben, das verrückt danach war, uns zu sehen.

In Wien gab es seinerzeit ein Lokal namens Roter Engel. Leider existiert dieses „musikalische Sprungbrett“ schon lange nicht mehr. Wir spielten dort für 80 % der Eintrittsgelder. Das Lokal musste bummvoll sein, damit es sich für uns auszahlte. Das war aber nicht das Wichtigste. Das Lokal wurde von zahlungskräftiger Klientel frequentiert: Unternehmern, Privatiers,

Geschäftsleuten auf der Durchreise. Wir bekamen jedes Mal ein bis zwei Auftrittsangebote, wenn wir dort spielten. Und das war der Clou – wir praktizierten effektives Marketing! Unser Profit bei einem Auftritt im Roten Engel war ungleich höher, als bei einem Auftritt in anderen Lokalen. Er kam aber nicht vom Auftrittshonorar, sondern von den diversen Nachfolgegeschäften, wo wir wirklich gut verdienten. Als es dann eine CD von uns gab, verkaufte sie sich bei diesen Veranstaltungen wiederum extrem gut. Ungleich besser als bei etwaigen Firmenfeiern.

Die Bekanntheit meiner Band wuchs, es wurden immer mehr Auftritte, der Management-Aufwand wurde immer größer. Ständig riefen Veranstalter an, die uns buchen wollten. Die Preisverhandlungen gingen mir schon besser von der Hand, ich folgte aber immer noch keinem roten Faden. Nach wie vor tappte ich in die Falle, über den Preis zu Konzerten kommen zu wollen. Ich war oft zu billig, aus Angst, einen Auftritt zu verlieren.

Letztendlich stolperte ich aber über das gefährlichste Hindernis, das Frauen wie Männern oft den Weg verstellt: Ich glaubte, alles alleine machen zu müssen – und das perfekt. Ich kapierte nicht, dass es mein Job war, Musikerin und Bandleaderin zu sein und basta! Ich kümmerte mich daneben noch um das Bandmanagement, mein Studium, danach um unterschiedliche Projektjobs und vielleicht um ein bisschen Privatleben zwischendurch. Ich hatte ein Plattenlabel gegründet, wir produzierten schon die zweite CD und waren eine der Topbands in Europa. Es gab immer mehr Streitereien in der Band, denn die meisten Mitglieder spielten auch noch bei anderen Gruppen und so kam es aufgrund von Doppelbuchungen permanent zu Konfliktsituationen.

Ich machte einfach zu viel. Ich wurde krank und kapierte nicht, dass einer der Gründe die permanente Überlastung und nervliche Anspannung war. Ich wollte alles perfekt machen, was unmöglich war. Ich dachte nicht im Traum daran, mir eine Bürokraft zu nehmen für Buchhaltung, Fanbetreuung und Vertragsabwicklung, also für Dinge, die ich nicht unbedingt selbst machen musste. Einst Herzenswunsch und Segen, entwickelte sich die Band immer mehr zu einem Fluch für mich. Ich drohte in einem Strudel des Wahnsinns zu versinken. Also musste ich die Notbremse ziehen: Und auf dem Höhepunkt des Ruhmes beschloss ich, meine eigene Band zu verlassen. Es war eine unglaublich schwere Entscheidung – doch sie hat mir das Leben gerettet! Ich hätte mich sonst über kurz oder lang mit der unmenschlichen Arbeitslast, die ich mir aufbürdete, und meinem damaligen Mindset umgebracht.

Es brauchte allerdings noch einige Jahre, bis ich begriff, dass ich nur durch das Delegieren von Arbeiten, die nicht ich selbst machen muss, in eine ausbaubare und nachhaltige Gewinnzone kommen kann. Wenn ich mir 50, 100 oder 200 Euro pro Stunde zahle, dann werde ich mich doch nicht zum Sortieren von Rechnungsbelegen oder Kopieren von Unterlagen einteilen. Meine Assistentin kostet pro Stunde viel weniger als ich selbst. Sie nimmt mir all die Arbeiten ab, die mich davon abhalten, meine umsatzstärksten Fähigkeiten einzusetzen. Wenn ich einen Vortrag habe, brauche ich mich nicht mehr darum zu kümmern, ob Flyer, Formulare für Seminaranmeldungen oder Produkte zum Verkauf aufliegen. Das ist nicht meine Aufgabe.

Schau Dir also genau an, was Du delegieren kannst. Je mehr, desto besser. Das Argument, es sich nicht leisten zu können, ist ein Irrtum. Du kannst es Dir nicht leisten, weiterhin Deine wertvolle Zeit mit Tätigkeiten zu verbringen, die keinen Gewinn bringen. Auch wenn Du nur fünf Stunden pro Woche entlastet wirst, glaub mir, Du wirst den Unterschied garantiert merken.

Anhand der Geschichte mit meiner Band ist gut zu erkennen, dass man sich, auch wenn man genau das tut, was man liebt, trotzdem total aufreiben kann. Wenn es ums Marketing und ums Verkaufen geht, brauchen wir ein funktionierendes System, damit wir nicht im Chaos landen.

Wir haben in den vorangegangenen Kapiteln alles erarbeitet, was wir für einen schnittigen Verkaufsprozess brauchen. Damit meine ich nicht die 1:1-Relation „Kunde sagt mir, was er will und ich verkaufe es ihm", sondern einen erprobten Schritt-für-Schritt-Prozess, der mittels eines strukturierten, maßgeschneiderten Plans aus einem unbekannten Menschen einen begeisterten Käufer macht.

VERKAUFSPLANUNG

Ich möchte Dir einige Fragen stellen:

- Weißt Du, wo und wie Du Deine Marketing-Botschaft am besten positionieren sollst, damit diese auch Deinen idealen Kunden erreicht?
- Weißt Du, wie Du potentielle Kunden in solche, die tatsächlich kaufen, verwandeln kannst?
- Weißt Du, wie Du den gesamten Verkaufsprozess anlegen musst, um Deinen idealen Kunden von der Unwissenheit über die Bewusstheit hin zum Entscheidungsfindungsprozess, welcher letztendlich zum Kauf führt, zu bringen?

Ein gut strukturierter Verkaufsprozess ist der Schlüssel dazu, die „Kauf-Gewohnheiten“ Deines idealen Kunden kennen und verstehen zu lernen. Als ersten Schritt musst Du festlegen, welche Methode sich am besten dafür eignet, Deine Botschaft zu Deinem idealen Kunden zu bringen. Ich gebe Dir jetzt eine kurze Zusammenfassung über Marketing-Know-how. Ich bin wahrlich keine Expertin auf diesem Gebiet, aber ein gewisses Grundwissen gehört dazu, um ein Geschäft zum Wachsen zu bringen. Es handelt sich um kein Buch mit sieben Siegeln. Mein Ziel ist es, Dir einen Überblick und ein Grundverständnis zu vermitteln, damit Du weißt, was Du für Dein Unternehmen brauchst. Die Formel „Das Was kommt immer vor dem Wie“ bewahrheitet sich auch hier. Wenn Du weißt, was Du willst, dann kannst Du jemanden finden, der Dir Deine Vorstellungen umsetzt. Es gibt genug selbstständige Marketingexperten, die Dir für überraschend wenig Geld tolle Kampagnen auf die Beine stellen können.

SIEBEN DISTRIBUTIONSKANÄLE

Es gibt sieben verschiedene Möglichkeiten bzw. Distributionskanäle, zwischen denen Du wählen kannst. Unter Distributionskanal versteht man schlicht und einfach den Ort, wo Dein idealer Kunde am ehesten von Deiner Botschaft hört und wo auch der Verkauf abgewickelt wird.

Die sieben Distributionskanäle sind: Direktvertrieb, Einzelhandel, Online-Vertrieb, Versandhandel, Verkaufsveranstaltungen, Handelsvertreter und Telefonverkauf. Du musst entscheiden, welche dieser Vertriebsarten sich am besten für Dein Geschäft eignet, da Du dadurch auch festlegst, welche Kommunikationsstrategien Du benutzen wirst, um Deine Idealkunden zu erreichen.

Krieg jetzt aber ob der Vielfalt nicht die Krise. Es ist meistens so, dass von den sieben möglichen Distributionskanälen jeweils nur eine Handvoll für jede Unternehmensart geeignet ist. Wenn Du zu meinen Idealkundinnen zählst, sind hauptsächlich Direktvertrieb, Einzelhandel, Online-Vertrieb, Versandhandel und Verkaufsveranstaltungen für Dich relevant.

Identifiziere ein bis zwei Distributionskanäle für Dein Business, das reicht zu Beginn völlig aus. Ich habe für mein Geschäft inzwischen drei Kanäle: Direktvertrieb, Online-Vertrieb und Verkaufsveranstaltungen. Jeder dieser Kanäle braucht andere Strategien. Welche Arten von Strategien gibt es überhaupt?

DISTRIBUTIONSSTRATEGIEN

Nun, da Du weißt, welche der sieben verschiedenen Distributionskanäle in Betracht kommen, ist der nächste Schritt zu entscheiden, welche Kommunikationsstrategien am effektivsten wären, um neue Kunden zu gewinnen. Das sind Strategien, mehr nicht.

Es gibt 17 Marketingstrategien und drei Verkaufsstrategien. Ich denke mir, es ist gut, dass Du kurz drüberliest – gewissermaßen aus der Vogelperspektive – damit Du die Idee von einer Ahnung bekommst. Möglicherweise fühlst Du Dich durch diese Menge an Informationen etwas überfordert. Mir ging es genauso. Wenn ich ehrlich bin, überrascht mich die komplexe Welt des Marketings jeden Tag aufs Neue. Deshalb habe ich auch Experten für diesen Bereich an meiner Seite. Im Unterschied zu vielen anderen kann ich allerdings genau artikulieren, was ich in welchem Segment haben möchte und welche Ziele ich damit erreichen will. Ich bekomme dadurch viel bessere Ergebnisse. Das wird auch Dein Vorteil sein, wenn es Zeit ist, die richtigen Strategien und Kanäle zu bedienen.

MARKETINGSTRATEGIEN

Zu den Marketingstrategien gehören: Werbung mittels Inseraten und Spots (TV, Radio, Printmedien), Affiliate- und Joint-Venture-Programme (hier arbeitet man mit anderen Unternehmern zusammen), Affinity-Programme (preisgünstige Angebote für Mitglieder), Tauschhandel, Kataloge, Direktmailings, Event Marketing, Frequent Buyer Programs (FBP = Spezialprogramme für häufige Käufer), Internet, Außenwerbung (z. B. Plakate), Point of Purchase/Sales (Einkaufs/Verkaufs-Standort), Place-based Media (z. B. Werbetafeln an frequentierten Orten mit gleich bleibenden oder sich verändernden Botschaften), Promotions und Cross Promotions, Public Relations, Referrals (Empfehlungswerbung unter Bekannten – Linkweitergabe) und Signage (audio-visuelle Informationssysteme).

VERKAUFSSTRATEGIEN

Die drei Verkaufsstrategien sind: Direktverkäufe, Telemarketing und Backend bzw. Up-Selling. Backend bedeutet, dass man zuerst den Kunden ein möglichst interessantes und an ihren besonderen Wertvorstellungen orientiertes Angebot unterbreitet, um sie zu einer Kaufentscheidung zu bringen. Up-Selling bedeutet, dass man – wenn bereits ein Produkt gekauft worden ist – noch ein anderes dazu unter speziellen Konditionen anbietet. Alle Online-Versandhäuser arbeiten inzwischen damit. Wenn Du ein Buch bei Amazon bestellst, bekommst Du sofort Informationen, was andere Kunden außerdem gekauft haben, die dasselbe Produkt erworben haben oder was sonst noch zu Deinem Produkt passt. Eine kluge und millionenschwere Strategie.

Das klingt nach einer großen Anzahl von Strategien und Taktiken, die man kennen sollte, aber Du wirst nicht alle davon brauchen. In der Tat werden sich wahrscheinlich nur eine oder zwei davon als effektiv für Deinen Betrieb erweisen – und zwar sowohl hinsichtlich der Kosten als auch des zu erwartenden Returns. Und mit den Informationen, die Du bereits gesammelt hast, wird es Dir leichter fallen, die entsprechende Entscheidung zu treffen.

An dieser Stelle des Prozesses solltest Du die 17 Marketing-Strategien und die drei Verkaufsstrategien den von Dir gewählten Distributionskanälen gegenüberstellen und herausfinden, welche davon am besten zusammenzupassen scheinen. Mal ehrlich, einen TV-Spot werden sich nur die wenigsten unter uns leisten können. Das kostet richtig viel in unseren Breitengraden. Telemarketing ist auch so eine Sache, das macht sich erst ab einer gewissen Unternehmensgröße bezahlt. Wenn Du ein Geschäft für Biokosmetik hast, wird die passende Marketingstrategie sicher der Point of Purchase sein und die beste Verkaufsstrategie der Direktverkauf. Du könntest dann als zusätzliche Marketingstrategie noch ein Referral- oder Frequent Buyer-Programm installieren und Direktmailings wählen.

Dieses Kapitel dient dazu, Dir eine Idee von der Vielfalt an Möglichkeiten zu vermitteln, die Du benützen kannst, um Deine Produkte und Dienstleistungen zu verkaufen. Wenn Du auch nur ein oder zwei passende

Anregungen für Dich herausfiltern kannst, dann hat das Kapitel seinen Zweck erfüllt.

DER MINDSET-VERKAUFSPROZESS

Die meisten von uns machen Geschäfte, ohne einem bestimmen System zu folgen. Das bringt großen Energie- und Zeitverlust. Der Verkaufsprozess ist ein großartiges Hilfsmittel, um eine Struktur in den Ablauf des Verkaufens zu bringen. Wir alle verkaufen Produkte und/oder Dienstleistungen und es ist etwas Wunderbares, den Kunden genau das zu geben, was sie schon immer gesucht haben. Das können wir umso besser, je mehr wir uns das Wissen und die Strategien aneignen, die dazu notwendig sind. Ich für meinen Teil habe immer einen Coach an meiner Seite und Experten in den Gebieten, die ich selbst nicht bedienen kann oder will. Wenn Du irgendwo nicht weiterweißt, hole Dir jemanden, der ein Ass in dem Bereich ist, wo Du Schwierigkeiten hast!

Der Verkaufsprozess setzt sich aus fünf Schritten zusammen.

Schritt 1: Identifizieren

Der erste Schritt besteht darin, dass Du die Interessen Deines idealen Kunden identifizierst und Deinen Nischenmarkt bestimmst. Das hast Du bereits mit der Erstellung des Idealkundenprofils getan. Beginne daher Deine Suche nach potentiellen Kunden damit, dass Du

Dir diesen Teil nochmals genau ansiehst, um Dir immer wieder klar vor Augen zu führen, wen genau Du als Kunden anziehen willst. Dadurch programmierst Du Dein Unterbewusstsein darauf, nach genau solchen Personen Ausschau zu halten.

Schritt 2: Aufmerksamkeit erwecken

Als nächstes musst Du die Aufmerksamkeit der potentiellen Kunden gewinnen. Du willst prospektive Kunden dazu bringen, die Hand zu heben und zu sagen, dass sie an dem interessiert sind, was Du anzubieten hast. Das passiert durch die „Aua-Fragen" und den Elevator-Pitch. Die Distributionskanäle und die Marketingstrategien dienen dazu, die Botschaften zu Deinen Kunden zu bringen. Diese müssen ja erst darüber informiert werden, dass es Deine Produkte und Dienstleistungen gibt!

Schritt 3: Selektieren

Aber auch wenn diese Kunden die Hand heben, heißt das noch lange nicht, dass sie auch wirklich qualifiziert sind, mit Dir Geschäfte zu machen. Denk daran, dass Du den für Dich idealen Kunden suchst.

Bedeutet das, dass Du einen potentiellen Kunden abweisen solltest? Das ist wahrlich die Million-Euro-Frage! Die Antwort liegt allein bei Dir als Geschäftseigentümerin. Wenn Du jemandem ein Produkt oder eine Dienstleistung verkaufst, übernimmst Du damit automatisch die Verantwortung, diesem Kunden einen ausgezeichneten Service zur Verfügung zu stellen. Deinen idealen Kunden zu Diensten zu sein, wird eine Freude für Dich sein. Diese werden nicht fordernd, sondern kooperativ sein. Sie werden nicht Deine kostbare Zeit unnötig in Anspruch nehmen. Sie werden nicht reklamieren und wenn, bestimmt nicht auf eine unangenehme Weise. Sie werden weitere Produkte und Dienstleistungen bei Dir beziehen, sie werden öfter einkaufen und Dir als Kunden für immer treu bleiben. Sie werden Dich an Familienmitglieder und Freunde weiterempfehlen und sie werden nicht aufhören, ihr Loblied auf Dich zu singen, um auch fremde Leute dazu zu bringen, bei Dir zu kaufen. Sie werden Dich weiterempfehlen, ohne dass Du sie darum bitten musst. Sie werden dies tun, weil Dein Produkt oder Deine Dienstleistung genau dem entspricht, was sie wirklich wollen und brauchen. Dein Produkt oder Deine Dienstleistung wird dazu in der Lage sein, weil Du im Entscheidungsfindungsprozess genau definiert hast, wie die Wünsche und Bedürfnisse Deines idealen Kunden beschaffen sind – und Du dann entsprechende Neuerungen in Deinem Business eingeführt hast, um diesen spezifischen Wünschen und Bedürfnissen bestens gerecht zu werden.

Jemandem, der jedoch nicht dem Profil Deines idealen Kunden entspricht, werden Deine Produkte oder Dienstleistungen nicht denselben Nutzen bringen. Er hat vielleicht bei Dir nur aus Bequemlichkeit, Zufall oder wegen des Preises gekauft. Und da das, was Du anbietest, nicht wirklich mit seinen Wünschen und Bedürfnissen genau übereinstimmt, wird dieser Kunde sich wahrscheinlich als unzufriedener, komplizierter Kunde entpuppen, der viel zu viel Deiner Zeit und Aufmerksamkeit beanspruchen wird. Er wird nie wirklich glücklich sein, egal wie viel Du auch für ihn tun magst.

Diese Kundentypen werden wahrscheinlich nur einmal bei Dir kaufen und sehr oft die Ware zurückschicken, die Dienstleistung reklamieren und das Geld zurückhaben wollen. In diesem Fall hast Du Deine wertvolle Zeit zweimal für solche Kunden aufgewendet und absolut nichts dafür erhalten außer Ärger. Ständig verstimmt, werden solche Kunden Deine kostbare Zeit und auch die Deiner Angestellten in einem unverhältnismäßigen Ausmaß in Anspruch nehmen, und zwar ohne auch nur zweimal darüber nachzudenken. Deshalb solltest Du Dir selbst die Frage stellen, ob die paar Extraeuros, die Du eventuell verdienen könntest, es wert sind, dass Du Dir so eine Person aufhalst. Natürlich willst Du nicht freiwillig auf Einnahmen verzichten, aber dieser Kunde lohnt weder finanziell noch emotional die Zeit und die Mühe!

Ich habe einmal einen lukrativen Auftrag von einem großen Unternehmen angenommen, wo ich schon beim Erstgespräch wusste, dass dieser Kunde nicht zum Idealkundenprofil passte. Die Selektion und die Bedürfnis-Analyse (Schritt 4) waren eindeutig negativ. Ich nahm den Auftrag trotzdem an, weil eine Freundin mich darum gebeten hatte. Ich bereute das sofort. Schon beim ersten Seminar glaubte ich, im falschen Film zu sein. Die Teilnehmer waren unmotiviert, hatten null Interesse an Mindset-Strategien und pfiffen auf jegliche Art der persönlichen Weiterentwicklung. Diesen Kunden hatte ich über ein Jahr an der Backe. Ich kriegte ihn einfach nicht los. Es hat mich unheimlich viel an Nerven, Zeit und auch Geld gekostet und mich von meinen eigentlichen Plänen abgehalten. Auch mit dem allerbesten Service war es mir nicht möglich, diesen Kundentyp zufriedenzustellen, weil er einfach nicht zu meinen Dienstleistungen passte. Er konnte noch nicht einmal etwas dafür. Aus seiner Sicht waren seine Forderungen gerechtfertigt. Dennoch, ich habe eine wertvolle Lektion gelernt: Lasse dich nur mit deinem Idealkunden ein und versuche erst gar nicht, jemand anderen als potenziellen

Kunden zu gewinnen! Deshalb heißt Schritt drei des Verkaufsprozesses auch Selektion.

Schritt 4: Bedürfnis-Analyse

Wenn die Kunden wirklich passen, kommt Schritt vier dran, die Durchführung einer Bedürfnis-Analyse. Eine kurze, aber ausführliche Einschätzung, die sich mit eventuellen Bedenken Deiner Kunden befasst, die die Erwartungen der Kunden verdeutlicht und auch aufzeigen kann, ob Du in Deinem Unternehmen wirklich das Produkt bzw. die Dienstleistung anbietest, das bzw. die den Bedürfnissen dieser Kunden entspricht. Diesen Schritt wirst Du in manchen Branchen nicht oder nur sehr bedingt verwenden können, im hochpreisigen Dienstleistungsbereich ist er Goldes wert.

Nehmen wir an, Du bist Ärztin und hast Dich auf Frauen mit chronischen Schmerzen, verursacht durch Nervenentzündungen, spezialisiert. Nehmen wir weiter an, Du hast herausgefunden, dass es einen Zusammenhang zwischen einer psychischen Disposition und dem organischen Erscheinungsbild gibt. Du hast eine längerfristige ganzheitliche Therapie entwickelt, die nur zu einem geringen Teil von der Krankenkasse bezahlt wird. Du hast eine sehr hohe Erfolgsquote bezüglich Schmerzlinderung oder gar endgültiger Schmerzbeseitigung. Dieser Erfolg ist aber nur zu erzielen, wenn sich die Patientinnen ohne Wenn und Aber diesem Prozess unterwerfen. Hier würden sich als Bedürfnisanalyse ein Erstgespräch und ein Fragebogen mit speziell auf diese Kundengruppe zugeschnittenen Fragen anbieten. Erst dann entscheidest Du, ob Du mit der Patientin zusammenarbeiten willst und kannst. Nicht umgekehrt! Diese Art von Aufnahmeprozess erhöht übrigens die Kooperationsbereitschaft der Idealkunden, weil ihnen dadurch das Gefühl vermittelt wird, etwas Besonderes zu sein.

Schritt 5: Kaufabschluss

Und schließlich kommt Schritt fünf, der Teil, wo Dein potentieller Kunde zum Käufer wird. Das ist wahrscheinlich der wichtigste von allen Schritten, denn es bringt absolut nichts, wenn Du tausend qualifizierte Kunden hast, die aber schlussendlich doch nicht bei Dir kaufen. Dieser Schritt sollte unmittelbar nach der Bedürfnis-Analyse kommen. Zu diesem Zeitpunkt musst Du Deinen Kunden schon vollkommen davon überzeugt haben, dass er sicher sein kann, bei Dir genau das zu bekommen, was er sich wünscht. Aus diesem Grund kann er gar nicht mehr anders handeln und wird anstandslos Dein Produkt oder Deine Dienstleistung kaufen. Die unterschiedlichen Marketingstrategien und -taktiken kannst Du verlässlich an dieses Ziel bringen!

UNBEGRENZTE MÖGLICHKEITEN MIT DEM INTERNET

Ich bin begeistert von den Möglichkeiten, die uns Computer und Internet mit all ihren Facetten und Herausforderungen bieten. Ich bin aber ein IT-Muffel. Es kostet mich jedes Mal Überwindung, mich mit neuen Programmen und Online-Marketingmaßnahmen auseinanderzusetzen. Als mir 2010 klar wurde, dass Videos auf der Homepage DIE Kommunikations- und Verkaufsstrategie der nächsten Jahre für mein Business sein würden, habe ich trotz innerem Schweinhund begonnen, mich damit zu beschäftigen. Ich machte mich schlau über Programme, die automatisch Mails an die Kunden meiner Datenbank senden (z. B. Aweber oder Mailchimp) und zwar in von mir genau definierten Zeitabständen. Ich möchte ein Online-Coachingprogramm entwickeln, wozu ich ein bestimmtes Internet-Tool (in meinem Fall Kajabi) verwenden werde. Es kostete mich allerdings etliche Monate und Nerven, den gesamten Prozess verstehen zu lernen und dadurch erst zu wissen, was das Ding alles kann. Meist hört man nur, dass „eh alles ganz einfach" sei. „Ein bissi Beschäftigung damit" und schon geht´s. Meiner Erfahrung nach stimmt das einfach nicht. Bis auf die Menschen, die sich liebend gern mit IT und Online-Tools beschäftigen, haben alle, ausnahmslos alle, am Anfang große Schwierigkeiten. Es braucht seine Zeit, bis man durchblickt und die Materie beherrscht. Dann erst kann man die immensen Vorteile genießen, die diese Programme mit sich bringen. Was ich damit sagen will:

1. Hab Geduld mit Dir, wenn Du es nicht beim ersten Mal kapierst.
2. Lass Dich nicht davon abhalten, bloß weil Dein Mindset sagt, dass es zu schwierig ist.
3. Tu es auf jeden Fall oder suche Dir jemanden, der es für Dich tut!

Das Tolle an unserer Zeit ist, dass diese Sachen, verglichen mit dem Wert, den sie bringen, fast nichts mehr kosten. Vor einigen Jahren war es noch sehr aufwändig und teuer, ein Video zu produzieren und auf die Homepage zu stellen. Jetzt ist es ein Kinderspiel und kostet dank youtube & Co. nichts mehr. Und mit etwas Zeit und gutem Willen kapiert man das ganze Prozedere sogar irgendwann. Ich habe außerdem die Erfahrung gemacht, dass es immer jemanden im Bekanntenkreis gibt, der sich mit Internet und den Tools supergut auskennt und dem es Spaß macht, andere in dieser Hinsicht zu unterstützen.

Obwohl meine Leidenschaft nicht im IT-Bereich liegt, bin ich nicht Old School, was Marketing und Verkauf betrifft. Im Gegenteil. Ich nütze die neuen Medien, wann immer es möglich ist. Ich vermeide kostspieliges Papiermaterial, Postkosten und Sonstiges. Ich benutze Papier, wenn es meine Strategien und Taktiken vorsehen. Ich achte darauf, dass es sich – wenn möglich – ausschließlich um recyceltes, ökologisch produziertes Papier handelt. Aber der „papierene Anteil" am gesamten Marketing beträgt maximal 10 %.

Wenn Du zu denjenigen Menschen gehörst, die nach wie vor einen Bogen ums Internet machen, könnte es jetzt schwierig für Dich werden. Ich hoffe, dass ich Dich dafür begeistern kann, Dich mehr dafür zu interessieren und die unglaublichen Möglichkeiten zu nutzen. Wenn nicht, hast Du allein mit dem Idealkundenprofil, der Entscheidungsmatrix-Analyse, dem Elevator-Pitch und den Verkaufsstrategien schon so viel gewonnen, dass Du die Konkurrenz in den Schatten stellen kannst. Diejenigen unter Euch, die sich sicher im Netz bewegen, kann ich aber hoffentlich zu neuen Wegen anregen.

Im Folgenden stelle ich Dir einige der Möglichkeiten vor, wie man sich das Internet zunutze machen kann.

Wissenserwerb

Es ist unglaublich, aber eine unverrückbare Tatsache: Im Web finden wir ausführliche Informationen im Hinblick auf jedes nur erdenkliche Wissensgebiet. Wir müssen nur die entsprechenden Begriffe in die Google-Suchmaschine eingeben. Die Ausrede, dass man aufgrund von Geldmangel nichts für die eigene Weiterbildung tun kann, zählt deshalb nicht mehr. Wir können Unmengen von Gratisinformationen downloaden und uns für einen Pappenstiel auf Hochschulreife bringen.

Internet-Tools

Es gibt viele kostenlose Internet-Tools, mit denen Du entweder ein reines Online-Geschäft aufziehen kannst, oder durch die Du die Möglichkeit bekommst, Deine Produkte und Dienstleistungen auch online zu verkaufen. Du musst zunächst nicht einmal selbst wissen, wie man diese Programme herunterlädt und bedient, Du musst nur jemanden kennen, der diesbezüglich firm ist. Ich rate Dir aber, Dich später auch selbst damit vertraut zu machen. Es gibt Online-Kurse, spottbillige, hochqualitative Seminare (z. B. über die Wirtschaftskammer) und massenhaft Bücher zu diesem Thema.

Website

Sich eine HTML-Website programmieren zu lassen, ist kostspielig und heutzutage vollkommen unnötig. Um sie selbst warten und bedienen zu können, brauchst Du gute HTML-Kenntnisse. Das Zauberwort heißt „Blog" oder CMM (Content Management System). Hunderte fix und fertig programmierte Blogs und Websites in unterschiedlichen wunderbaren Designs liegen zum Beispiel auf Wordpress herum und warten nur darauf, gratis heruntergeladen zu werden. Das Einzige, was Du brauchst, ist eine Domain, d. h. einen registrierten Internetzugang. Es gibt viele Anbieter, wo man so eine Domain um 50 Euro oder weniger registrieren lassen kann. Mit Geduld und Spucke kannst Du das alles selbst machen.

Newsletters und regelmäßige Informationen

Newsletters, regelmäßige Informationen und Angebote gehören zu den wichtigsten Mitteln, um Idealkunden zu Idealkäufern zu machen. Freust Du Dich denn nicht auch darüber, per Mail von Deinem Lieblingsgeschäft informiert zu werden, wenn man z. B. 70 % Rabatt auf Schuhe nur für Stammkunden bietet? Oder wenn Deine Bücherfavoriten und Lieblings-DVDs zum einmaligen Sonderpreis angeboten und frei Haus geliefert werden? Wie, wenn nicht über das Medium Newsletter, würdest Du davon erfahren? Frag Deine Idealkunden, ob sie gerne über Deine Angebote per Mail informiert werden möchten. Die meisten werden das wollen. Du musst nur in jedem Mail die Möglichkeit bieten, sich vom Newsletter wieder problemlos abmelden zu können. Sammle so viele Adressen, wie Du nur kannst und leg hierfür eine entsprechende Datenbank an. Microsoft Outlook bietet im Bereich „Kontakte" genügend Möglichkeiten für hunderte von Adressen. Das reicht für den Anfang allemal. Es gibt auch professionelle Newslettersysteme, die für wenig Geld sehr guten Service bieten.

Videos

Meiner Meinung nach ist die beste Art und Weise, Informationen und Angebote an seine Kunden zu bringen, über Videos. Anfang 2000 begannen einige kleine Unternehmen, dieses Medium zu nutzen. Heute, über ein Jahrzehnt später, hat das Video vor allem in den angloamerikanischen Ländern einen Siegeszug sondergleichen angetreten. Viele Menschen sind audiovisuelle Typen und lieben Film und Fernsehen. Wieso sollte man diese Neigung nicht nutzen? Würdest Du nicht auch ein Video sehen wollen, das sich mit Deinen Hot Buttons beschäftigt und Lösungen anbietet?

Ein Video zu gestalten, ist einfacher, als Du denkst. Du brauchst eine gute Videokamera, ein Mikrofon und einen Hintergrund, vor dem Du sprichst. Dann legst Du Dir zum Beispiel einen Youtube-Account zu, damit Du die Videos für Deine Kunden sichtbar machen kannst. Das ist alles kostenlos. Du kannst Youtube mit Deinem Blog verbinden, sodass es aussieht, als würden die Videos direkt auf Deinem Blog sein. Hab keine Angst vor den vielen neuen Dingen. Das Was kommt immer vor dem Wie. Finde jemanden, der sich mit Online-Videos schon auskennt und Dir dabei hilft.

Schau auf meiner Website (www.barbarajascht.com) rein, wenn Du Anregungen für die Gestaltung Deines Videos brauchst. Ich bin ein Fan von Natürlichkeit. Ich habe oft kleine Hänger oder verspreche mich. Ich verwende auch ab und zu unglaublich lange Schachtelsätze und falle manchmal von gestochenem Hochdeutsch in absoluten Dialekt. Das bin ich, das ist meine Marke. Als ich das erste Mal ein Drei-Minuten-Video drehte, glaubte ich zu ersticken, weil ich das Atmen vergessen hatte. Meine Nerven spielten verrückt, obwohl ich nur mit meinem besten Freund in meinem Wohnzimmer stand und in eine kleine Kamera glotzte. Das Video war furchtbar im Vergleich zu jenen, die ich jetzt mache. Aber es war eine ganz neue Herausforderung für mich und mein psychokybernetischer Mechanismus drehte durch. Trotz allem bekam ich viele positive Rückmeldungen von meinen Kunden.

Meine Vorbilder sind fast alle aus den USA: Brendon Burchard, Anthony Robbins, Marie Forleo, John Assaraf, T. Harv Eker, um nur ein paar zu nennen. Dort ist man uns diesbezüglich meilenweit voraus. Aber auch in

Deutschland und Österreich gibt es einiges zu sehen. Such im Netz und ich bin sicher, Du wirst fündig. Das Wichtigste bei einem Video ist, dass Deine Persönlichkeit möglichst gut rüberkommt. Verstell Dich nicht, sei einfach Du selbst. Kunden kaufen immer aufgrund von Emotionen. Deine Video-Präsentation muss aber auf jeden Fall so effektiv sein, dass Deine potentiellen Kunden den Eindruck gewinnen, dass sie bei Dir mit ihren Wünschen und Problemen am besten aufgehoben sind. Deine prospektiven Kunden müssen überzeugt sein, dass Du ihnen helfen kannst, die perfekte Lösung zu finden.

Facebook

Auch ich nütze Facebook für die Verbreitung von Wissen, das Ankündigen von Seminaren und zur Generierung von neuen Interessentinnen. Privat existiert Facebook für mich nicht. Es ist mir nach wie vor ein Rätsel, wie so viele Menschen so viel wertvolle Zeit in einem Medium wie Facebook verbringen können. Falls Du zu einer der intensiveren privaten Nutzerinnen gehörst, bitte ich Dich lediglich, darüber nachzudenken, wie viel Zeit, die Du für den Aufbau von Wohlstand nützen könntest, Du dort mehr oder weniger verprasst. Oder mit Fernsehen! Das ist der Zeitfresser schlechthin. Rechne einfach mal die Stunden zusammen, die Du pro Woche mit unnötigem Glotzofonieren und überflüssigem Internetsurfen oder Mailen verbringst. Nichtsdestotrotz sind viele meiner Idealkundinnen aus privaten wie beruflichen Gründen auf Facebook zu finden und deshalb wird dieses Medium von mir respektvoll eingesetzt und zum Wohle meiner Kundinnen bedient.

Jeder Facebook-Benutzer verfügt über eine Profilseite, auf der er sich vorstellen und Fotos oder Videos hochladen kann. In der Chronik des Profils können Besucher auch öffentlich sichtbare Kommentare hinterlassen, je nach Privatsphäre-Einstellung der Seite. Alternativ zu öffentlichen Nachrichten können sich Benutzer persönliche Nachrichten schicken oder chatten. Freunde können zu Gruppen und Events eingeladen werden. Facebook verfügt zudem über einen Marktplatz, auf dem Benutzer Kleinanzeigen aufgeben und einsehen können. Durch eine Beobachtungsliste wird man über Neuigkeiten, z. B. neue Einträge auf den Profilseiten von Freunden, informiert.

Facebook bietet nicht nur Profile für Privatpersonen an, sondern auch Seiten für Künstler, bekannte Personen, Unternehmen und Marken. Folgende Seitenkategorien werden unterschieden:

- Lokales Unternehmen oder lokaler Ort
- Unternehmen, Organisation oder Institution
- Marke oder Produkt
- Künstler, Band oder öffentliche Person
- Unterhaltung
- Guter Zweck oder Gemeinschaft

Derartige Auftritte sind Teil des Social-Media-Marketings bzw. der Public-Relations-Aktivitäten. Was kann uns Facebook bringen?

- ein positives Markenimage aufzubauen und zu pflegen
- die Bekanntheit zu steigern
- die Besucherzahlen einer Website zu optimieren
- die Kundenakquisition positiv zu beeinflussen (Word-of-Mouth; Empfehlungsmarketing);

- die Kundenbindung zu erhöhen
- Produkte/Dienstleistungen/Angebote weiterzuentwickeln (Innovationsmanagement; z. B. Diskussion von möglichen Produkteigenschaften)

In der Regel gelingt die Akquisition von Facebook-Fans leichter, je emotionaler ein Produkt oder eine Dienstleistung ist. Selbstverständlich hat der Bekanntheitsgrad des Produktes einen überaus hohen Einfluss auf den Erfolg einer Seite.

Ich habe strenge Sicherheitsvorkehrungen getroffen, als ich mich entschied, Facebook zu nutzen. Die wenigsten Nutzer wissen, dass man unter den persönlichen Einstellungen den Datenmissbrauch minimieren kann. Es ist ein offenes Geheimnis, dass Datenmissbrauch passiert! Gib nur jene Informationen preis, die unbedingt notwendig sind. Ich bin eine äußerst kritische Nutzerin, wie Du sicher schon bemerkt hast. Ob für Dich Facebook eine nützliche Strategie ist, kann an dieser Stelle nicht gesagt werden. Das hängt von Deinem Idealkundenprofil, den Hot Buttons und den Lösungen, die Du entwickelt hast, ab. Es lohnt sich in jedem Fall, sich diesbezüglich zu erkundigen.

Wenn Du gerne mehr Informationen über das Medium Facebook haben möchtest, findest Du diese auf Wikipedia (www.wikipedia.org), einem ausgezeichneten Wissensportal. Wahrscheinlich sind manche meiner Tipps schon längst veraltet, wenn Du mein Buch liest. Kaum entdeckt, schon gehört es wieder zum alten Eisen.

Wir haben es geschafft! Die finanziellen Business-Strategien liegen hinter uns, wir haben viel Schweiß und Disziplin investiert, um unser Business für das große Rennen fit zu machen. Im letzten und meiner Meinung nach wichtigsten Teil des Buches mache ich Dich mit 2500 Jahre alten ethischen Prinzipien bekannt, die uns ein komplett anderes Erklärungsmodell für die Gesetze des Erfolgs bieten.

KARMISCHE BUSINESS-STRATEGIEN

Irgendwann stellte ich mir die Frage, warum manche Betriebe so erfolgreich sind und andere sehr rasch Pleite machen, obwohl den einen und den anderen Unternehmen exakt die gleichen Hilfsmittel und Rahmenbedingungen zur Verfügung stehen. Ich will Dich glücklich und zufrieden in Deinem Geschäft und Deinem Leben sehen. Ich will verhindern, dass Du scheiterst oder nur einen Bruchteil Deiner Träume verwirklichst. Ich hoffe, nein, ich wünsche es mir zutiefst, dass Dir das einzigartige Wissen um die karmischen Prinzipien eine echte Unterstützung und Bereicherung sein wird. Es stellt so ziemlich alles auf den Kopf, was wir in tausenden von Jahren an Überzeugungen über das Funktionieren der Welt erfahren haben.

Ich habe einige Fragen für Dich. Wenn die mentalen und finanziellen Business-Strategien tatsächlich immer wirksam wären, dann müsste jeder, der sie anwendet, erfolgreich sein. Warum werden es aber nur wenige im Vergleich zu denjenigen, die über das Wissen verfügen? Es gibt so viele Bücher über Wohlstand und Erfolg, massenhaft Experten und Seminare, sündhaft teure Ausbildungen, Geistheilungen, Rückführungen etc., da müssten doch Millionen von reichen und zufriedenen Menschen herumlaufen. So ist es aber nicht! Warum werden manche Menschen mit grottenschlechten Business-Strategien innerhalb kürzester Zeit reich, während andere, die über bestes Know-how verfügen, nicht über die ersten Meter hinauskommen?

Die Antwort ist verblüffend einfach. Der wahre Grund für Erfolg im beruflichen wie im privaten Leben liegt nicht dort, wo wir vermuten. Dazu müssen wir zuerst „den Stift“ verstehen.

DEN STIFT VERSTEHEN

Den „Stift“ zu verstehen, ist die grundlegende Voraussetzung, um nachhaltig inneres Wohlergehen und äußeren Wohlstand zu erlangen. Ich schreibe dieses Buch nicht, um Dir ein paar Tricks zu verraten, wie Du Dir in kurzer Zeit ein nettes Einkommen und ein nettes Leben verschaffen kannst. Wenn Du nur mit ein paar Tricks arbeitest, bricht das nette Konstrukt, kaum dass Du Dich daran gewöhnt hast, auch schon wieder zusammen.

Wenn wir ehrlich sind, ist unser Leben, so wie es sich uns präsentiert, doch nur eine Aneinanderreihung von Ungewissheiten. Schau Dich um, dann wirst Du erkennen, dass Geschäfte aufblühen, kurz Gewinn machen und sich dann in „Pleiten, Pech und Pannen“ verlieren. Neun von zehn Neugründungen überleben die ersten drei Jahre nicht. Schuld daran sind vermeintlich die Kunden, die nicht kamen, das Finanzamt oder der ungünstige Markt. Wieso schaffen es aber dann andere, mit der gleichen Art von Geschäft zur gleichen Zeit mit dem gleichen Finanzamt erfolgreich zu sein?

Bei Beziehungen schaut am Anfang alles toll aus, aber fragen wir mal nach einigen Jahren nach. Da wird gestritten bis aufs Messer und der Alltag macht den Partner so sexy wie eine Gurke, die zu lange im Kühlschrank gelegen ist. Aber natürlich sind wir sicher, dass andere am Scheitern der Beziehung schuld sind.

Wir sind der Überzeugung, dass wir – ohne etwas dafür tun zu müssen – immer einen gesunden Körper haben sollten. Bis wir dann Krankheiten und Beeinträchtigungen erleiden, die nicht nach einer Woche verschwinden, sondern sich über Jahre hinziehen. Schuld daran sind der Arzt, der nicht heilt, oder die vielen Jahre der Aufopferung für Kind und Familie oder der ungesunde Lebensstil, den der Beruf mit sich bringt.

Merkst Du, worauf ich hinauswill? Wir sind überzeugt, dass die Ursache immer im Außen liegt. Ich möchte Dir eine andere Sichtweise anbieten, die in der Lage ist, uns von den Ungewissheiten des Lebens zu befreien, und Dir damit beweisen, dass wir uns die Welt, in der wir leben, selbst konstruieren und dass nichts, was passiert, seinen Ursprung im Außen hat.

Als ich 2010 das erste Mal vom „Stift" hörte, war es, als ob mir irgendjemand den Boden unter den Füßen weggezogen hätte. Dieser Irgendjemand war der Amerikaner Geshe Michael Roach, ein buddhistischer Mönch, außergewöhnlicher Unternehmer und unglaublich beeindruckender Mensch. Nach dem Buch „Gesundheit für Körper und Seele" von Louise Hay war mein erstes Treffen mit ihm die nächste maßgebliche Wende auf meinem Weg zu einem noch tieferen Verständnis des Lebens. Es war ein Glücksfall, dass ich einer der ersten Menschen in Europa war, der bei einem Seminar von Geshe Michael Roach dabei sein durfte. Das Seminar hatte den Titel „Erfolg im Business durch Spiritualität". Das war doch mal ganz etwas Neues! Normalerweise peinlich genau getrennt, hatte hier endlich einer den Mut, die beiden Bereiche zu verbinden. Mein Instinkt sagte mir, dass etwas Entscheidendes an diesem Wochenende passieren würde.

Ich glaubte, schon gut in Gedankentechniken zu sein und zu wissen, wie der Hase läuft. Aber trotzdem gab es immer noch Bereiche in meinem Leben, die sich partout meinen eigenen Erfolgsprinzipien zu verweigern schienen. Wie konnte das sein? Auf der einen Seite funktionierten die mentalen Techniken und das Gesetz der Anziehung einwandfrei und auf der anderen Seite blieben sie absolut ohne Wirkung. Im April 2010 bekam ich endlich die Antwort. Ich wurde mit den karmischen Prinzipien konfrontiert. „Konfrontiert" ist genau das richtige Wort.

Stell Dir einen Seminarraum vor, zirka 45 Menschen aus allen Teilen der Welt. Geshe Michael Roach (GMR) steht im Business-Anzug vor den Teilnehmern. Kurz vorher hatte er noch die orangefarbene Robe der buddhistischen Mönche getragen. Ich hatte immer gedacht, Robe und Anzug könnten niemals zusammenpassen. Ich bin sehr gespannt auf das, was da auf mich zukommt.

GMR (hebt einen Stift in die Höhe): „Was ist das?" Wenn man selbst Trainerin ist, dann ist man bei Antworten auf einfache Fragen sehr vorsichtig, denn meistens steckt etwas anderes dahinter, als man erwartet. Trotzdem schmeiße ich mich in die Bresche.

BJ: „Ein Stift."

GMR: „Wenn ich diesen Stift einem Hund vor die Schnauze halte, was ist er für den Hund?"

Hmm. Kommt drauf an, was für ein Hund es ist. Es gibt sicher Hunde, die mit der Schnauze schreiben können. Ich halte zur Sicherheit meinen Mund.

GMR: „Der Hund wird hineinbeißen und darauf herumkauen. Für den Hund ist es ein Kauwerkzeug. Wenn wir und der Hund den Raum verlassen, was ist der Stift dann?"

Schweigen. Mir kommt die Quantenphysik in den Sinn, jedoch nicht detailliert genug, um eine Antwort geben zu können.

Ein Teilnehmer: „Er ist immer noch ein Stift!"

Ein anderer Teilnehmer: „Wie wollen wir wissen, dass er überhaupt noch da ist, wenn wir nicht im Raum sind?"

Aha, das ist es, was ich auch sagen wollte.

GMR: „Von wo kommt der Stift? Von hier?" (hält mit einer Hand den Stift in Augenhöhe, macht mit der anderen eine Bewegung von seinen Augen zum Stift hin) „Oder von hier?" (macht die Bewegung vom Stift weg in Richtung Augen)

GMR wiederholt die Fragen und die Bewegungen noch einige Male.

GMR: „Wenn der Stift aus sich heraus ein Stift wäre, müsste auch der Hund einen Stift wahrnehmen. Der

Stift müsste immer und überall ein Stift sein. Das ist er aber nicht. Deshalb muss die Wahrnehmung des Stiftes von uns kommen."

Wahnsinn. Stimmt. Warum hab ich das noch nie bemerkt?

Raunen geht durch die Reihen. Wer hätte gedacht, dass ein einfacher Stift so viel Potential in sich birgt.

GMR: „Das heißt, dass der Stift leer ist. Ohne jemanden, der ihn als Stift sieht, ist er nichts, ohne Bedeutung. So verhält es sich mit allen Dingen. Darauf beruht das Prinzip von Ursache und Wirkung, unser ganzes Universum. Alles existiert in wechselseitiger Abhängigkeit voneinander. Wenn Sie das verstehen, können Sie sich alles erschaffen, was Sie wollen."

Stopp. Gaaanz langsam. Ich brauche also nur einen Stift, einen Hund und die rechte Sichtweise, dann wird sich mir die Macht des Universums erschließen?

Wie soll das denn funktionieren? Ich bekam in den nächsten Tagen eine Ahnung davon. Dieses Seminar stellte mein Leben und meine Denkweise gründlich auf den Kopf. Ich erfuhr in den viel zu kurzen Tagen noch mehr über Leerheit und das unbegrenzte Potential, das uns innewohnt.

Ich möchte Dir hier einen kurzen und intensiven Einblick in die unglaublichen Möglichkeiten der karmischen Prinzipien geben. Die karmischen Prinzipien arbeiten mit einer zentralen Idee. Diese Idee basiert auf der Erkenntnis, dass alles, was uns im Leben geschieht, seinen Ursprung in der Art und Weise hat, wie wir andere fühlende Wesen zuvor behandelt haben. Geshe Michael Roach erläuterte die zugrundeliegende Theorie und schilderte, wie unsere Handlungen anderen gegenüber als Samen in unserem Geist gespeichert werden. Diese Samen reifen heran und bestimmen, wie wir Menschen,

Dinge und Situationen in der Gegenwart wahrnehmen (müssen). Positiv oder negativ oder neutral.

Dieses Wissen entstammt einem alten Buch – dem „Sutra vom Diamantenschneider“. Dieses Sutra soll vor 2500 Jahren entstanden sein, direkt von Buddha kommen und gilt als das älteste gedruckte Buch der Welt. Eine Ausgabe davon befindet sich im Britischen Museum in London. Der Holztafeldruck wurde auf das Jahr 868 n. Chr. datiert. Von wegen Gutenberg und seine Bibel! In diesem „ältesten gedruckten Buch der Welt“ sind die zentralen Ideen über das Entstehen des Universums erklärt, sprich, wie wir in unserem Geist jene Samen pflanzen, die die Wahrnehmung unseres Lebens und unserer Welt in der Zukunft begründen.

Ich saß in der ersten Reihe und Geshe Michael stand vor mir. Ich hatte die ganze Zeit über das Gefühl, Goldstaub würde auf mich herniederrieseln. Ich bin grundsätzlich nicht im Mindesten anfällig für irgendwelche Heiligenverehrungen oder sonstige Erscheinungen. Aber durch diese Begegnung bekam ich das erste Mal eine Ahnung davon, wie es Leuten gehen muss, die das Licht sehen. Wie z. B. John Belushi in dem Film „The Blues Brothers“.

Dieser Mann, der zweieinhalb Tage lang versuchte, uns Leerheit oder – in anderen Worten – unbegrenztes Potential näherzubringen, muss es wissen. Er ist der erste westliche Mensch, der nach über zwei Jahrzehnten Studium den Titel eines „Geshe“ des tibetischen Buddhismus erlangt hat. Ein Geshe-Titel ist vergleichbar mit einem Dr.Dr.Dr. der Philosophie. Zuvor studierte er Religionswissenschaften, Russisch und Sanskrit in Princeton und schloss das Studium 1975 mit Auszeichnung und einem Handshake vom damaligen US Präsidenten Nixon ab. Ein Stipendium der Universität Princeton ermöglichte Michael Roach einen Forschungsaufenthalt an der Library of Tibetan Works and Archives in Dharamsala, dem Wohnort des Dalai Lama in Indien. Michael Roach war fasziniert von den Lehren des tibetischen Buddhismus und begann 1974, tibetischen Buddhismus bei Khen Rinpoche Geshe Lobsang Tharchin in New Jersey zu studieren. 25 Jahre lebte er mit dem tibetischen Meister und lernte von ihm. An der Klosteruniversität Sera Mey in Indien wurde Michael Roach 1983 zum Mönch ordiniert und 1995 schloss er sein Studium mit dem Titel eines Geshe ab.

Das allein ist schon interessant genug. Geshe Michael Roach hat aber neben seinem buddhistischen Studium maßgeblich mitgeholfen, ein Millionenunternehmen in New York City aufzubauen. Wenn er nicht alles Geld weggeben und in gemeinnützige Projekte investieren würde, wäre er Millionär. Wie kam das und warum ist es für uns so interessant? Nach einigen Jahren im Kloster bekam der Mönch Michael Roach von seinem Lama eine Aufgabe. „Hör zu. Wir Mönche und Nonnen wissen aufgrund welcher Prinzipien die Welt funktioniert. Wir sitzen aber in Klöstern und das Wissen kommt nicht dorthin, wo es am meisten benötigt wird. Ich möchte, dass du in New York, Manhattan, eine Firma aufbaust und die Prinzipien aus dem „Diamantenschneider-Sutra“ verwendest. Es ist wichtig, dass niemand erfährt, dass du ein buddhistischer Mönch bist. Wir werden das Geld, das du verdienst, zur Unterstützung tibetischer Flüchtlinge verwenden.“

„Das hört sich nicht gut an“, dachte der Mönch. Er war ins Kloster gegangen, um nichts mehr mit Geld, Wirtschaft und dem ganzen weltlichen Kram zu tun zu haben. Dumm, dass man seinem Lama nicht widersprechen darf und das tun muss, was er sagt. Sonst ist man draußen aus dem Kloster. Nach einem Jahr des Überlegens ging Michael Roach nach New York City, in die

Höhle des Löwen. Er bekam die Eingebung, dass er im Diamantenhandel tätig werden sollte. Der Diamantenhandel ist sehr strikt geregelt, für einen Neuling besteht kaum die Chance, einen Fuß in die Tür zu bekommen. 1981 fand er ein Ehepaar, Ofer und Aya Arielzant, die in den Diamantenhandel einsteigen wollten. Sie nannten ihr Unternehmen „Andin International Diamond Corporation". Die Firma startete mit einem Kredit in Höhe von 50 000 US-Dollar und entwickelte sich für alle überraschend schnell zu einem florierenden Unternehmen. Niemand wusste, dass der nette junge Mann, der niemals ausging und immer zu allen freundlich war, uralte Prinzipien des Erfolgs anwandte, um das Wachstum zu beschleunigen und alle Beteiligten zufrieden zu machen. Nebenbei studierte er noch tibetischen Buddhismus in New Jersey. Andin International hatte bald ein Wachstum von etwa 100 % pro Jahr und die Firma gehört nach wie vor zu den am schnellsten wachsenden Unternehmen in New York. Die 100 % sind deshalb so beeindruckend, weil in der Diamantenbranche Zuwachsraten von 1–2 % pro Jahr (!) normal sind.

Als Michael Roach das Unternehmen 1996 verließ, um sich über drei Jahre lang in eine spezielle Meditation zu begeben, setzte Andin 100 Millionen US-Dollar um. 2009 erzielte Andin mit 10 000 Mitarbeitern weltweit einen Jahresumsatz von 250 Millionen US-Dollar und wurde von der Richline Group, einem Unternehmen von Warren Buffett, gekauft. Bevor Geshe Michael Roach in das Drei-Jahres-Retreat ging, beschrieb er in dem Buch „Der Diamantenschneider", wie er durch die Anwendung des Wissens aus dem Sutra vom Diamantenschneider und mit Hilfe seiner Studien der buddhistischen Philosophie diesen großen Geschäftserfolg bei Andin erzielen konnte. Buchstäblich im letzten Augenblick beendete er sein Werk. Um in so ein Retreat zu gehen, muss man all seine Güter abgeben und darf nichts mehr besitzen. Geshe Michael Roach machte sich keinerlei Gedanken über das „Danach". Nach den drei Jahren war sein Buch ein Bestseller und in viele Sprachen übersetzt. Viele Unternehmer haben seither die karmischen Prinzipien erfolgreich eingesetzt und ihre Geschichten sind in der englischen Fassung des Diamantenschneiders „The Diamond Cutter – The Buddha on Managing your Business and your Life (Roach, Michael, 2003 double day inc.) nachzulesen.

Die 2500 Jahre alte Weisheit kann man in einem Satz zusammenfassen: Unsere Wirklichkeit spiegelt genau wider, wie wir andere Menschen und fühlende Wesen in der Vergangenheit behandelt haben. Alle Dinge, die uns passieren, sind das Ergebnis vergangener Handlungen. Jeder Gedanke ist wie ein geistiger Samen, der irgendwann einmal aufgeht. Wenn wir durch sorgfältiges Training lernen, wie wir die richtigen Samen pflanzen und nähren, werden wir unsere Ziele in der Zukunft systematisch realisieren und auch unmöglich scheinende Träume umsetzen können.

Zurück zur Leerheit und in den Seminarraum zu Geshe Michael Roach im Jahr 2010. Stift, Hund, rechte Sichtweise. Ich kapierte es nicht. Oftmals bleiben wir zu lange bei einer Sichtweise, die uns nicht dienlich ist, wissen aber nicht, wie wir sie ändern sollen. Wir sind unglücklich, weil wir überzeugt sind, dass die Ursache unseres Unglücks im Außen liegt und wir einfach Pech haben. Mit den karmischen Prinzipien wird diese Sichtweise auf den Kopf gestellt. Das Unglück entsteht dadurch, dass wir in der Vergangenheit etwas Ähnliches jemand anderem angetan haben. Eine Situation oder ein Ding sind von sich aus immer leer, erst durch unsere geistigen Samen aus der Vergangenheit werden sie zu dem gemacht, was sie dann für uns sind. Ein anderes

Beispiel half mir, ansatzweise das unbegrenzte Potential zu verstehen.

Stell Dir folgende Situation vor: Deine Chefin hat Dich zum Rapport bestellt. Du hast ein mulmiges Gefühl, weil Du nicht genau weißt, was sie von Dir will. Vielleicht hat sich Deine Kollegin aus der Abteilung abschätzig über Dich geäußert, weil Du im laufenden Projekt ein paar wichtige Termine verschwitzt hast (was aber nur passiert ist, weil Du so sehr mit Arbeit eingedeckt bist). Du hast sowieso das Gefühl, dass diese Kollegin Dich am liebsten draußen haben würde aus diesem Projekt. Du stehst also vor der Chefin, Deine Kollegin ist auch im Raum und schon passiert das, was Du befürchtet hast. Deine Vorgesetzte macht Dich zur Schnecke und wirft Dir teilweise sogar Dinge vor, die Du absolut nicht gemacht hast. Du schaust zu Deiner Kollegin, die ein selbstgefälliges Gesicht macht. Du rechtfertigst Dich und wirst vielleicht auch wütend. Du findest die Chefin ungerecht und das Ganze mies.

Wie wird Deine Kollegin Deine Chefin in dieser Situation wahrnehmen? Als ungerecht und aufbrausend? Nein. Sie wird es absolut in Ordnung finden, dass sie endlich mal Tacheles redet mit der Mitarbeiterin, die ihre Leistung nicht so bringt, wie sie sollte. Für sie ist die Chefin eine gute Führungskraft, die zeigt, wo's langgeht.

Aha, und was ist die Chefin jetzt wirklich? Ungerecht oder gerecht? Logischerweise nichts von beidem. Sie ist leer. Sie ist wie der Stift. Sie wird nur durch Dich zu dem gemacht, was Du wahrnimmst.

Ich möchte sichergehen, dass Du wirklich begreifst, was man unter Leerheit versteht und worum es sich bei dem verborgenen Potential der Dinge handelt. Deshalb noch ein Beispiel: Vielleicht hast Du einen Nachbarn, den Du nicht ausstehen kannst und mit dem es immer wieder Streit gibt, oder Du kennst einen solchen Fall. Du findest den Nachbarn streitsüchtig, arrogant, wahrscheinlich blöd und so weiter. Komischerweise hat er immer viel Besuch und man hört Lachen und angeregte Gespräche vom Garten herüber. Wie ist der Nachbar tatsächlich? Würden wir seine Freunde fragen, käme dabei heraus, dass er in deren Augen ein lustiger, herzensguter Mensch ist. Also ein ganz anderer Mensch als der, den Du wahrnimmst. Das bedeutet ganz klar, dass nur Deine Wahrnehmung ihn als unangenehm abstempelt.

Aber woher kommt das? Wieso ist er bei anderen nett und Dir gegenüber ein arroganter, streitsüchtiger Klops, der die Luft verpestet? Wieso ist die Chefin den anderen Kolleginnen gegenüber höflich und zuvorkommend, während sie bei Dir regelmäßig laut wird, obwohl Du bessere Arbeit leistest?

Warum ist das so?

GAJKA – NICHTS IST SO, WIE ES SCHEINT

Das Wort „Gajka“ kommt aus dem Tibetischen und bedeutet frei übersetzt „nichts ist so, wie es scheint.“ Die Antwort, warum das so ist, habe ich in den „Karmischen Prinzipien“ gefunden. Sie funktionieren, egal ob Du Christin, Muslimin, Jüdin, Hinduistin, Buddhistin, Atheistin oder Nihilistin bist oder auch gar nichts mit irgendeiner dieser Richtungen am Hut hast. Es hat nichts mit einer gewissen Glaubensrichtung zu tun. Ich bin seit meinem 18. Lebensjahr ohne religiöses Bekenntnis. Ich bin der Meinung, dass gläubig zu sein nicht unbedingt etwas mit einer spezifischen Religionsgemeinschaft zu tun haben muss. In allen Weltreligionen und Philosophien finden wir, wenn wir uns nur intensiv genug damit beschäftigen, viele Hinweise und klare Anleitungen, wie man ein erfülltes und zufriedenes Leben erlangen kann.

Wenn wir den über die Jahrhunderte angesammelten Moralsumpf der Lehren beiseitelassen und uns auf die Essenz konzentrieren, kommen erstaunliche Prinzipien zutage, die heute aktueller denn je sind. Wir Menschen haben ein Bedürfnis danach, auf eine andere Art Geschäfte zu machen. Wir haben Sehnsucht nach Gerechtigkeit und Ethik. Wir wollen eine Geschäftswelt, die auf Ehrlichkeit und Rücksichtnahme basiert. Wir wollen im Einklang mit der Umwelt sein und dem zerstörerischen Treiben der verrückten Finanzwelt einen Riegel vorschieben. Spätestens hier seufzen die meisten und sagen, dass sie hierauf ja keinerlei Einfluss hätten, und legen resigniert die Hände in den Schoß: „Wenn man nicht mittut, dann geht man unter. Man muss schauen, wo man selbst bleibt!" Dieser Ansatz bringt allerdings weder uns noch die Welt auf längere Sicht auch nur einen Schritt weiter.

„Das ist Karma", sagen wir und meinen meist ein unausweichliches Schicksal und den Freibrief, nicht zu handeln und sich im eigenen Jammertal zu vergraben. Komischerweise verweisen wir auf Karma vorwiegend als Erklärung für negative Dinge, eher selten für die positiven. Da heißt es meistens, man hat Glück gehabt oder endlich mal den langen Zipfel der Wurst erwischt. Karma kommt aus dem Tibetischen und bedeutet übersetzt „jede Bewegung des Geistes". Da jedem Wort und jeder Handlung ein Gedanke vorausgeht, ist Karma logischerweise alles, was ich denke, spreche und tue. Jede noch so unbedeutend erscheinende Handlung zieht eine Wirkung nach sich.

Wir haben gelernt, dass die Welt aus Krieg, Mangel, Konkurrenzkampf, unterschiedlichen Völkern, Grenzen, Angst etc. besteht. Wir haben außerdem gelernt, dass wir in vielen Dingen machtlos sind und uns daher gar nicht erst darum zu kümmern brauchen. Wir haben gelernt, dass Dinge funktionieren oder auch nicht. Wir haben eine Ungewissheit akzeptiert, die unser ganzes Leben dominiert und uns ständig mehr oder weniger Angst verspüren lässt. Wir kommen nicht einmal auf die Idee, dass es auch anders sein könnte. Nehmen wir nur mal für die paar Seiten dieses Buches an, dass jeder Gedanke, jedes Wort und jede Tat eine Wirkung im Außen nach sich zieht. Das würde bedeuten, dass wir – wenn wir die Logik dahinter verstünden – gezielt unsere Welt erschaffen könnten. Wenn der „Stift" von uns kommt, dann kommt die Welt, wie wir sie wahrnehmen, auch von uns. Dann kommt auch der geschäftliche Erfolg oder Misserfolg von uns, weil wir zuvor mit positiver oder negativer Gesinnung gehandelt haben, auch wenn sich die tatsächliche Ursache meist unserer Kenntnis entzieht. Die wahre Ursache von gegenwärtigen Ereignissen ist vergangenen Handlungen zuzuschreiben. Das ist der Grund, warum Erfolg versprechende Kampagnen scheitern – und Ladenhüter plötzlich über Nacht zum Millionenseller werden können.

Das sind radikale Gedanken. Nimm Dir Zeit, das zu überdenken. Wenn wir gewillt sind, mit den karmischen Prinzipien zu arbeiten, dann können wir uns nicht nur die Rosinen herauspicken. Haben wir jedoch den Mut, in diese Prinzipien voll und ganz einzutauchen und sie gezielt anzuwenden, dann wird sich unser Leben grundlegend ändern.

DAS GÄRTNERN WILL GELERNT SEIN

Alles, was wir erleben, basiert auf früheren Handlungen. Wir können uns das wie einen Garten vorstellen.

Jeder Gedanke ist ein Same, ein kleines Energiepotential, positiv oder negativ geladen, der sich in den weitläufigen Beeten unseres Unterbewusstseins einnistet. Der unbewusste Teil unseres Gehirns ist wie eine hochsensible Festplatte mit fast unendlicher Speicherkapazität. Wann immer wir etwas denken, sprechen oder tun, wird dort ein entsprechendes Energiepotential „eingepflanzt".

Dieses Potential ruht an diesem, uns verborgenen Ort, bis es eines Tages mobilisiert wird, um dann mitzubestimmen, auf welche Weise wir unsere Welt in gewissen Belangen erleben. Dabei wächst es exponentiell. Denken wir an die Pflanzenwelt. Wenn der Same in den Boden gepflanzt ist, dann wächst er kontinuierlich heran. Viele Pflanzenarten sind klein, wachsen schnell und sind auch schnell wieder von der Bildfläche verschwunden. Dann gibt es die richtig großen, wie zum Beispiel eine Eiche. Aus einem unscheinbaren Samen, der nur ein Winzigstel des Endgewichts wiegt, entsteht ein beeindruckender Baum.

Anhaltender beruflicher Erfolg kann mit dem Pflanzen von Bäumen verglichen werden. Es braucht ziemlich lange, bis Bäume groß genug sind, um Früchte zu tragen. Jeder von uns hat eine eigene Vorstellung von seinem Garten Eden. Während einige Pflanzen prächtig gedeihen, verkümmern andere Sorten ständig oder tragen kaum Früchte. Es gibt die „Geldpflanzen", die „Gesundheitspflanzen", die „Beziehungspflanzen", die „Freundschaftspflanzen", die „Nachbarpflanzen", die „Kinderpflanzen", die „Zufriedenheitspflanzen" und so weiter. Für jedes Ding auf der Welt gibt es den richtigen Samen und die dazugehörige Pflanze.

Nehmen wir an, Du willst unbedingt prächtige „Geldpflanzen“ haben. Unermüdlich säst Du die Samen, düngst diese nach allen Regeln der Kunst, aber trotzdem geht nur ein Bruchteil der Samen auf. Irgendetwas geht schief. Wieso blüht bei einigen Unternehmern das Geschäft und bei anderen will es partout nicht klappen? Was steuert das Heranreifen der Samen? Gibt es einen Spezialdünger? Je Rinpoche (1357–1419), der Lehrer des ersten Dalai Lama, bringt es auf den Punkt: „Was auch immer du dir vom Leben wünschst, musst du zuerst für jemand anderen tun.“ Umgelegt auf die Gartenmetapher würde das bedeuten, dass wir alles daran setzen müssen, bei anderen Menschen die Pflanzen zum Blühen zu bringen. Dann werden auch unsere Samen auf einmal wie aus dem Nichts zu großartigen, gesunden Pflanzen heranwachsen.

Hier ist es hilfreich, über die vier Prinzipien des Heranreifens von Geistesprägungen Bescheid zu wissen:

Gleiches kommt vom Gleichen

Eine Geistesprägung, die Du aufgrund einer positiven Handlung anderen fühlenden Wesen gegenüber in der Vergangenheit angelegt hast, kann nur zu einer positiven Erfahrung führen. Das Gleiche gilt für negative Handlungen. Wenn Du also in der Gegenwart etwas für Dich Negatives erlebst, kann die Ursache nur eine negative Handlung in der Vergangenheit gewesen sein. Es ist die ultimative Gerechtigkeit. Das Gemeine daran ist, dass wir uns meistens nicht an unsere Taten erinnern können und daher ein aktuelles negatives Ergebnis als ungerecht und willkürlich empfinden. Vor allem, wenn wir uns sehr bemüht und alles getan haben, damit etwas Gutes herauskommt.

Unbewusste Prägungen gewinnen an Stärke, bis sie reif sind

Wenn eine Prägung reif ist, dann beschert sie uns ein gutes oder schlechtes Erlebnis. Ich stelle mir dieses Prinzip immer wie eine Knospe vor, die erblüht. Bis sie zum Blühen kommt, braucht es eine gewisse Zeit und die Pflanze gewinnt immer mehr an Kraft. Wenn der Akt des Blühens vorbei ist, stirbt die Blüte ab. Genauso ist es mit den Erfahrungen. Sie sammeln oft jahrelang im Verborgenen Kraft, um dann eines Tages hervorzubrechen. Nichts kann sie dann mehr aufhalten. Das Gefährliche sind hier nicht die guten Samen, sondern die schlechten. Nur allzu gerne nehmen wir positive Ereignisse wahr, bei den negativen hält sich die Freude in Grenzen.

Je länger wir eine negative Wahrnehmung in unserem Leben haben (Geldmangel, Krankheit, Konflikte, Freudlosigkeit ...), umso länger haben wir diese negativen Pflanzen gehegt und gepflegt durch Gedanken, Worte und Taten. Das fällt uns nur nicht auf, weil es für uns ja zur Gewohnheit geworden ist, diese Dinge so zu sehen und dementsprechend zu handeln. Dadurch säen wir laufend neue Samen und so entsteht ein Kreislauf, den wir nur durch Erkenntnis unterbrechen können.

Wir können nichts erleben, was wir nicht vorher gesät haben

Alles, was wir erleben, hat gemäß der karmischen Prinzipien eine Ursache und wird durch eine vorangegangene Prägung ausgelöst. Unsere Welt, wie wir sie wahrnehmen, ist ausschließlich ein Ergebnis unserer Prägungen. Und die gesamte Gedankenflut, die uns ununterbrochen durch den Kopf schwirrt, wird von unseren unbewussten Prägungen gespeist.

Jede Geistesprägung führt zu einer Erfahrung

Nichts geht verloren. Unser Unbewusstes ist wie eine gigantische Festplatte, die penibel alles speichert, was wir in diesem Leben und in den Leben davor gedacht, gesprochen und getan haben. Spätestens ab diesem Punkt wird einem wirklich anders, wenn man den karmischen Prinzipien etwas abgewinnen kann.

Sobald wir Leerheit oder das verborgene Potential der Dinge begriffen haben, können wir mit vergleichsweise geringem Gedankenaufwand und begleitenden Handlungen eine enorme Wirkung erzeugen. Solange uns nicht bewusst ist, dass Neidgedanken in Bezug auf den geschäftlichen Erfolg anderer das kümmerliche Vorankommen des eigenen Betriebes zur Folge haben, ist die Auswirkung bei Weitem nicht so stark, als wenn wir mit vollem Bewusstsein neidische Gedanken zu unseren Mitbewerbern schicken. Durch unser bewusstes negatives Handeln pflanzen wir mit Sicherheit sehr schädliche Samen für die eigene Zukunft. Fazit ist, dass unser Unbewusstes ohne Fehler arbeitet und uns stets das präsentiert, was wir gesät haben. Falls jedoch diese negativen Pflanzen, die in unserem Unterbewusstsein herangereift sind, durch die Energie unseres bewussten Verstandes noch zusätzlich Dünger und Nahrung bekommen, sind die negativen Auswirkungen auf unser Leben noch um ein Vielfaches intensiver, um nicht zu sagen katastrophaler.

Wenn wir nur annähernd verstehen, dass unsere Geistesprägungen uns die Welt so sehen und erleben lassen, wie wir es tun, dann können wir auch sofort beginnen, unsere Welt nach unserem Willen zu gestalten. Klarheit spielt eine große Rolle, wie auch bei den mentalen und finanziellen Strategien. Wir müssen uns darüber klar werden, welches Ziel wir erreichen wollen, dann können wir mit den karmischen Prinzipien jene Gedanken, Worte und Taten setzen, die schlussendlich unsere Wünsche und Vorstellungen wahr werden lassen.

Das wichtigste karmische Prinzip haben wir bereits erwähnt. Um selbst erfolgreich zu werden, muss man vorher jemand anderem geholfen haben, erfolgreich zu werden. Da beginnen allerdings schon die Schwierigkeiten. Die Geistesprägungen, die wir brauchen, um beruflich wie privat ein bestimmtes Ziel zu erreichen, laufen meistens unseren natürlichen Reaktionsmustern zuwider. Wenn unser eigener Betrieb ums Überleben kämpft und wir jeden Kunden brauchen, denken wir sicher nicht vorrangig daran, jemand anderem zu helfen, sein Geschäft aufzubauen. Wir werden von Angst und Mangel gesteuert. Wir können es uns nicht leisten, auf andere Rücksicht zu nehmen, wenn uns das Wasser bis zum Hals steht. Wenn wieder bessere Zeiten da sind, ja dann können wir gerne über so etwas nachdenken.

Anderen das zu geben, was wir selbst am notwendigsten brauchen, ist die größte Herausforderung. Damit meine ich nicht, dass wir unser letztes Geld einer in Bedrängnis geratenen Kollegin geben sollten, wenn wir dann selbst auf der Straße sitzen. Das ist unintelligentes Handeln. Die Arbeit mit den karmischen Prinzipien hat mit Köpfchen und strategischem Wissen zu tun. Von der Beschäftigung mit den mentalen Business-Strategien wissen wir bereits, dass vor den Worten und den Taten stets die Gedanken kommen. Das ist eine unumstößliche Tatsache.

Die natürliche Reaktion auf finanzielle Probleme im Geschäft ist eine geizige und defensive Geisteshaltung. Du kennst das sicher. Je weniger Geld man hat, desto weniger gibt man. Ist ja logisch, oder? Zuallererst springen die karitativen Aktionen über die Klinge. Man entwickelt eine Art Bunkermentalität, die Gedanken kreisen nur mehr um einen selbst und man blickt neidisch auf den Erfolg der anderen. Dabei könnte nichts verkehrter sein. Jedes Mal wenn wir anderen, die auf uns angewiesen sind, unsere Unterstützung versagen, legen wir eine neue negative Geistesprägung an. Diese wird zu einem späteren Zeitpunkt bewirken, dass wir erleben werden, wie man uns und unserem Geschäft ebenfalls die Unterstützung versagen wird. Wann das sein wird, können wir nie wissen. Dass es jedoch passieren wird, ist so sicher wie das Amen im Gebet. Je länger wir unbewusst diese geizige und defensive Geisteshaltung pflegen, umso desaströser wird das Ergebnis sein. Wenn dann aber aufgrund unserer Prägungen die nächste Welle finanzieller Probleme auf uns zurollt, reagieren wir naturgemäß mit noch mehr geistigen Einschränkungen und bringen so eine Art Teufelskreis in Gang, der uns immer weiter in die Tiefe zieht. Es ist, als würden wir jemandem, der unter Atemnot leidet, zusätzlich noch die Luft abschnüren.

Wie aber ist die richtige Reaktionsweise in solch einer Situation? Die stärkste Kraft liegt in den Gedanken. Um ein Wort formulieren zu können, braucht es vorher einen Gedanken. Also müssen wir bei den Gedanken ansetzen. Unsere bewusste geistige Einstellung ist das mächtigste Instrument, das uns zur Verfügung steht. Die einzig richtige Reaktion auf finanziellen Druck kann daher nur die Wahrung einer großzügigen Geisteshaltung sein. Wir müssen Luft zuführen, damit unser Patient wieder normal und leicht atmen kann! Die letztendliche Ursache für finanziellen Erfolg liegt nicht in tollen Marketingkampagnen (sonst müsste jede funktionieren) oder in einem umwerfenden Produkt (obwohl es das Beste ist, was man für den Kunden tun kann), sondern in der Wahrung einer großzügigen, freigiebigen Grundhaltung.

Wie passt das jetzt zu den finanziellen Business-Strategien? Könnten wir uns da nicht das Idealkundenprofil und den Umsatzplan sparen? Die Antwort ist einfach. Wenn wir mit den karmischen Prinzipien als ultimativem Treibstoff arbeiten, können wir uns hundertprozentig sicher sein, dass auch die mentalen und finanziellen Strategien in unseren Unternehmen auf jeden Fall greifen werden. Wenn diese Strategien von sich aus wirksam wären, dann würden sie bei jedem Menschen funktionieren. Tun sie aber nicht. Das heißt, die Ursache liegt woanders. Unsere Geistesprägungen verhelfen uns dazu, mit den Business-Werkzeugen optimal umzugehen. Sie verursachen plötzliche Eingebungen, die uns ein bestimmtes Produkt zu einem bestimmten Zeitpunkt auf den Markt bringen lassen. Sie lassen uns komplizierte Sachverhalte in kürzester Zeit verstehen, damit wir sie für uns und andere nutzen können. Was bringen uns die besten Business-Strategien, wenn es uns an Kreativität und Durchblick aufgrund eingespeicherter negativer Geistesprägungen mangelt?

Die Kernfrage ist: Was können wir tun, um die karmischen Prinzipien strategisch für uns und andere nutzen zu lernen, damit wir schon bald unser Geschäfts- und natürlich auch Privatleben als rundum zufriedenstellend und harmonisch erleben?

Wir müssen herausfinden, welche Art von positiven Geistesprägungen zu künftigen realen Wahrnehmungen in unserem Leben führen. Diese müssen wir dann aufrechterhalten und mit gewissen ethischen Verhaltensstandards verstärken.

Korrelationen für Erfolg

Korrelation bedeutet wechselseitige Entsprechung. Nach dem Motto: Wenn ich A tue, dann passiert B. Wenn ich J tue, dann passiert W. Die karmischen Prinzipien geben genaue Anleitungen, wie man die Herausforderungen des Lebens bewältigen kann und dadurch für sich und andere Wohlergehen schafft. Es gibt wunderbare Bücher unter anderem von Geshe Michael Roach, dem Dalai Lama, Lama Christie McNally, Lama Marut oder Geshe Pema Samten, die sich intensiv mit den alten Schriften Tibets und den karmischen Prinzipien sowie deren Anwendbarkeit in der modernen Welt beschäftigen. Geshe Michael Roach hat das Kunststück geschafft, die komplizierten, schwer zu durchschauenden Lehren für die westliche Wirtschaftswelt zu adaptieren und in eine Sprache zu übersetzen, die leicht verständlich ist. Ich möchte Dir hier die Essenz daraus vermitteln, damit Du Dein Unternehmen, Dein Leben und das Leben anderer zum Gedeihen bringen kannst.

Wie schauen nun die konkreten Anleitungen für die wirklichen Lösungen der Probleme aus, die uns im Geschäftsleben begegnen?

KARMISCHE BUSINESS-PARTNER

Wir brauchen andere Menschen, um gute Samen für unser Geschäft anlegen zu können. Wenn wir allein in unserem Kämmerlein sitzen, wird sich kaum etwas bewegen. Wir müssen raus auf die Straße und anderen Menschen bei ihren Problemen tatsächlich helfen. Die karmischen Prinzipien sind keine Schatzkästlein, reserviert für einen kleinen, spirituell interessierten Kreis, sondern haben ungeahnte Dimensionen, sind real, praktisch und messbar – und für uns alle da!

Ihre Anwendung geht einher mit persönlicher Zufriedenheit, Erfüllung und dem Gefühl, einen Beitrag leisten zu können, damit die Welt ein besserer Ort wird. Es kann auch nicht sein, dass sie nur bei 60 % der Fälle funktionieren und bei 40 % nicht. Das erste karmische Gesetz besagt, dass Gleiches immer Gleiches anzieht. Das einzig Ungewisse ist der Zeitfaktor der Reifung. Wir können wohl kaum erwarten, dass, wenn wir drei Wochen lang mit den Prinzipien arbeiten, alles in unserem Unternehmen bereits ganz wunderbar läuft und uns ewiger Erfolg sicher ist. Wie viele Jahre haben wir ungünstige Prägungen gesammelt? Was ich damit meine, ist, dass wir Geduld, Überzeugung und den Willen zur persönlichen Änderung aufbringen müssen. Aber das haben wir schon in den mentalen Business-Strategien besprochen!

Jetzt starten wir los. Die karmischen Business-Partner sind unsere wichtigsten Helfer beim Erschaffen unseres Erfolges. Sie reflektieren unsere guten Handlungen. Wir legen durch unser bewusstes Denken, Sprechen und Tun eine starke positive Prägung in unserem Geist an, die zum geeigneten Zeitpunkt als geschäftliche Erkenntnis, Intuition, Chance, Person, Gelegenheit in unser Leben tritt und uns dadurch Vorteile verschafft, die andere nicht haben. Unsere einzige Aufgabe besteht darin, unsere realen Business-Partner erfolgreich zu machen. Wir schlüpfen quasi in ihre Haut und überlegen uns, was sie am meisten für ihren Erfolg brauchen. Ihnen dabei zu helfen, das zu erreichen, bringt uns enorm viele Plus-Prägungen ein, die sich dann doppelt und dreifach in unserem eigenen Erfolg niederschlagen. Es gibt vier Arten von Business-Partnern.

Mitarbeiter/Mitbewerber

Wenn Du Mitarbeiter hast, dann finde heraus, wie Du diesen bei der Erreichung ihrer Ziele behilflich sein kannst. Sei großzügig, wenn es um ihre Entlohnung geht. Das bedeutet nicht, dass Du Dein Unternehmen in den Ruin treiben sollst, nur um Deine Mitarbeiter bestens bezahlen zu können. Es geht um die großzügige Geisteshaltung. Du kannst, wenn Du gerade nicht so viel Umsatz machst, Deine Mitarbeiter auf andere Weise unterstützen. Denk darüber nach, was ihnen am meisten helfen würde. Frage, beobachte und mach Dir wirklich ernsthaft Gedanken. So, als ob es um Dein eigenes Leben ginge. Die Mitarbeiter sind allerdings noch die einfachere Übung.

Jetzt wird es schwierig. Es gibt wahrscheinlich viele andere Menschen, die ähnliche Geschäftszweige haben wie Du. Sie alle wollen auch nur eines: erfolgreich sein. Was haben wir alle seit der Schulzeit gespeichert? Die Marktwirtschaft basiert auf Konkurrenzkampf und Verdrängungswettbewerb. Wenn Du mit den karmischen Prinzipien arbeitest, ist Schluss damit. Du musst alles daransetzen, dass Deine Mitbewerber erfolgreich werden. Das kannst Du in Form von Weiterempfehlung, Marketingtipps, Ideen, Kontakten usw. bewerkstelligen. Anfangs wird Dir das sicher nicht leicht fallen. Du wirst Dich instinktiv innerlich dagegen sträuben. Das ist eine natürliche Reaktion. Die Angst, Aufträge durch eine Weitergabe von Kontakten zu verlieren, ist groß. Sie ist aber vollkommen unnütz. Glaub mir: Wenn Du Deinen Mitbewerbern freudig einen Kontakt vermittelst, wirst Du dafür fünf neue von irgendwoher kriegen. Wenn Du Wissen weitergibst, dann wirst Du zu einem späteren Zeitpunkt von unterschiedlichen Quellen ein Vielfaches davon zurückkriegen. Das nenne ich ein gutes Investment!

Kunden

Deine oberste Pflicht ist es, Deinen Kunden nach bestem Wissen und Gewissen zu dienen. Hier überschneiden sich die finanziellen und spirituellen Business-Strategien. Du hast durch die finanziellen Business-Strategien gelernt, welche Probleme und Bedürfnisse Deine Kunden haben. Das heißt, Du hast die besten Voraussetzungen, viel gutes Karma für Dich und Dein Geschäft zu schaffen. Die Einhaltung des fünften karmischen Gesetzes ist dabei das Wichtigste. Deine innere Haltung bestimmt die Stärke der Samen. Es muss Dir ein absolutes Anliegen sein, Deine Kunden glücklich und erfolgreich zu machen. Aus diesem Wissen heraus wirst Du alles tun, um Deine Produkte und Dienstleistungen so zu entwickeln, dass sie massiven Wert für Deine Kunden schaffen. Ruhe hier nicht, bis Du das Gefühl hast, die optimale Lösung für sie zu haben. Stell Dir vor, welche Kraft Du hier aufbaust, wenn Du Dir „die Schuhe des Kunden anziehst“ und seine Probleme als die Deinen betrachtest. Wenn Du andere Menschen glücklich sehen und alles dafür tun willst, brauchst Du Dir um Dein eigenes Glück keine Gedanken mehr zu machen. Es ist ein wunderbares Gefühl zu wissen, dass man dadurch automatisch Fülle für sich selbst schaffen kann.

Lieferanten/Kooperationspartner

Deine Zulieferer und Kooperationspartner sollen auch von Deinem neuen Wissen profitieren. Auch wenn Du knapp bei Kasse sein solltest, lass nicht andere Deinen Mangel ausbaden. Versuche nicht, die Preise zu drücken, wo es geht. Hüte Dich vor den Gedanken „Das ist zu teuer“, „Das kann ich mir nicht leisten“, verbunden mit einer geizigen Geisteshaltung. Dadurch legst Du Prägungen an, die Kunden oder Kooperationspartner anlocken, die ebenso von Deinen Leistungen denken werden und Dir deshalb das Weiße aus den Augen holen wollen. Es bedeutet aber nicht, dass Du für schlechte Leistung gutes Geld hinlegen sollst.

Sei ehrlich bei den Verhandlungen, lege offen, wenn Du Deinen Partnern aufgrund von derzeitigen Engpässen nicht so viel zahlen kannst, wie Du gerne zahlen würdest. Frag aber gleichzeitig, ob Du vielleicht ersatzweise etwas anderes anbieten könntest, vielleicht etwas aus Deinem Erfahrungsschatz. Du musst ein starkes Bedürfnis entwickeln, Deine Partner gut bezahlt und zufrieden zu sehen. Ich zahle meinen Kooperationspartnern meistens mehr, als sie von sich aus verlangen. Es sind meist Frauen und die verlangen einfach zu wenig! Ich muss sie immer daran erinnern, mir alle Leistungen in Rechnung zu stellen. Ich kann und will nicht zuschauen, wie sich jemand unter seinem Wert verkauft. Egal ob Weibchen oder Männchen! Wenn Du ein Projekt hast, dann hängt dessen Erfolg größtenteils davon ab, wie Du alle Beteiligten behandelst.

Die ganze Welt

Jetzt kommt das ganz große Kino. Bisher haben wir uns nur im unmittelbaren Umfeld bewegt. Wir wollen aber mehr tun! Geshe Michael Roach hat es wunderbar formuliert: „Um in dieser Welt erfolgreich zu sein, müssen wir der Welt dabei helfen, erfolgreich zu sein." (Karmic Management, Edition Blumenau, 2009).

Überlege, wie Du dazu beitragen kannst, dass die Welt ein besserer Ort wird. In meinem Unternehmen versuchen wir so gut es geht, möglichst viele Produkte für unsere Kunden aus ökologisch korrekten Stoffen zu fertigen. Wir geben den Auftrag für Bleistifte an eine kleine lokale Firma, statt sie in Taiwan für die Hälfte günstiger zu bestellen. Ich versuche, Energie zu sparen, wo es geht, um mit den Ressourcen der Welt respektvoll umzugehen. Es gibt unzählige Gelegenheiten, etwas für die Umwelt zu tun. Die kleinen Handlungen machen es aus. Wie viele Plastiksackerl kaufen wir regelmäßig beim Einkaufen, statt wiederverwendbare Taschen mitzunehmen?

Ich habe immer schon für wohltätige Zwecke gespendet, aber in moderatem Rahmen. Seit ich um die Wirkungsweise der karmischen Prinzipien weiß, ist es mir ein dringendes Bedürfnis, immer mehr Geld für karitative Projekte zur Verfügung zu stellen. Ich suche mir die Projekte genau aus. Meist ganz kleine, die mit vielen Schwierigkeiten zu kämpfen haben und von wenigen, aufopfernden Menschen geleitet werden. Mein Ziel ist es, 50 % meines Einkommens in dieser Richtung „investieren" zu können. Mir gefällt „investieren" besser als „spenden", weil es den Nagel auf den Kopf trifft. Früher dachte ich mir, ich kann mir das nicht leisten. Heute weiß ich, dass ich es mir nicht leisten kann, es nicht zu tun.

Wenn Du die Biografien erfolgreicher Geschäftsleute liest, die Millionen oder Milliarden verdient haben, wirst Du bemerken, dass viele ab einem gewissen Zeitpunkt begonnen haben, massiv Geld zu spenden. Wir schauen meist voll Neid (bewusst oder unbewusst) auf diese Menschen, begreifen aber nicht, dass ihr nachhaltiger finanzieller Erfolg von ihrer Großzügigkeit herrührt. Es ist nicht wichtig, wie viel Du geben kannst. Die Haltung bestimmt den Effekt. Wenn Du selbst finanziell am Hungertuch nagst und trotzdem einem Bettler gerne fünf Euro gibst, damit er sich etwas zu essen kaufen kann, dann erschaffst Du hier stärkere Samen als eine Firma, die einmal im Jahr 10 000 Euro spendet, einfach weil es zum guten Ton gehört.

Oft stellen mir Menschen die Frage, ob die karmischen Prinzipien nicht berechnend wären. So nach dem Motto: „Ich helfe anderen nur, weil ich weiß, dass ich etwas dafür kriege." Die Antwort ist einfach: Wenn Deine Haltung dabei eine berechnende ist, dann bekommst Du ein ähnliches Ergebnis. Beispiel: Wenn Du Deinem Kooperationspartner nur aus eiskalter Berechnung hilfst, dann bekommst Du laut dem ersten karmischen Gesetz zwar etwas Gutes zurück, aber es wird gepaart sein mit einer negativen Komponente. Du bekommst möglicherweise neue Kunden. Aber diese werden berechnend sein und Dir das letzte Hemd abknöpfen.

Wenn wir Gutes für unsere karmischen Business-Partner tun, dann sollten wir nichts von ihnen erwarten. Wir geben in dem Wissen, dass wir zum richtigen Zeitpunkt das empfangen werden, was wir gesät haben. Nur viel größer als der ursprüngliche Samen!

DIE SIEBEN KARMISCHEN HANDLUNGEN FÜR GESCHÄFTLICHEN WIE PRIVATEN ERFOLG

Ich finde es hilfreich, dass es genaue Anweisungen für die Arbeit mit den karmischen Prinzipien gibt. Wir haben schon unsere karmischen Partner kennengelernt. Jetzt brauchen wir noch die Handlungen, die uns zum Erfolg führen, näher unter die Lupe zu nehmen. Welche Handlungen bringen uns welche Resultate ein?

1. Großzügige innere Haltung = Erfolgreiches Business und finanzieller Erfolg
2. Ethisch verantwortungsvoller Lebenswandel = Eine glückliche Welt
3. Vermeiden von Wut = Gesundheit und Schönheit
4. Freudiges, konstruktives Handeln, Unterstützung von anderen = Fähigkeit zu führen/Führungspersönlichkeit
5. Meditation, Übung zur Konzentration = Stabile Geistesruhe
6. Vertiefung des Wissens im Hinblick auf die karmischen und die Prinzipien des verborgenen Potentials = Funktionierende eigene Welt

7. Entwicklung einer mitfühlenden Haltung gegenüber allen Lebewesen = Erfüllung der eigenen Wünsche

Das ist ein grober Überblick. Speziell für uns Business-Frauen gibt es noch einige wichtige Dinge zu beachten.

DER ETHISCHE VERHALTENSCODE FÜR DAS BUSINESS UND DAS LEBEN.

Um beeinflussen zu können, dass unser Unternehmen finanziell erfolgreich ist und es auch bleibt und wir außerdem generell glücklich und zufrieden sind, braucht es grundsätzlich die karmischen Handlungen 1 und 2. Ich möchte noch etwas tiefer gehen, damit Du eine genaue Vorstellung von den Dingen bekommst, die Du in Zukunft tun oder bleiben lassen solltest.

Ich halte mich seit 2010 an zehn ethische Verhaltensregeln. Sie helfen mir dabei, ein besserer Mensch zu werden. Manche dieser Regeln habe ich instinktiv schon immer beherzigt, andere habe ich aus Unwissen ignoriert. Die Geschehnisse in meinem bisherigen Leben sind auf jeden Fall der beste Beweis für die Auswirkungen der karmischen Prinzipien, im Positiven wie im Negativen. Mein Lebensziel ist es, ein total integrer Mensch zu werden, der das Beste gibt, um der Welt und allen fühlenden Wesen zu helfen. Das ist nicht Selbstaufopferung, sondern der mächtigste Weg, um dieses und die folgenden Leben glücklich zu gestalten (Ja, ich glaube an Reinkarnation! – Sie müssen das aber nicht tun, damit die Prinzipien wirken.).

Ich bin allerdings noch weit von meinem Endziel entfernt. Ehrlich, oft habe ich das Gefühl, mir rennt die

Zeit davon. Im hektischen Alltag bieten mir die ethischen Verhaltensregeln aber eine klare Struktur, um mich Schritt für Schritt weiterzuentwickeln. Kennst Du den Film „Die Matrix“ mit Keanu Reeves? Ich bin kein Fan von Science-Fiction-Filmen, aber dieser hat viel mit dem Verständnis der karmischen Prinzipien zu tun. Wir leben in einer Art Matrix, wir wissen es nur nicht. Wir glauben, dass die Welt, die wir wahrnehmen, die einzige ist. Nichts ist weniger wahr als das. Durch die zehn ethischen Verhaltensregeln und das Nutzen der Geistesprägungen können wir die Matrix durchbrechen und die Programme im Hintergrund erkennen. Wie der „Film-Neo“ werden wir auf einmal zu Dingen fähig sein, die wir niemals für möglich gehalten hätten. Das braucht viel Übung und Anleitung durch sehr gute Lehrerinnen und Lehrer. Ich kann Dich nur ermutigen, tiefer in die karmischen Prinzipien einzutauchen und selbst zu überprüfen, was es damit auf sich hat. Die folgenden zehn heilsamen Handlungen sind meine tägliche Anleitung zur persönlichen wie spirituellen Weiterentwicklung.

Leben schützen und für Wohlergehen sorgen

Achte darauf, keine Menschen und andere Lebewesen absichtlich physisch zu verletzen. Das ist der einfachere Teil. Vermeide auch Worte und Gedanken, die andere verletzen. Das ist schon um einiges schwieriger. Die kleinen, täglichen Handlungen haben großes Potential in jede Richtung. Sorge für Wohlergehen, indem Du anderen ein gutes Essen kochst, Deinen Kollegen einen Kaffee bringst oder ihnen hilfst, ein gesünderes Leben zu führen.

Das Eigentum anderer respektieren

Stehle nicht bzw. tu nichts, was als solches interpretiert werden könnte. Die meisten von uns tun es permanent, obwohl es uns nicht bewusst ist: Wie viele Menschen telefonieren während der Arbeitszeit aus privatem Anlass oder benutzen die Büroinfrastruktur für ihre eigenen Zwecke (kopieren, ausdrucken, Papier mitnehmen)? Freue Dich nicht, wenn Dir der Kellner zu viel Wechselgeld zurückgibt, sondern sei immer ehrlich. Betrüge Deine Kunden nicht, indem Du ihnen zu viel verrechnest oder bei der Kilometergeldabrechnung großzügig zu Deinen Gunsten bist.

Was mich besonders hart getroffen hat: Keine Steuerschummeleien! Wenn Du so bist wie ich, dann hast Du mindestens einmal pro Monat mit dem Finanzamt zu tun. Ich kenne keine Geschäftsleute, die nicht über das Finanzamt schimpfen. Das uns vereinende Ziel ist, möglichst wenig Steuern zu zahlen und möglichst viel Gewinn zu haben. Dafür ist jedes Mittel recht. Ich habe über die Jahre hinweg immer diffizilere Strategien entwickelt, meine Gewinne und damit die Steuern schrumpfen zu lassen und dabei trotzdem gut zu verdienen. Es gilt als besonders clever, legale Arten der Steuerhinterziehung zu erfinden. Macht ja schließlich jeder, oder? Sonst bleibt nichts übrig! Es gibt unzählige Arten, Ausgaben auf die Firma zu schreiben, die nichts mit der Firma zu tun haben. Auf längere Sicht ist das aber ein Schuss nach hinten. Das Geld kommt nicht vom Finanzamt, sondern von den Geistesprägungen, die Du zuvor bezüglich finanzieller Fülle angelegt hast. Wenn Du viel verdienst, dann freue Dich und zahl die Steuern gern. Das gibt auch ein starkes Signal für Deinen unbewussten Speicher: Du kannst Steuern zahlen!

Ich weiß, dass Du vielleicht den Kopf schütteln wirst und Dir denkst, dass ich hier zu weit gehe. Überlege logisch: Wenn die Prinzipien stimmen, dann legt jeder noch so kleine Betrug einen Samen, der sich zu einem späteren Zeitpunkt als Betrug oder Geldverlust, der Dir passiert, manifestieren wird. Wenn Du über einen längeren Zeitraum mit dieser Geisteshaltung agierst, bekommen die „Betrugspflanzen" in Deinem Unbewussten den besten Dünger und werden auch andere Teile Deines verborgenen Gartens überwuchern. Eines Tages wirst Du verzweifelt ausrufen: „Das habe ich nicht gepflanzt! Ich wollte nie Betrugspflanzen!" Doch niemand anderer als Du selbst gestaltet den Garten der Prägungen. Wenn Du kontinuierlich kleine Kavaliersdelikte begehst, könntest Du dafür zum Beispiel von wiederholten Finanzamtsprüfungen heimgesucht werden oder Ärger mit Kunden bekommen, die ihre Rechnungen nicht bezahlen. Das ist die Gerechtigkeit der Geistesprägungen.

Als ich das erste Mal die Verhaltensregel bezüglich des Stehlens hörte, kam mir sofort eine Frage in den Sinn: Wieso verdienen dann so viele Menschen enorme Summen, indem sie andere Menschen betrügen? Wieso schwimmen schlechte Menschen in Geld, während die guten den Putz von den Wänden essen? Ich bekam eine Antwort, die mir nicht schmeckte: Die schlechten Menschen haben in der Vergangenheit durch großzügiges Denken und Handeln Samen für Erfolg gelegt, die guten Menschen legten durch entsprechende Aktionen genau das Gegenteil an. Nur, weil in der Gegenwart jemand ethisch agiert, heißt es nicht, dass die unethischen Handlungen aus der Vergangenheit ausgelöscht sind. Genauso wird es denen ergehen, die im Moment auf der Höhe der positiven Welle schwimmen, aber alles andere als liebenswerte Zeitgenossen sind.

Wenn deren gutes Karma verbraucht ist, wird es unweigerlich bergab gehen. Wir sehen meistens nur die Erfolgsstorys. Glaube mir, die meisten Gewinne sind nur kurzfristig. Was nützt es, wenn man für ein paar Jahre finanziellen Erfolg hat, wenn man danach doppelt so tief abstürzt? Wenn Du Dich aber an die karmischen Prinzipien hältst, kannst Du langfristigen, stabilen Erfolg aufbauen, indem Du stets neue gute Samen legst. Das ist das Geheimnis. Du kannst das leicht selbst nachprüfen: Lies die Biografien von langfristig wohlhabenden Unternehmern und Unternehmerinnen. Ein wunderbares Beispiel ist Andrew Carnegie (1835–1919). Geboren als Sohn eines Webers, wurde Carnegie zum reichsten Menschen seiner Zeit. Er war berühmt als Philanthrop und spendete insgesamt mehr als 350 Millionen US-Dollar. Damals war das eine unfassbar große Summe. Carnegie setzte alles daran, die Fleißigen und Ehrgeizigen dabei zu unterstützen, sich selbst helfen zu können. Er hatte hohe ethische Grundsätze und das Wohl seiner Mitarbeiter lag ihm immer am Herzen.

Falls Du daran interessiert bist: Das Online-Lexikon Wikipedia hat einen unerschöpflichen Vorrat an Kurzbiografien. Warren Buffet, Melinda und Bill Gates gehören zu den in den Medien präsenten milliardenschweren Spendern. Viele wohlhabende Menschen spenden Unsummen im Verborgenen. Das sollten wir immer vor

Augen haben, wenn wir vielleicht neidvoll auf diese Menschen blicken. Übrigens haben nur zirka 5 % der Millionäre und Milliardäre das Vermögen geerbt. 95 % der anderen haben sich das Vermögen von Grund auf selbst erarbeitet. Ich freue mich immer, wenn ich Geschichten von Self-Made-Millionären und -Millionärinnen lese. Ich habe Hochachtung vor ihren Leistungen, denn es braucht eiserne Disziplin und Durchhaltevermögen, um solchen Wohlstand zu erreichen. Wenn die das fertig gebracht haben, können wir das auch! Zumal wir jetzt mit dem ethischen Business-Code ein unschlagbares Werkzeug in Händen halten.

Die Beziehungen anderer respektieren

In unserer Gesellschaft wird nicht sonderlich viel Wert auf partnerschaftliche Treue gelegt oder auf das Nichteinmischen in bestehende Beziehungen. Es gehört fast zum guten Ton, dass man seinen Partner betrügt oder einer anderen Frau den Mann ausspannt. Aus eigener Erfahrung kann ich Dir nur raten: Finger weg von all diesen Handlungen! Gute Partnerschaften und wunderbare Gefährten bekommt man nicht dadurch, dass man die Beziehung anderer zerstört, sei es durch Taten, Worte oder Gedanken. Wenn Du eine glückliche Beziehung haben willst, dann hilf anderen dabei, eine solche zu finden oder zu führen. Wenn Du alleinstehend bist und Dich nach einem Partner sehnst, befreie jemand anderen von seiner Einsamkeit. Die vielen vergessenen Menschen im Altersheim sind diesbezüglich sehr potente karmische Partner.

Respektiere auch bestehende Kooperationen in Geschäftsbeziehungen und dränge Dich nicht hinein. Wenn der Kunde allerdings aufgrund Deiner Angebote frei entscheidet, dass er in Zukunft mit Dir kooperieren will, dann ist das in Ordnung. Die richtige geistige Haltung gegenüber dem Kunden und den Mitbewerbern ist entscheidend.

Die Wahrheit sprechen

Lügen haben kurze Beine. Den Spruch kennst Du. Wenn Du keine Lügen und Unwahrheiten in Deinem Leben haben willst, dann bemühe Dich jeden Tag, ehrlich zu sein. Auch die weit verbreitete Notlüge zählt dazu. Wir schieben oft die kranke Mutter oder das kranke Kind vor, wenn wir irgendwo nicht hingehen wollen. Wir heucheln Begeisterung gegenüber Menschen, die wir nicht ausstehen können. Welche Prägungen werden hier angelegt? Willst Du, dass Du belogen und ausgespielt wirst? Wenn nicht, dann lass die Finger von so einem Verhalten!

Sei Deinen Kunden gegenüber immer ehrlich. Biete nichts an, von dem Du schon von vornherein weißt, dass Du es nicht halten kannst. Auch wenn es bedeutet, dass Du diesen Kunden verlierst. Jede noch so kleine Lüge verursacht eine chemische Reaktion im Gehirn, die Deinen Körper schwächt (siehe mentale Business-Strategien). Das zahlt sich nicht aus. Wenn Du in einer Welt leben willst, wo jeder mit jedem ehrlich umgeht, achte darauf, das selber auch zu tun. Du wirst Dir dadurch im Business einen einzigartigen Ruf erwerben!

Verbindend sprechen

Das bedeutet, so zu sprechen, dass man Menschen zusammen- und nicht auseinanderbringt. Brücken schlagen und nicht sprengen! Darunter fällt der allseits so beliebte Klatsch und Tratsch über die Missgeschicke anderer („Hast du schon gehört, was der XY passiert ist?"), das Lesen von Zeitschriften, die das Leben, Lieben und Scheitern anderer zum Inhalt haben, das Schlechtmachen von Mitbewerbern und so weiter.

Die meisten von uns haben eine unstillbare Lust danach, sich über andere auszulassen. Es ist eine ungesunde Gier, die zwar kurzfristige Befriedigung verspricht, aber negative Auswirkungen auf unsere Zukunft hat. Karmisches Gesetz Nummer eins (Gleiches verursacht Gleiches): Wir werden dann ebenfalls die Zielscheibe von Klatsch und Tratsch sein, andere werden begierig unser Scheitern dokumentieren, in der Geschäftswelt werden wir von anderen ausgerichtet. Das ist ein richtig schlechtes Gefühl. Wir können es verhindern, indem wir nicht schlecht über andere reden.

Respektvoll sprechen

Ich habe früher gerne geflucht und bei jeder Gelegenheit geschimpft. Ich sah es als mein Recht an, meinen Emotionen in unschöner Sprache Ausdruck zu verleihen und es war mir egal, dass andere Menschen Probleme damit hatten. Ich achtete auch wenig darauf, ob ich für meine Nachbarn eine Lärmbelästigung darstellte. Meine Partys bis in die frühen Morgenstunden waren berühmt. Das Ergebnis war, dass ich beruflich wie privat von Menschen umgeben war, die mir nicht respektvoll begegneten und außerdem ein Anwachsen von Lärm und Radau in meinem jeweiligen Zuhause. Diese Lärmbelästigung zog sich über Jahre hinweg und brachte mich zum Schluss schier um den Verstand. Das Interessante daran war, dass andere Menschen der gleichen Wohnsituation ausgesetzt waren, jedoch die Lärmbelästigung nicht als solche wahrnahmen. Sie hatten keine entsprechenden Samen gestreut.

Fluchen und Schimpfen hat viel mit Wut zu tun. Wenn wir das tun, dann werden wir viel weniger Schönheit in der Welt sehen und weniger anziehend auf andere Menschen wirken. Achte immer auf eine gepflegte Sprache. Wenn ich mal das Bedürfnis zu fluchen habe, sage ich „Scheibenkleister". Wenn es echt schlimm ist, sag ich „Popsch". Allein dadurch nehme ich den Situationen schon die Schärfe.

Über wichtige Dinge sprechen

Wir verbringen den lieben langen Tag damit, über Unwichtiges zu reden. Dazu gehören z. B. Klatsch und Tratsch, dreimal das Gleiche zu bereden, obwohl schon alles klar ist, sich fünfmal die Nachrichten anzusehen und permanent über das Wetter zu diskutieren. Unglaubliche Zeitfresser sind das Telefonieren, das Fernsehen und die privaten Aktivitäten auf Facebook & Co. Wie viele Telefonate führen wir, die nicht notwendig sind? Ist es wirklich wichtig zu posten, wenn der Fisch im Restaurant gut war oder wir das rote Kleid statt des grünen gewählt haben? Wenn wir mehr Zeit zur Verfügung haben und am liebsten nur noch gehaltvolle Gespräche erleben wollen, dann liegt es an uns, den eigenen Kommunikationsfluss unter die Lupe zu nehmen und zu ändern.

Ich achte darauf, meine Zeit mit Menschen zu verbringen, die mir sinnvolle Gespräche ermöglichen. Auf unsere Geschäftsbelange bezogen, kann das die Auswirkung haben, dass wir es nicht mehr mit Kunden zu tun haben, die uns durch sinnlose Gespräche Zeit und Nerven kosten, sondern nur noch mit solchen, die uns mit ihrer Konversation bereichern können.

Sich freuen, wenn jemandem etwas Gutes passiert

Das ist für viele von uns eine schwierige Übung. Neid und Missgunst sind weit verbreitet und werden durch den Konsumzwang noch geschürt. Du legst starke Prägungen an, wenn Du Dich über den Erfolg der Konkurrenz freust, ebenso natürlich auch, wenn Du das nicht tust. Die für uns negativen Auswirkungen, wenn wir auf Mitbewerber neidisch sind, schlagen sich in Ideenlosigkeit und Mangel an Kreativität nieder. Ideen und Kreativität bilden jedoch die Voraussetzung für Innovationen, die wir zum Aufbau eines einzigartigen Unternehmens brauchen. Wenn Du Dir diesbezüglich schwer tust, könnte das ein Hinweis darauf sein, dass Du Dich grämst, wenn andere geschäftlich Erfolg haben.

Die Lösung liegt darin, dass Du gezielt darauf achtest, Dich für andere zu freuen. Menschen, die immer unzufrieden sind, säen die gleichen Samen. Der Schlüssel zur Zufriedenheit liegt in der Freude über den Erfolg der anderen und in der Dankbarkeit für das, was man selbst bereits hat.

Mitgefühl haben, wenn jemandem etwas Schlechtes passiert

Wir haben eine seltsame Lust, uns über die Missgeschicke anderer zu freuen. „Johnny Depp hat sich von Vanessa Paradis getrennt." Gott sei Dank, wir haben ihr den guten Mann sowieso nie gegönnt. Jetzt geht's uns besser. Kennst Du diese Art von Gedanken? Ich fühle jedes Mal mit, wenn ein Business nicht gut läuft, obwohl die Eigentümer alles geben. Ich wünsche ihnen Erfolg und Wohlstand und wenn ich ihnen helfen kann, dann tue ich es.

Vermeide Schadenfreude, wenn andere Schwierigkeiten im Geschäft haben. Du legst dadurch Prägungen an, die Dich selbst Schwierigkeiten im Business erleben lassen werden und – was noch schlimmer ist – Du wirst dann auch mit Menschen konfrontiert sein, die Dir gegenüber kein Mitgefühl haben und denken und sagen werden: „Selber schuld!"

Entwicklung einer weisen Weltsicht

Es sollte Dir ein Anliegen sein, mehr über die Gesetze der Welt zu erfahren. Je mehr Du Dich mit den karmischen Prinzipien beschäftigst, desto schneller und leichter wird es Dir gelingen, komplizierte Sachverhalte zu begreifen. Den stärksten positiven Samen in dieser Beziehung kannst Du pflanzen, wenn Du anderen hilfst, diese Prinzipien zu begreifen. Du brauchst nur Deinen Bekannten darüber mit der richtigen Geisteshaltung erzählen und Dich bemühen, dass sie es auch verstehen. Das wird Dir dabei helfen, in Zukunft die Prinzipien auch leichter begreifen und umsetzen zu können. Geschäftlich erreichst Du dadurch Klarheit und Scharfblick und kannst in komplexen Situationen schnell und richtig reagieren.

WIE STARTET MAN DIE ARBEIT MIT DEN PRINZIPIEN?

Als ich ansatzweise begriffen hatte, was es mit dem Verhaltenscode auf sich hat, ist mir regelrecht schlecht geworden. Ich dachte an all das, was ich in der Vergangenheit gemacht hatte. „Oh mein Gott“, sagte ich in Gedanken zu mir, „wenn ich das nur früher gewusst hätte!“ Es gibt im Tibetischen kein Wort für Schuld. Der Begriff, der diesem Wort am nächsten kommt, bedeutet „Intelligentes Bereuen“. In Tibet haben die Menschen teilweise heute noch schwarze und weiße Steine in ihren Hosentaschen. Wenn sie eine gute Tat vollbracht haben, kommt ein weißer Stein in einen Beutel, der am Gürtel hängt. Wenn sie einmal negativ handeln, kommt ein schwarzer Stein in den Beutel. Das ist eine sehr effektive Methode. Am Beginn würden wir überwiegend schwarze Steine in unserem Beutel haben. Mit der Zeit und durch Übung werden aber die weißen überhandnehmen.

Wir können aber schlecht den ganzen Tag mit einem Haufen Steine durch die Gegend laufen. Es gibt ein anderes Mittel. Kauf Dir ein kleines Büchlein, das Du bequem immer bei Dir tragen kannst. Teile die Buchseite in 4 Kästchen und schreib in diese jeweils ein „+“ , ein „-„ und ein „zu tun“ hinein.

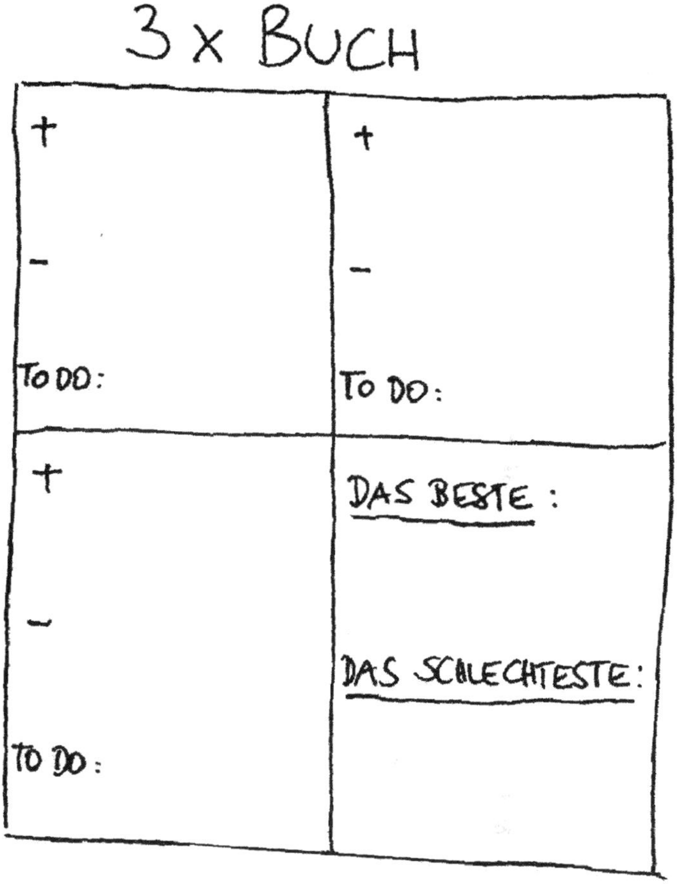

Hier notierst Du am Vormittag, am frühen Nachmittag und vor dem Abendessen die Dinge, die Du gemäß den zehn ethischen Verhaltensregeln gedacht, gesagt oder getan hast. Überlege bei jedem Eintrag, was Du tun könntest, um negative Verhaltensweisen künftig zu vermeiden, oder was Du im Spezifischen an Gutem tun könntest. Sei hier so klar wie möglich und setze Dir keine zu hohen Ziele. Kleine Handlungen sind der Boden, auf dem gutes Karma gedeiht. Wenn Du eine Mitarbeiterin angeschnauzt hast, dann nimm Dir vor, das für einen bestimmten Zeitraum nicht mehr zu tun, denn sonst wirst Du Ähnliches erleben. Überlege, was Du dieser Person Gutes tun kannst. Einen Kaffee bringen zum Beispiel. Nimm Dir nicht zu viel vor, sondern lege Dein Augenmerk auf kleine, durchführbare Aktionen.

Ins letzte Kästchen schreibst Du das Beste und das Schlechteste, was Du an diesem Tag getan hast. Bevor Du schlafen gehst, lass in Deinem Geist nochmals die guten Dinge ablaufen. Das verstärkt all die Prägungen, die Du den Tag über geschaffen hast. Wenn Du die Prinzipien ausschließlich für Dein Business verwenden willst, kannst Du Dich für einen Zeitraum von sechs Monaten auf die ethischen Regeln Nummer eins und zwei „Für Wohlergehen sorgen" und „Respektieren des Eigentums anderer" konzentrieren.

Wieso ist das mit dem schriftlichen Festhalten so wichtig? Die Antwort ist einfach: Wir vergessen schnell, was wir getan oder gesagt haben, und noch schneller, was wir gedacht haben. Um etwas ändern zu können, müssen wir uns aber zuerst bewusst werden, was wir ändern wollen. Das Notizbüchlein ist eine große Hilfe dabei. Du schärfst dadurch Deinen Blick auf Deine dunklen Seiten und erhöhst die Reaktionsgeschwindigkeit im Abfedern negativer Geistesprägungen. Wenn Du die mentalen Business-Strategien mit den spirituellen vergleichst, wirst Du auf viele Gemeinsamkeiten kommen. Hätte ich nicht die Vorarbeit auf mentalem Gebiet gemacht und schon über halbwegs gutes Geistestraining verfügt, hätte ich mir mit den karmischen Prinzipien richtig schwer getan. So tue ich mir einfach nur schwer. Ich kämpfe nach wie vor jeden Tag mit dem Umsetzen des ethischen Verhaltenscodes. Jeder, der sich auf diesen Pfad begibt, trägt seinen eigenen Kampf aus.

Hey, wir ändern hier die Welt! Das ist anstrengend. Bitte hab daher Geduld mit Dir selbst. Es braucht seine Zeit, damit die Samen wachsen können. Wahrscheinlich stellst Du Dir die Frage, warum Du Dich überhaupt mit den finanziellen Strategien plagen sollst, wenn Dein Erfolg sowieso nur davon abhängt, ob Du in der Vergangenheit andere erfolgreich gemacht hast oder nicht. Berechtigte Frage! Wenn Du mit den karmischen Prinzipien arbeitest, steigst Du aus dem Zufallsgenerator aus. Du wirst im Gegensatz zu anderen, die mit den gleichen finanziellen und mentalen Strategien arbeiten, mit Sicherheit Erfolg haben. Das wird nicht per Fingerschnippen funktionieren, weil diese Dinge Zeit zum Reifen brauchen. Aber nach dem Prinzip „Gleiches verursacht Gleiches" kannst Du nur Gutes in Dein Leben ziehen, wenn Du positiv agierst. Du brauchst Dich mit Entscheidungen nicht mehr aufzuhalten.

Der Erfolg der Menschen, die in ihrem jetzigen Leben nicht nach den ethischen Verhaltensregeln handeln, kommt ausschließlich von Handlungen aus der Vergangenheit, wo sie anderen geholfen haben. Das kann etwas vergleichsweise Unbedeutendes gewesen sein. Die Samen wachsen exponentiell, je mehr Zeit verstreicht, desto machtvoller und größer werden sie.

Such Dir einen karmischen Business-Partner und teste die Prinzipien. Achte genau darauf, was dann in Deinem Leben passiert. Es gibt keine Zufälle, nur Ursache und Wirkung. Jede Deiner Handlungen hat eine Auswirkung auf Dein Leben. Du solltest für Dein Leben nur das Beste verlangen. Sei nicht bescheiden in Deinen Wünschen und Träumen. Erfülle Dir Deine Visionen. Wenn Du dann alles hast, was Dein Herz begehrt, kannst Du einen Schritt weitergehen. Vielleicht wirst Du draufkommen, dass Du das alles nicht mehr brauchst und den starken Wunsch haben, nur mehr anderen zu helfen. Wer weiß.

Ich glaube an Dich und weiß, dass Du genau das Richtige für Dich und andere tun wirst. Du hast wie jeder Mensch das Zeug dazu, aus Deinem Leben ein Meisterwerk zu machen. Auf jeden Fall kannst Du Dir und der Welt am besten dienen, indem Du das Beste aus Dir machst.

WAS DU SONST NOCH WISSEN MUSST

Du hast jetzt Werkzeug in der Hand, das Dich auf drei Ebenen bestens versorgt. Du weißt, was du

- mental
- finanziell und
- spirituell

tun musst, um mit Deinem Business ganz nach oben zu kommen. Ich bin überzeugt, dass Du genau mit dem, was Deine Leidenschaft ist, ein finanziell wie spirituell befriedigendes Unternehmen aufbauen kannst. Der Weg dorthin wird aber nicht immer leicht sein. Inzwischen weißt Du bereits, dass ich Dir nichts vormachen will und kann. Die ethische Verhaltensregel Nummer vier habe ich bereits voll integriert. Ich will Dir daher noch ein paar Tipps und Tricks mitgeben, wie Du mit Stolpersteinen, die Dir auf Deinem Weg garantiert unterkommen werden, am besten umgehen solltest.

STOLPERSTEIN 1: DAS SCHAFFE ICH NICHT!

Der kommt gleich zu Beginn und hindert Dich daran, überhaupt mit den Strategien zu arbeiten. Aber mal ernsthaft: Wann glaubst Du denn, es schaffen zu können? Es wird keinen Moment geben, wo jemand kommt,

Dir eine Urkunde überreicht und sagt: „Jetzt bist Du bereit. Jetzt schaffst Du es!“

Jedes Mal, wenn dieser Gedanke kommt, denkst Du einfach: „Vielen Dank für die Information. Ich mache es trotzdem.“ Das ist übrigens der am häufigsten auftretende Stolperstein. Frauen begegnen ihm viel öfter als Männer. Der weibliche Weg ist in dem Bereich, wo es um Erfolgsangelegenheiten geht, geradezu gespickt mit diesen besonderen Steinchen.

STOLPERSTEIN 2: ICH KENNE MICH NICHT AUS!

Der Zwillingsbruder von Nummer eins ist nicht minder gefährlich. „Ich kenne mich nicht aus, also kann ich es nicht tun!“ Das mag jedoch nur vorübergehend als Entschuldigung gelten. Nur weil Du Dich heute noch nicht auskennst und das notwendige Wissen noch nicht besitzt, heißt es noch lange nicht, dass Du in einem Monat nicht schon einen ganz anderen Wissensstand haben kannst.

Als ich damit begann, dieses Buch zu schreiben, hatte ich keine Ahnung, wie man ein Buch schreibt, geschweige denn, was nach dem Schreiben noch auf mich zukommen würde. Ich habe mich also im Bücherbusiness nicht ausgekannt. War das ein Grund, es nicht zu tun? Nein. Die erste Auflage meines Buches strotzte nur so vor Rechtschreibfehlern aufgrund von Zeitdruck und anderen Gegebenheiten. Die Leute haben mein Buch trotzdem gekauft und begeistert weiterempfohlen.

Meine Empfehlung: Lass Dich von neuen Dingen nicht einschüchtern. Glaub fest daran, dass Du alles lernen kannst. Du musst nicht gleich zu Beginn alles wissen und können. Vertraue darauf, dass Du von Tag zu Tag mehr Fähigkeiten erwerben wirst.

STOLPERSTEIN 3: ICH MUSS ALLES SELBST MACHEN!

Der beste Weg zu scheitern ist derjenige, alles selbst machen zu wollen. Früher war ich genauso. Ich machte alles selbst. Jeden mühseligen Kleinkram, obwohl mich das wertvolle Zeit kostete, die ich besser damit verbracht hätte, mich mit den Dingen zu beschäftigen, die den meisten Umsatz brachten. Welchen Stundensatz zahlst Du Dir? Wie viel Zeit brauchst Du, um Rechnungen zu schreiben, zu zahlen oder die Steuer zu erledigen? Oder Tabellen zu erstellen? Wenn Du so bist wie ich, dann ewig. Ich mag nämlich diese Dinge nicht. Dafür habe ich jetzt meine Assistentin. Sie hält mir all diese Sachen vom Leib. Ich habe für alle Bereiche, die ich nicht selbst machen muss und machen will, Menschen, die genau da Experten sind und das gerne tun. Das schont meine Nerven und erspart mir viel wertvolle Zeit, die ich dafür verwende, mein Business voranzubringen. Wenn Du erfolgreich werden willst, ist es unbedingt erforderlich, Tätigkeiten abzugeben!

STOLPERSTEIN 4: ICH BRAUCHE DAS NICHT!

Obwohl alle Experten sagen, dass es wichtig ist. Sollte dieser Stein auf Deinem Weg auftauchen, dann sei besonders achtsam. Er gehört zu der subtilen Sorte und fällt nicht gleich auf. Mach Dir die Eigenschaft zu eigen, denen zu glauben, die den Weg schon erfolgreich gegangen sind. Warum das Rad neu erfinden? Halte Dich an vorhandene Vorgaben, dann sparst Du Zeit und Geld. Ich bin meinen Vorbildern wirklich dankbar, denn aufgrund ihrer Leistungen brauche ich viele Irrwege erst gar nicht zu gehen. Lerne jeden Tag etwas Neues, dass Dich auf Deinem Weg zum Ziel weiterbringt.

STOLPERSTEIN 5: DAS ZIEL AUS DEN AUGEN VERLIEREN

Viele Projekte scheitern, weil die Betreiber zu früh aufgeben und stattdessen lieber wieder ein neues Projekt starten. Wenn wir einen Baum pflanzen, können wir nicht erwarten, dass er nach 6 Monaten Früchte trägt. Sägen wir ihn deshalb um? Nein, weil wir wissen, dass er eine gewisse Zeit zum Früchtetragen braucht. Mit unseren geschäftlichen Zielen haben wir oft keine Geduld. Wenn Du Deinen Nischenmarkt und Deine Idealkunden bestimmt hast, dann bleib mindesten zwei Jahre dran. Das ist die Mindestdauer, um ein nachhaltig erfolgreiches Geschäft aufzubauen.

STOLPERSTEIN 6: DIE KARMISCHEN PRINZIPIEN NICHT ANWENDEN!

Selbst wenn Du die Stolpersteine eins bis fünf erfolgreich überwunden hast, kann Dir dieser noch alles verderben. Du willst, dass die im Buch vorgestellten Strategien bei Dir funktionieren? Dann hilf anderen Menschen, erfolgreich zu werden. Wenn Du es nicht tust, können die anderen Strategien entweder funktionieren oder auch nicht. Du nimmst dann quasi an einem Glücksspiel teil. Wenn Du schon so viel Arbeit in Dein Business investierst, dann willst Du sicher auch entsprechende Ergebnisse erzielen. Vertiefe die Kenntnisse über die karmischen Prinzipien. Du kannst damit Deine Welt auf wunderbare Weise verwandeln.

SCHNELLE TIPPS, DIE BEIM ERFOLGREICH-WERDEN HELFEN

Ich vermeide den Kontakt mit Menschen, die meine berufliche Vision nicht unterstützen oder mich permanent kleinmachen wollen. Jedes derartige Gespräch kostet Energie und bringt nichts außer einem unguten Gefühl und Zweifeln, ob die „Miesmacher" mit ihren düsteren Prognosen nicht vielleicht doch recht haben könnten. Ich halte mich an Menschen, die meine Ideen bezüglich mentaler, finanzieller und spiritueller Lebensweisen teilen. Ich versuche, sooft wie möglich mit inspirierenden Leuten zu kommunizieren, denn da lerne ich am meisten.

Finde heraus, wer in Deinem Bekanntenkreis bereit ist, Deine Ziele zu unterstützen und wer nicht. Wenn Du abnehmen willst, wirst Du Dich auch nicht mit Menschen umgeben, die Dein Vorhaben torpedieren, indem sie Dir laufend Schokoriegel unter die Nase halten.

Oder Du wirst diese Leute bitten, damit aufzuhören. Beim Business und beim Geldverdienen ist es nicht anders. Anstatt sich mit Menschen zu umgeben, die Dich bremsen, solltest Du lieber in dieser Zeit andere dabei unterstützen, ihr Geschäft aufzubauen und ihnen dazu verhelfen, sich ebenfalls an der Gesellschaft motivierender Menschen zu erfreuen.

Verschiebe dringende Dinge oder solche, die für Dein Geschäft wichtig sind, auf keinen Fall, auch dann nicht, wenn sie Dir unangenehm sind. Je länger Du zögerst, desto länger lassen die Früchte auf sich warten und Du hast dabei wahrscheinlich permanent ein schlechtes Gewissen. Das versaut wertvolle Lebenszeit und wir wollen doch Spaß bei der ganzen Sache haben! Überprüfe Deine Gedankenmuster, wenn Du etwas, das Du unbedingt zum Erfolg brauchst, nicht machen willst oder wenn Dein Mindset Dich wieder in den niedrigen Einkommensbereich zurückziehen will. Einer meiner Lehrer sagte einmal etwas sehr Weises: „Du bist nicht deine Gedanken, du hast sie nur." Wenn ich geistesgegenwärtig genug bin, dann lasse ich negative und hinderliche Gedanken mit den Worten „Danke für die Info, jetzt mache ich weiter“ durchziehen.

Viele Menschen warten auf den speziellen, einzigartigen Tag, an dem ein Licht von oben herabstrahlt und eine tiefe Stimme verkündet: „Jetzt, meine Liebe, ist es soweit. Heute ist der Tag, wo alles passt, um dein Traumgeschäft zu starten.“ Dieser Tag wird nie kommen. Entweder Du tust es oder Du tust es nicht. „Aufschieberitis“ ist eine gefährliche chronische Krankheit, die uns am Weiterkommen hindert.

Fang einfach an, auch wenn Du noch nicht alles weißt. Du wirst im Laufe der Wochen, Monate, Jahre immer mehr an Wissen und Erfahrung ansammeln. Gerade auch durch Situationen, wo Du zu Beginn vielleicht nicht einmal über Halbwissen verfügtest. Wir lernen am meisten durch das Tun, nicht durch das Lesen, das Anschauen von DVDs und das Besuchen von Seminaren. Es bringt überhaupt nichts, wenn Du tausende Seminare bei den besten Leuten belegst, aber das Gehörte niemals umsetzt. Versteh mich nicht falsch, ich bin eine absolute Befürworterin von Weiterbildung und bin in dieser Richtung selbst permanent unterwegs. Aber es geht letztendlich um das Handeln. Das wäre in etwa so, als würde ich eine Sonate von Mozart auswendig lernen und jede einzelne Note aufsagen können, aber keine Ahnung vom Klavierspielen haben. In diesem Fall würde ich wohl niemals ein Konzert geben, geschweige denn je einen Cent damit verdienen können.

Also, fang mit dem ersten Schritt an. Jede Reise beginnt mit dem ersten Schritt. Dann dem zweiten, dann dem dritten und so weiter. Ich würde mit den Glaubensmustern bezüglich des Geldes beginnen und hier innere Klarheit schaffen, wo der Weg hingehen soll. Am besten Du setzt Dir ein Business-Ziel für die nächsten 12 Monate. Im Hintergrund sollte außerdem ein großes Lebensziel stehen. Das ist die stärkste Motivation zu tun, was notwendig ist und durchzuhalten, wenn es mal nicht lustig ist.

Mein Lebensziel ist es, dazu beizutragen, dass die Welt ein besserer Ort wird und ich mich zu einem Menschen entwickle, der die Lebensgesetze versteht, sie lebt und der im Einklang mit sich und seiner Welt ist.

Wenn Du diese beiden Ziele (Business-Ziel und Lebensziel) identifiziert und Dein mentales Mindset in Bezug auf Geld richtig eingestimmt hast, mach Dich an die Erstellung des Idealkundenprofils und die Bestimmung Deines Nischenmarktes. Sobald Du das erledigt hast, wird sich in Deinem Geschäftsleben schon so viel geändert haben, wie Du es heute noch nicht für möglich hältst. Gleichzeitig ist es aber wichtig, die karmischen Prinzipien anzuwenden. Das heißt, dass Du Dir jemand suchen solltest, den Du dabei unterstützen kannst, geschäftlich erfolgreich zu werden. Dann steht Deinem Erfolg nichts mehr im Wege. Ich glaube an Dich und ich glaube, dass es Dir gelingen wird, Deine Träume zu verwirklichen!

Außerdem glaube ich an das Recht jedes Menschen und fühlenden Wesens, innerlich wie äußerlich im Wohlstand leben zu dürfen. Wenn ich mit diesem Buch ein wenig dazu beitragen konnte, diese Vision für Euch alle, die diese Zeilen lesen, wahr werden zu lassen, so darf ich mich sehr glücklich schätzen.

Ich freue mich auf den Tag, an dem Du mir einen Brief oder eine E-Mail schickst, wo zu lesen steht: „Ich habe es geschafft!“

EIN KRÄFTIGES DANKESCHÖN!

Danke ... an alle Menschen, die mich tagtäglich unterstützen und unterstützten, damit ich überhaupt so ein Buch schreiben konnte. Ich mache es ganz kurz: Ich danke meinem Sohn, meinen Eltern, meinen besten Freunden, allen voran Thomas Wollinger, meinem Team, meinen Vorbildern, spirituellen Lehrerinnen und Lehrern, meinen Geschäftspartnerinnen und -partnern und vor allem Dir: Ohne Dich könnte ich all das nicht tun und sein, was meine Leidenschaft ist!

Das könnte Dich noch interessieren ...

MINDSET SYSTEM FOR SUCCESS – SEMINARE UND COACHING

Wenn Du weiter an Dir und Deinem Lebenserfolg arbeiten möchtest (was ich Dir sehr ans Herz lege), dann führt an Live-Seminaren und One-to-One-Coaching kein Weg vorbei.

Ich biete unterschiedliche Seminare zu den Themen an, die Du im Buch findest. Besuche den Mindset System Power Day und hole Dir die geballte Kraft des Wissens direkt von mir. In meinen Mindset System for Success „Money"-Seminaren tauchst Du noch viel tiefer in die Materie „Geld und ganzheitlicher Erfolg" ein und lernst

Schritt für Schritt, wie man strategisch ein Geschäft aufbaut. Nütze die Gelegenheit, um vor Ort neue Kunden zu gewinnen und Dich mit Menschen zu vernetzen, die ebenso mit ethischen Strategien arbeiten.

In den Mindset System for Success „Emotions"-Seminaren zeige ich Dir, wie Du hinderliche Gedankenmuster und Blockaden auflöst und neue Verhaltensweisen erschaffst, damit Du genau das tun kannst, was Du schon immer tun wolltest. Der perfekte Boden für das „Money"-Seminar!

In den Mindset System for Success „Spirit"-Seminaren gehe ich tief in die Lehren der karmischen Prinzipien und zeige Dir, wie Du diese für Deinen beruflichen wie privaten Erfolg einsetzt, um die Welt für Dich und andere nachhaltig ändern zu können. Du erfährst vollkommen neue Zusammenhänge zwischen Erfolg und ethischem Denken, Sprechen und Handeln. Ein Seminar, das zurecht als bahnbrechend bezeichnet werden kann.

Ich halte immer wieder kostenlose Vorträge, wo ich die Essenz der mentalen, finanziellen und spirituellen Business-Strategien in kurzer Zeit vermittle.

Mein Mindset Coaching for Success-Programm ist eine der effektivsten Arten, den Turbo für Dein Geschäft einzulegen. Meine Coaches sind bestens ausgebildet und Du wirst es nicht für möglich halten, welche Geschwindigkeit man mit einem solchen Experten an der Seite erreichen kann. Du findest die ganzen Informationen und eine Menge an Produkten und kostenlosem Material auf meiner Homepage www.barbarajascht.com.

Nicht genug? Dann bin ich dankbar für jeden Tipp, welche Produkte und Dienstleistungen Du Dir noch wünschen würdest, die wir noch nicht haben. Schreib uns einfach an kommunikation@barbarajascht.com! Ich freue mich, Dich bald persönlich kennenzulernen!

Denn Du verdienst das Beste. Und mehr.

Deine
Barbara Jascht

QUELLENNACHWEIS

Assaraf, John; Smith, Murray: „The Answer" (Atria Paperback, 2009)

Begley, Sharon: „Neue Gedanken, neues Gehirn" (Goldmann/Arkana, 2007)

Burchard, Brendon: „The Millionaire Messenger" (Morgan James Publishing, 2011)

Byrne, Rhonda: „The Secret – Das Geheimnis" (Goldmann Verlag, 2007)

Eker, T. Harv: „So denken Millionäre" (Heyne, 2010)

Goleman, Daniel: „Dialog mit dem Dalai Lama: Wie wir destruktive Emotionen überwinden können" (dtv, 2005)

Grimm, Hans Werner: „Die Ernährungslüge: Wie uns die Lebensmittelindustrie um den Verstand bringt" (Knaur Verlag, 2010)

Hay, Louise: „Gesundheit für Körper und Seele" (Heyne Verlag, 1989)

Hüther, Gerald; Schmidt, Gunther; Bünting, Wolf: „Gehirn & Körper – ein interdisziplinärer Diskurs" (Vortrag, Auditorium Netzwerk, 2009)

Roach, Geshe Michael; McNally, Lama Christie; Gordon, Michael: „Karmic Management" (Edition Blumenau, 2010)

Roach, Geshe Michael: „Die Weisheit des Diamanten" (dtv, 2000)

Wikipedia – Online-Lexikon

15638610R00170

Printed in Poland
by Amazon Fulfillment
Poland Sp. z o.o., Wrocław